JN333922

写真でつづる宮本常一

須藤 功――編

未來社

古稀の祝いをかねた「宮本常一ファンの集い」の日、孫娘を膝におく宮本常一。昭和53年（1978）12月18日　撮影・須藤　功

白木山より見おろす、生家（旧山口県大島郡家室西方村大字西方1962）のある長崎（大きな建物の右端付近から右側の海沿いの集落）と、西方（手前山裾の集落）。右に浮かぶのは我島。杜の中に屋根の見えるのが下田八幡宮で、生家は杜の右の海岸寄りにある（12頁参照）。現在は埋立てられた海岸沿いの土地に町の施設が並んでいる。昭和57年（1982）6月　撮影・須藤　功

小学生のときの絵。右上に「隅田より見たる新宮（沖）夕方」と記している。新宮島は我島の少し東にあって、島と陸の間は洲で結ばれ、潮が満ちると島になった。白浜には豊後茅や葦が茂り、岩山の島は松でおおわれていた。

小学生のとき描いたタコとカニ。

宮本常一は、昭和50年（1975）７月18日に羽田を発って、13名の若者と一ヵ月半の間、東アフリカを旅した。最初の海外旅行である。同22日にはナイロビで知りあったエドワード・キサさんの家に招かれ馳走になった。提供・伊藤幸司

ひとこと

田村　善次郎

宮本常一先生が永遠の眠りにつかれたのは、昭和五六年（一九八一）一月三〇日早朝であった。つい先日のように思っているのだが、もう二三年もの月日が過ぎているのである。毎年、一月三〇日には、葬儀が行なわれた西国分寺の東福寺で「偲ぶ会」を催している。特に案内をだすということもしていないのだが、毎回、四―五〇人が集まり、深夜まで語りあうというのが例になっている。四半世紀近くにもなると、常連で鬼籍に入られた人もでて、寂しさを感じさせられるが、その反面、先生とは直接面識はないが、著作などによって関心を持ったという若い人も加わって、人数はほとんどかわらず、むしろ増えているくらいである。東京では「偲ぶ会」とだけで特に名称はつけていないのだが、宮本先生の郷里東和町でも「水仙忌」と称して、集まりが続いている。東和町では昨年から、先生の創始した「郷土大学」も再開され、大島郡内だけではなく、山口・広島方面からもたくさんの人が参集するようになったという。今年の水仙忌は郷土大学主宰で、これからの周防大島はいかにあるべきかを考えるにあたって、宮本常一から何を学ぶかという主旨のシンポジウムが開催され、活発な討議が行なわれたと聞いている。

今年（二〇〇四）の秋には、東和町をはじめとする周防大島の四町が合併して「周防大島町」として新しい歩みをはじめることになっているのだが、それに先立って、東和町では長い間の念願であった「文化交流センター」が開館する。その中に宮本先生の著書、蔵書、調査資料類を収蔵した仮称「宮本記念室」も含まれており、宮本研究の拠点としての活動がはじまるはずである。その活動がたんに宮本常一個人の業績を顕彰するということに止まらず、活気ある大島をつくるための島づくり、生き生きとした日本をつくりあげるための国づくりを考え、活動し、発信する、その拠点、本当の意味での文化交流センターになるべきであろう。宮本先生ならそうおっしゃるに違いないと思うのである。なぜなら宮本先生は、広範なフィールドワークを中心に民俗研究を行ない、宮本民俗学と呼ばれるほどの大きな仕事をなさってきたのだが、その民俗学はたんなる学問のための学問ではなく、常に問題解決のための実践を伴うものであったし、また未来に向けての問題提起を含んだものであった。宮本先生は、みんなが幸せな社会を築くためには、何をなすべきか、いかに生くべきかを問いつづけ、そして実践してきた人であったと思うからである。近年、さまざまな分野で宮本常一が注目されているのだが、それは混迷の度を深めているように思われる今の時代に、先生の思想と行動に何らかの指針となるものが含まれているに違いないと多くの人が感じているからであろう。

本書『写真でつづる宮本常一』は、宮本先生の思想と行動の全体像を残された写真を中心に振り返って見ようとする試みの一つである。本書編纂の計画は、先生没後に「宮本常一著作集」の編集を担当していた小箕俊介さんがたてられ、写真を集めはじめていたのだが、小箕さんが交通事故で亡くなるという不幸なできごとのために中断していたのを須藤功さんが後を引き継がれて完成させたものである。須藤さんは日本観光文化研究所設立当初から、宮本先生の指導を受け民俗学写真家として独自の領域を切り拓いていった努力の人である。息長く、粘り強く対象に向かい、全体像をとらえようと努力している。その須藤さんの特色は本書の中にも充分に窺える。関係者や資料に広くあたり、たくさんの写真と資料を集め、整理して宮本常一という人の生涯が展望できるだけのものに仕上げて下さっている。長い時間と努力の集積である。もちろん、これだけで宮本先生の全貌がわかるわけではないが、著作だけからでは窺い得ない先生のある側面、経世済民の学としての民俗学の実践者であった宮本常一先生の一面が、より具体的に本書からは読み取れるはずである。

平成一六年（二〇〇四）二月

写真でつづる　**宮本常一**

◉写真でつづる宮本常一

◉装幀　毛利一枝

凡例

一　本書は宮本常一と親交のあった方々から提供を受けた写真、宮本家のアルバムの写真、宮本常一が描いた絵、日記、調査カード、編著書などの写真によって構成した。

二　写された写真の背景を知る手がかりとなるよう、宮本常一の著作から該当する個所を掲載した。転載にさいして旧字体の漢字は原則として新字体に改めた。文中に現在では用いられない不適切な表記・表現があるが、原文の時代性、著者が故人であることを考え、そのままにしてある。また、必要に応じて宮本常一の著作以外の著述を引用した。その場合は囲みにして記した。

『民俗学の旅』は、宮本常一『民俗学の旅』文藝春秋 刊、昭和五三年（一九七八）から転載した。

三　写真説明は編者が記した。撮影年月日はできるだけ入れるようにした。その記載のないのは不明のものである。写真の撮影者あるいは提供者の氏名は末尾に記した。宮本家のアルバムからの写真、および編者が撮影した、宮本常一が描いた絵、日記、調査カード、編著書の写真については記名を省略した。

四　昭和二五年（一九五〇）以前、年齢は数え年表記だった。宮本常一の著述や宮本家のアルバムに記された年齢も数え年である。それをそのまま写真説明に記した場合は、数え年であることを文中に明記した。満年齢の場合は特に記していない。

五　全体の構成は年代順になっているわけではない。各章ごとに年月を追うようにしたが、これもかならずしも厳密ではない。そのため本書の写真を主体とした年譜を添えた。年代順についてはその年譜を参照されたい。

六　敬称は省略させていただいた。

常一さァを育んだ島
—周防大島（屋代島）の人々—

郷里へ帰ったら郷里の人たちが祝ってやるという。ことわりつづけていたら、母が、「あんなに言って下さるのだから」といってうけるようにすすめた。そこで私もその気になった。そして子供の頃から私を可愛がってくれた老人や先輩たちが氏神の社務所へ集って祝ってくれた。そのとき老人の一人が「常一さァ、あんたが博士になっても、やっぱり常一さァといっていいんかの」と聞いた。私は大変うれしかった。みんなが常一さァ常一さァと話しかけてくれた。「常一さァを肴にして酒の飲めるのはええのう」と年一つ上の先輩が言ってほんとにたのしい会になった。

『民俗学の旅』

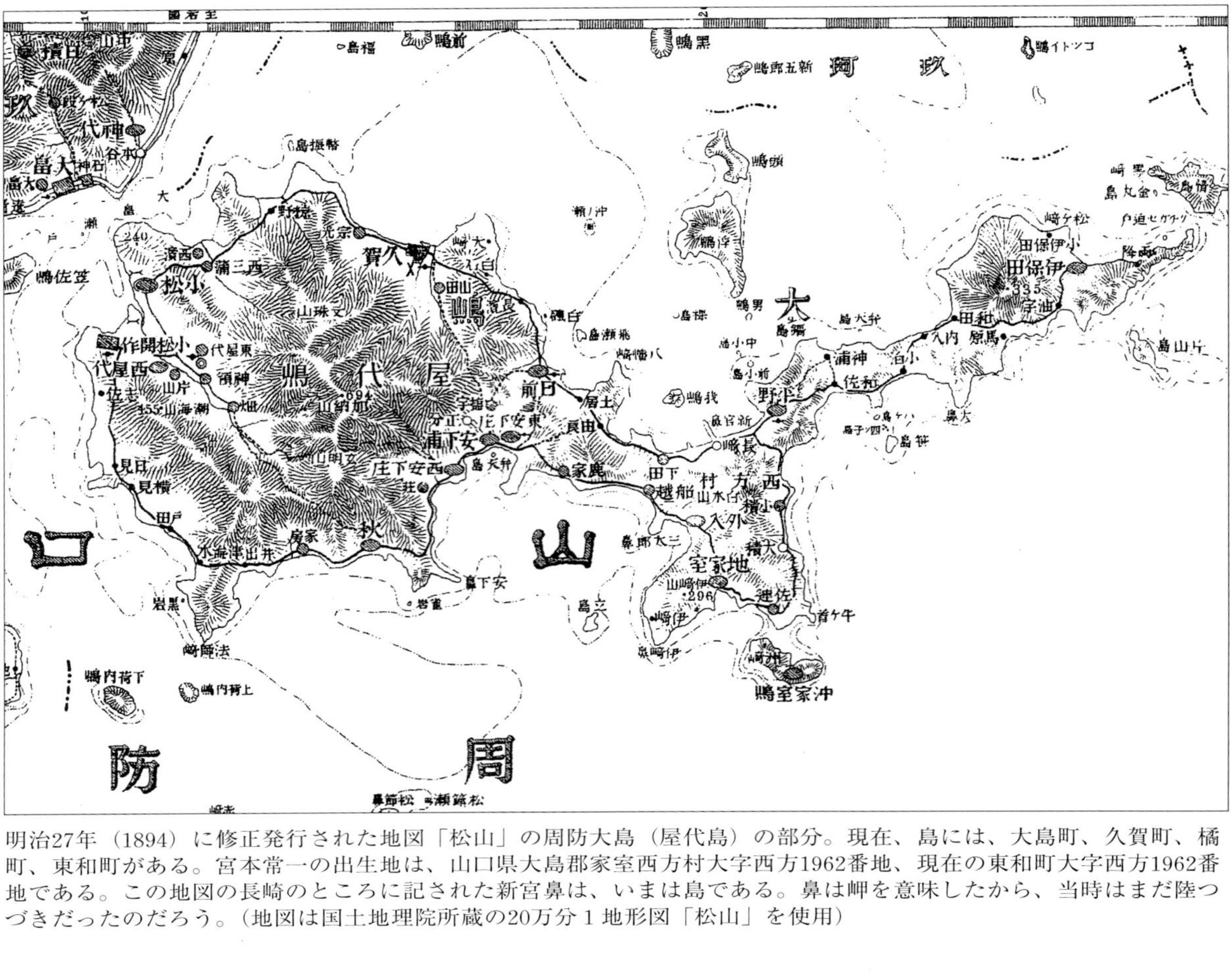

明治27年（1894）に修正発行された地図「松山」の周防大島（屋代島）の部分。現在、島には、大島町、久賀町、橘町、東和町がある。宮本常一の出生地は、山口県大島郡家室西方村大字西方1962番地、現在の東和町大字西方1962番地である。この地図の長崎のところに記された新宮鼻は、いまは島である。鼻は岬を意味したから、当時はまだ陸つづきだったのだろう。（地図は国土地理院所蔵の20万分１地形図「松山」を使用）

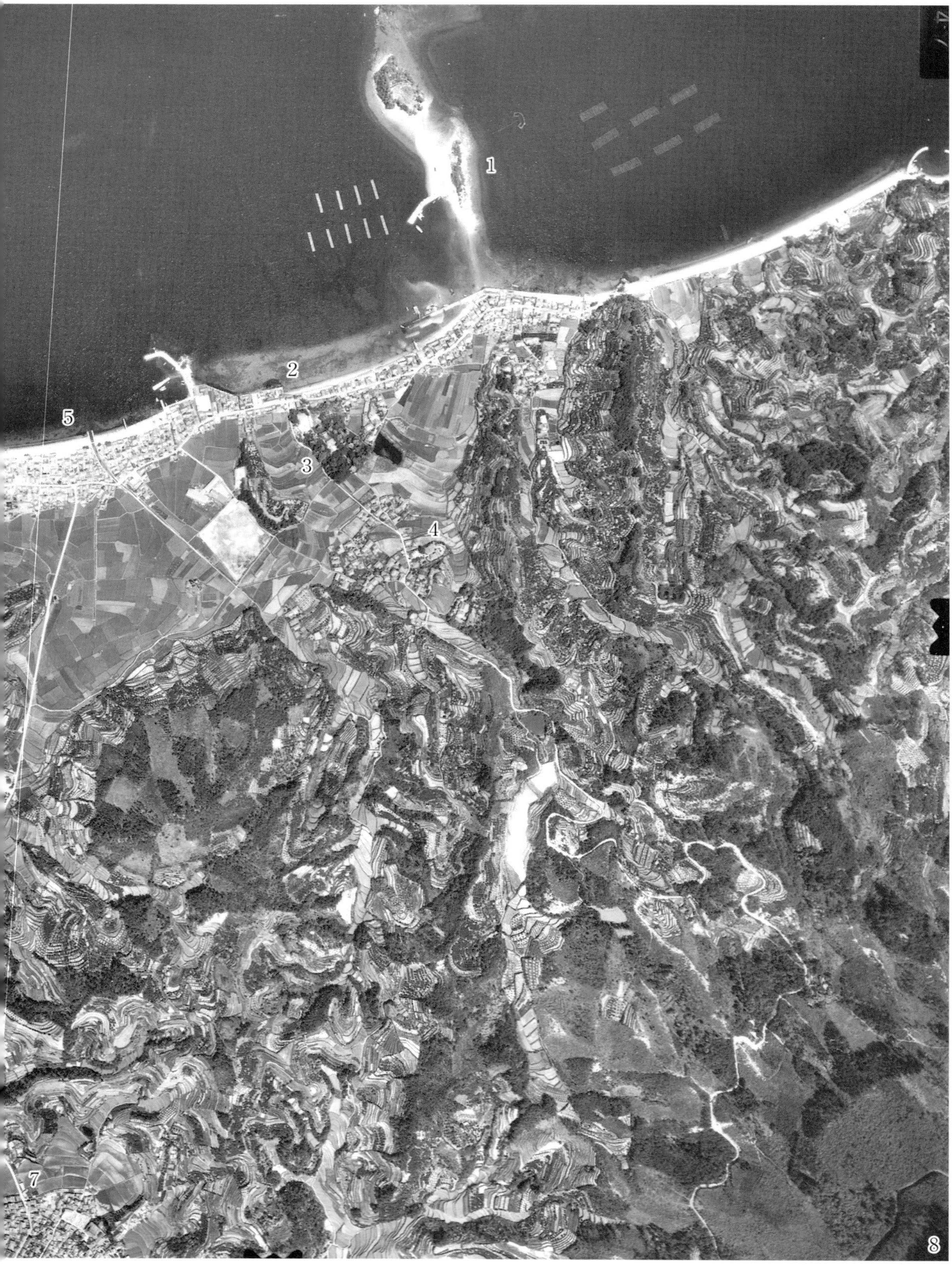

昭和37年（1962）６月に撮影された山口県東和町。　1．新宮島　2．宮本常一の生家のある長崎　3．下田八幡宮　4．神宮寺　5．下田　6．船越　7．外入　8．白木山。（空中写真は国土地理院撮影）

丘の上から長崎を見る。右の島は新宮島。中央の三角形の島は我島。昭和30年代　撮影・宮本常一。

瀬戸内海には比較的大きな島が三つあります。淡路島、小豆島、周防大島です。周防大島は屋代島とも言いました。広島湾の南を限った東西に長い島で、地図を見ると金魚のような形をしています。大きい島ではあるけれど、平凡な島として、瀬戸内海について書いた書物の中にはほんのちょっぴり書かれるか、または全然書かれていないことがあります。

外から見れば、これという名勝もなく、また歴史的な遺跡もないので、魅力を感じないのだと思いますが、これを内側から見ていくと、瀬戸内海の中ではもっとも活気のあった島の一つではないかと思います。

「周防大島」

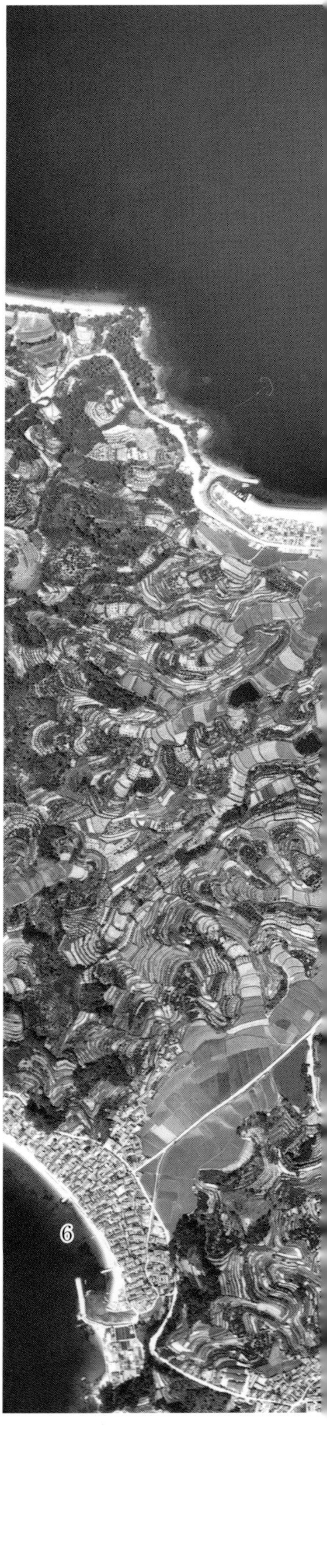

宮本家の家紋「丸に酢漿草《かたばみ》」。

宮本常一が生まれた明治40年（1907）に改築された生家。養蚕のために二階建てにした。昭和30年代　撮影・宮本常一。

明治四〇年八月一日生　父　善十郎、母　まち、その長男。

父三五の時の子で、オンダのハツモノと言われた。おそくできた男の子という意である。その日が旧暦の弘法大師の生まれた日にあたるので、親類の者から、えらい人間になるだろうと噂せられたそうである。

常一という名は高木吉太郎翁の父君がつけた。弘法大師のように常に何事にも一番であるように、とのことからであった。

「我が半生の記録」

母に抱かれるのが生後１ヵ月の宮本常一。左隣は姉ユキ満４歳。その左は母方の祖母カネ。後右端は母方の祖父仁太郎。二人の男子は母の弟。

アルバムには姉ユキの字で、前列左から「祖母78才、大浜98才、曽祖父百才、祖父82才」と記してある。後列は母と父と父の妹。祖母カネは78歳の大正12年（1923）3月27日に亡くなっているので、写真はその少し前の撮影と思われる。宮本常一の父方の祖母カネと祖父は同年の丙午の生まれだったので、写真の祖父は母方の祖父仁太郎。曽祖父は父方祖母の父の米安平治郎で、「米安の百爺」と呼ばれた。（年齢は数え年）

父善十郎は明治六年に生れた。もうその頃の私の家は貧のどん底にあった。火事で家を失った直後の頃に生れたのであろう。そして小学校へもろくにやってもらえなかった。土地を持つことの少ない家の男の多くは大工にいくのであるが、父は大工になることをきらい、はじめ村の綿屋に奉公し、綿打ちをならったが、明治二十年を境にして外国綿に押されて日本綿はダメになり、商売が成りたたなくなっていった。そこで塩の行商をしばらくやっていたが、紺屋がよいと思って山口へ出て紺屋へ奉公した。ところがその家の主婦が、紺屋は紋をかいたり、高級な染物技術を持たねば駄目だ、よい紺屋は広島にいるからと教えてくれたので広島へいった。

そこで修業中、オーストラリアのフィジー島の甘蔗栽培の人夫を募集していることを知って、それに応募することになった。明治二十七年のことである。当時私の郷里の人びとはハワイへの出稼ぎに多くの人が出かけており、その数も三千人をこえていたと見られる。そうした風潮に押されて、父もまた海外渡航を志したのであったが、それはさんたんたる失敗に終った。

『民俗学の旅』

宮本常一は父に、弟市太郎は母に抱かれて写す。父の前に立つユキ（このときは８歳）は、「市太郎１才、母31才、父38才、弟常一４才」と記している。年齢は数え年なので、明治43年（1910）初夏、裏庭での撮影だろう。右の五人は父の姉（杉山）と妹（中友）とその子どもたち。

母 宮本まちは、明治一三年七月二三日、山口県大島郡西方村（現東和町）長崎、升田仁太郎長女として生まれました。仁太郎は大工をしていて、方々を渡りあるきましたが、家族の者は郷里にいました。しかし、その少女時代に一時山口へ家族が移り住んだことがあり、母はそこである士族の家に子守奉公をしたことがあり、そのときその家でしつけられたことが、それからさきの生活に大きい影響を与えたようで、身をつつしむことふかいものがありました。

明治三三年、二一歳の時、郷里の隣家の宮本善十郎のところにとつぎました。それが私の家ですが、当時、私の家は赤貧洗うがようなありさまでした。そういう家へとつがなくてもよかったのでしょうが、父が母を熱愛して、単身隣家へいって、どうしても嫁にくれといって強迫同様にして両親をときふせたということです。

「母の記」

姉ユキは、「尋二の時三人で　此の寫眞は在布乙五郎叔父の持ちしものなり」と記している。宮本常一は数え年5歳、着ている着物はおろしたてのようである。〈田畑の仕事がなければ母は一日中機を織っていた。そして父と姉と私と弟の着物を織り、それを縫うて仕立てて、私たちに着せてくれた。新しいのを着せてくれるとき、その着物を柱に着せて、「主（ぬし）は強かれ、着物は弱かれ」と唱えた〉。（『民俗学の旅』）

標高374メートルの白木山。込山と呼ぶ、中腹の帯状に木の茂ったところは本百姓の資格者が利用。その下の松の茂ったところは隣近所の所有だったことから合壁山といったのではないかという。込山の上の木のないところは村の山、その上はサンノといって一般農民の入会地で、古い山林制度の面影を残していた。昭和30年代　撮影・宮本常一。

延縄船の出帆。延縄漁はもとは少なかったが、昭和10年（1935）ごろから増え始めた。「能地の家船」というほど広島県の能地の船が多かった。昭和30年代　撮影・宮本常一。

大正４年（1915）１月の家族。姉ユキは写真の脇に、「尋五のお正月。小さい弟はまだ家に居た。在布の叔父へ」と記している。宮本常一満８歳。母の前に立つ三つ違いの市太郎は、この年に叔父（父の弟）の家にもらわれて行った。右端は母の弟で海軍兵学校にはいった升田仁助、その左へ父、母方の祖母、仁助の弟の吉蔵。

三―六歳　明治四二―四五年

この間、私は家の前の鎮守の森に入ってあそぶのをたのしみにした。近所の子、高田幸一によくいじめられては泣いた。

小さい弟をつれてあそぶのがうれしかった。そのころ女の子ともよくあそんだ。

朝早く起きて、お宮の森へ椎をひろいに行くのもたのしかった。

叔父升田仁助が海軍兵学校にはいっているので、夏休みになるとかえってきた。この叔父の後をつきあるくのがすきだった。

「我が半生の記録」

生家の西方50メートルほどのところに建つ下田八幡宮の鳥居。右の家はいまはない。昭和57年（1982）6月撮影・須藤　功。

私の家は氏神様のすぐ下にある。一〇年あまり前病気で二年ほど故里の家に帰郷していた時、毎朝目をさまさせられるのは、この宮参りの人の石段を上り下りする下駄の音であった。その音はかならず、朝三時半頃から起った。たいてい二番鶏が啼いてからである。家の前の道を女の話声がすぎて行くと、家でもかならず戸のあく音がする。母が宮へ参るのである。誰か外から声をかけて起して行くこともある。親戚の女であれば「おかか」または「これのおかか」と声をかける。他人だと「おばいさァ」「よういおばいさァ」などと言う。私もねていてそれが誰だということが分る。家の中から「おーい」と答えれば足音はとまる。声がなければそのまま行ってしまう。その足音が浜へ下りると消える。次に柏手の音がする。海の沖の方を向って拝んでいるのであろう。

『家郷の訓』

下田八幡宮の拝殿。昭和57年（1982）6月　撮影・須藤　功。

「17才（数え年）の春　八幡宮地搗をどり記念」と姉ユキは記している。大正８年（1919）の春、宮本常一は満12歳である。厚化粧しているが、二列目の右端が姉、その右後が常一らしい。晩年、常一は「地搗唄」を歌ったが、それはこのときにつながっていたのかもしれない。

大正９年（1920）３月、西方尋常小学校六年卒業記念。満13歳の宮本常一は、前から四列目の右より五番目。この後、高等小学校へ進む。

一四歳　大正九年

同級の二、三名が中学へはいった。しかし私はゆけなかった。

四月、白井清次先生を迎えた。師範を出たての人で、文才もあり、また頭のいい先生でもあった。私はこの先生の下に、級長として五〇名を統《す》べた。

先生によって大和田建樹、徳富芦花、国木田独歩、高山樗牛、坪内逍遥などの名を知った。先生はよく師範学校の国語教科書を読んで下さった。

当時、私は講談本はよみつくしていたので、隣家の二階をさがしはじめた。隣家は母の里で、母の弟、乙五郎、仁助、吉蔵の三人はいずれも学をこのみ、本をよくよんだ。その本がたくさんあった。

「我が半生の記録」

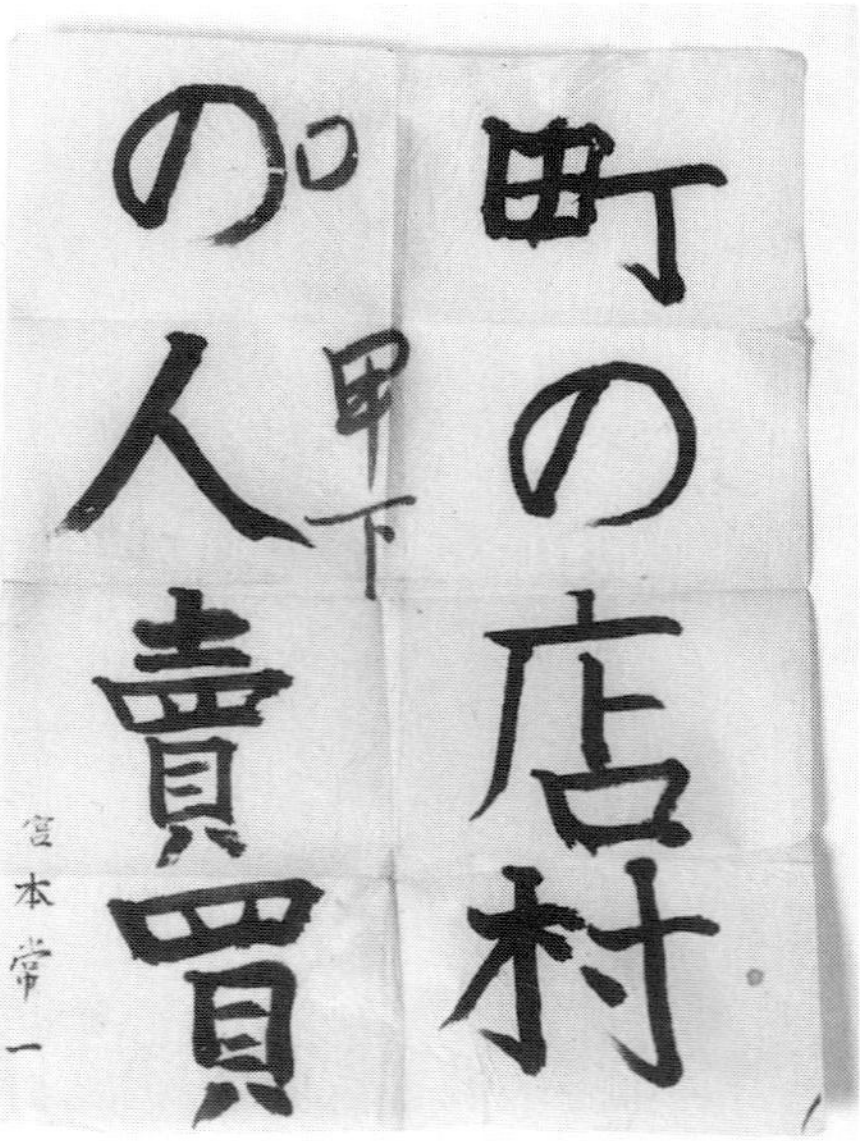

小学校のときの習字。

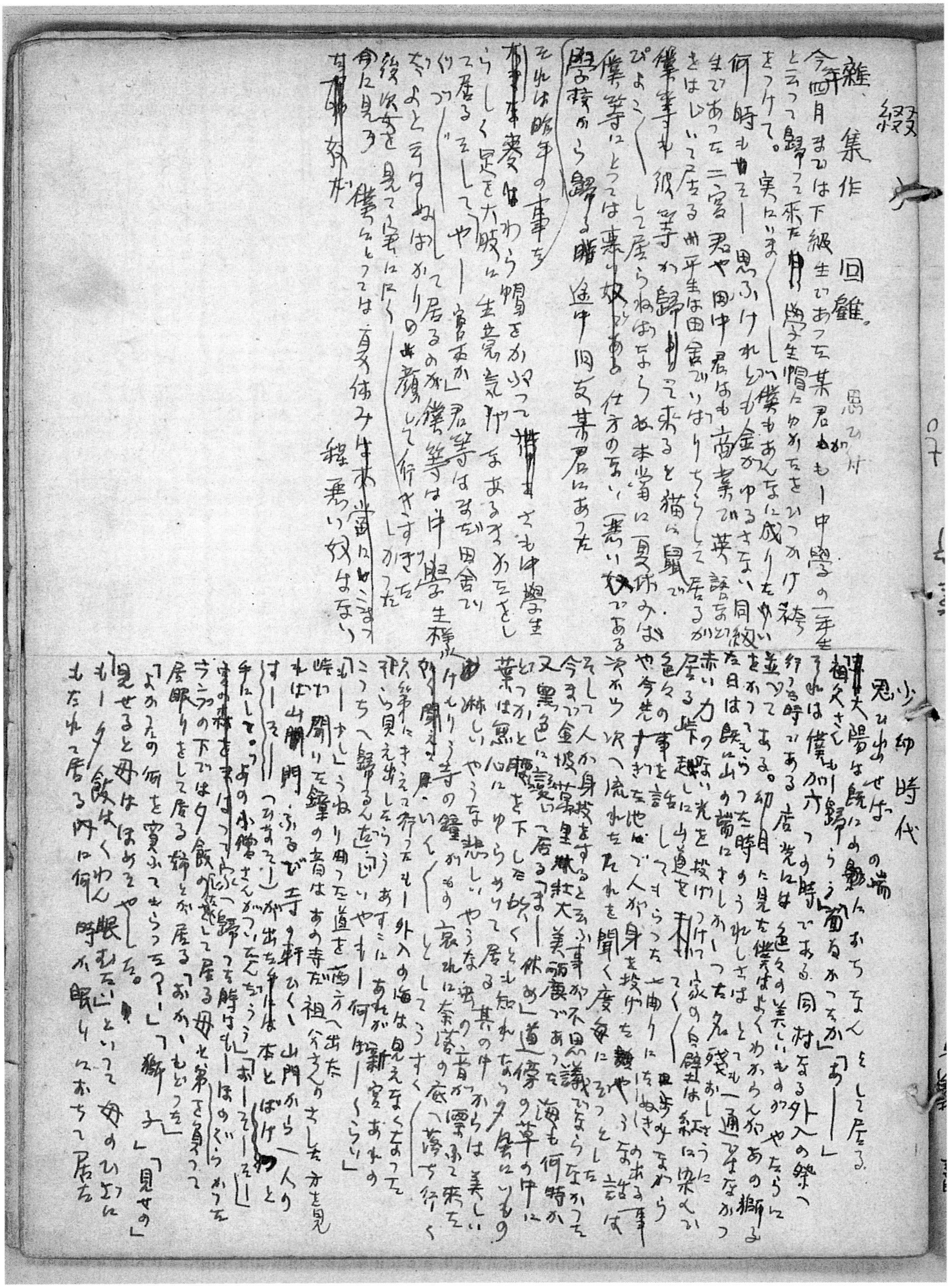

大正10年（1921）の日記帳に記した綴方。

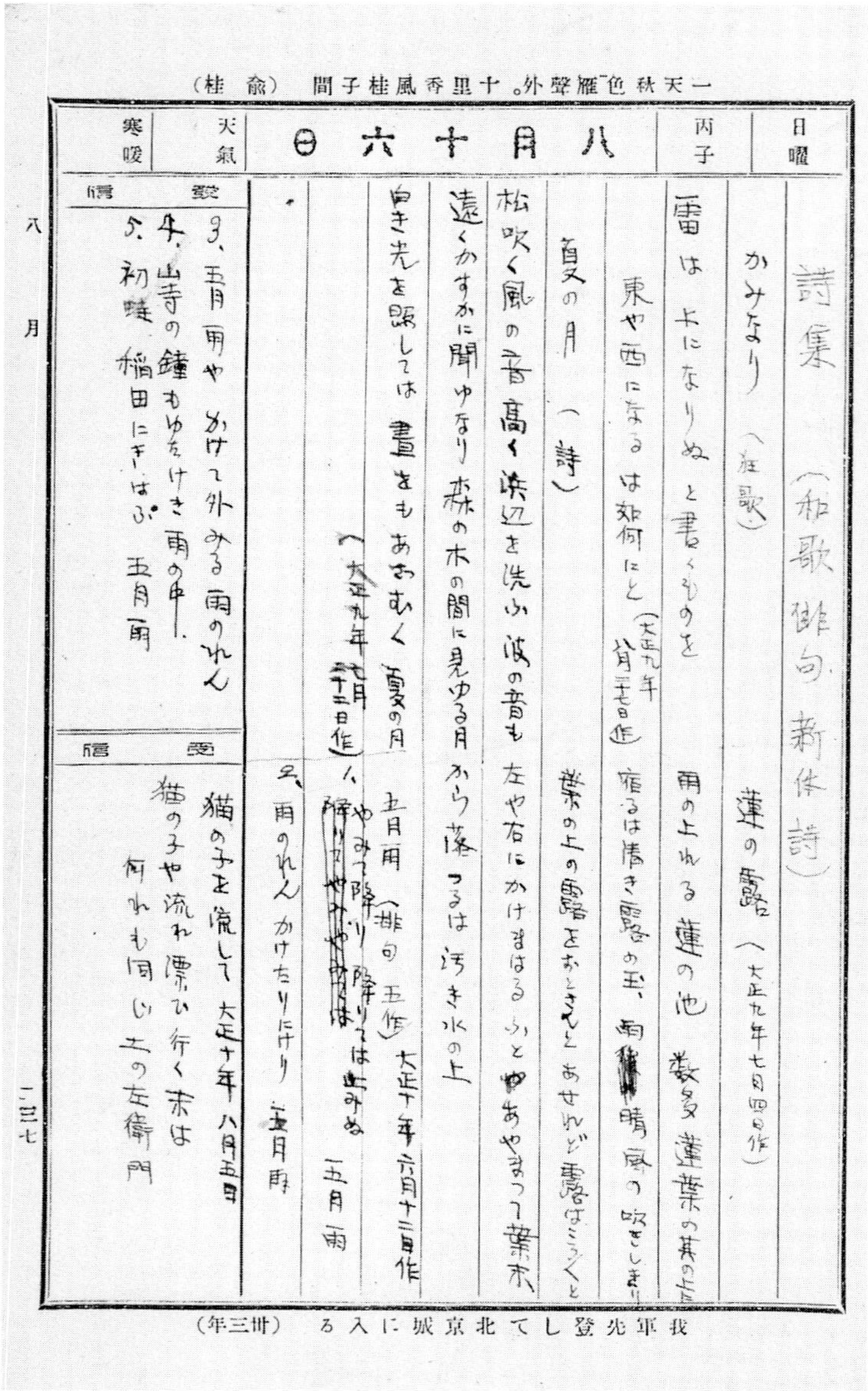

一天秋色雁聲外。十里香風桂子間（愈 桂）

八月十六日 丙子 日曜

詩集（和歌 俳句 新体詩）

かみなり（狂歌）

雷は下になりぬと書くものを
東や西になるは如何にと（大正九年八月二十三日作）

蓮の露（大正九年七月四日作）

雨の上れる蓮の池 数多蓮葉の其の上に
宿るは清き露の玉 雨晴風の吹きしきり
葉の上の露をおとさんとあせれど露はころころと
左や右にかけまはる ふとやあやまって葉末

夏の月（詩）

松吹く風の音高く浜辺を洗ふ波の音も
遠くかすかに聞ゆなり 森の木の間に見ゆる月から落つるは汚き水の上
白き光を照しては 書をもあおむく 夏の月（大正九年六月二十三日作）

五月雨（俳句 五作） 大正十年六月十二日作

やみて降り降りては止みぬ 五月雨

五、雨のれん かけたりにけり 五月雨

我軍光登して北京城に入る（卅三年）

八月　二三七

9、五月雨や かけて外みる 雨のれん
4、山寺の鐘もゆたけき雨の中
5、初蛙 稲田にきはぶ 五月雨

猫の子を流して 大正十年八月五日
猫の子や流れ漂ひ行く末は
何れも同じ土の左衛門

『曙光』の最初の頁。

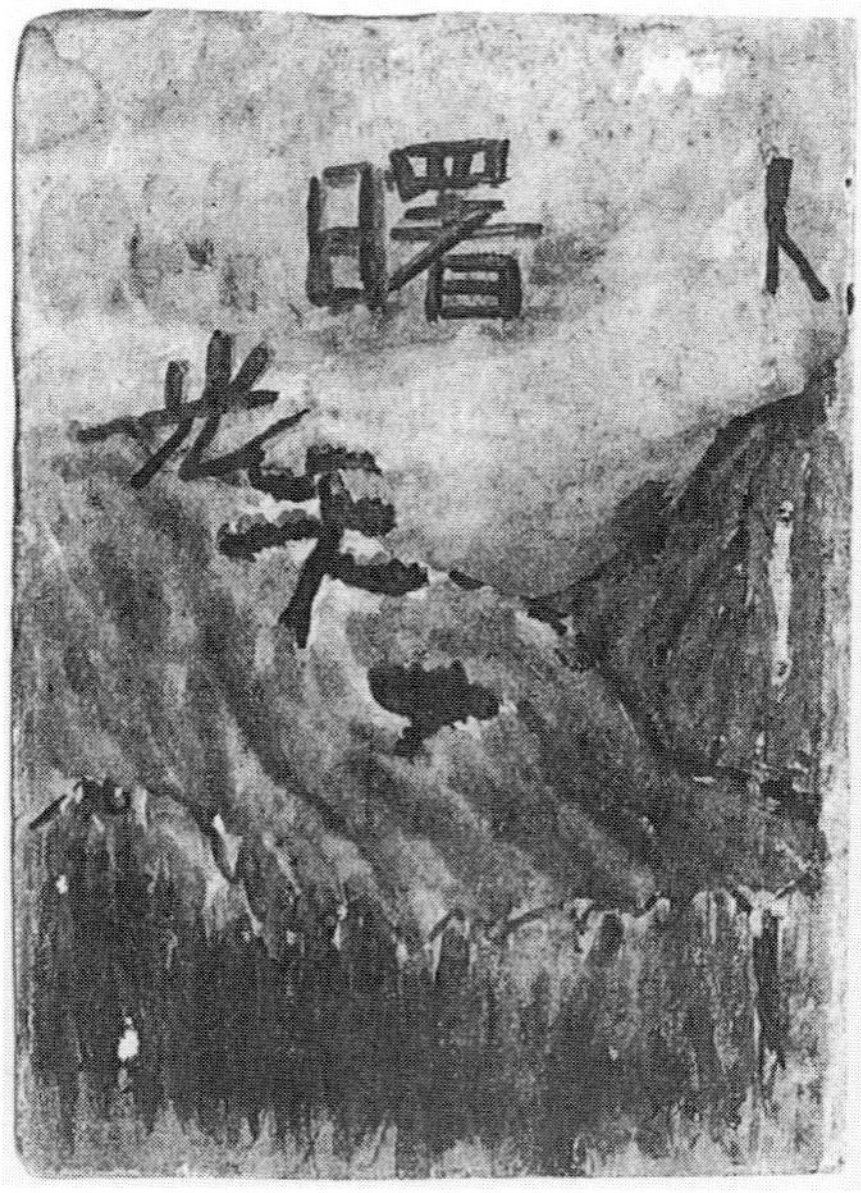

創作の狂歌、短歌、俳句、新体詩などを思いのまま記した『曙光』の表紙。

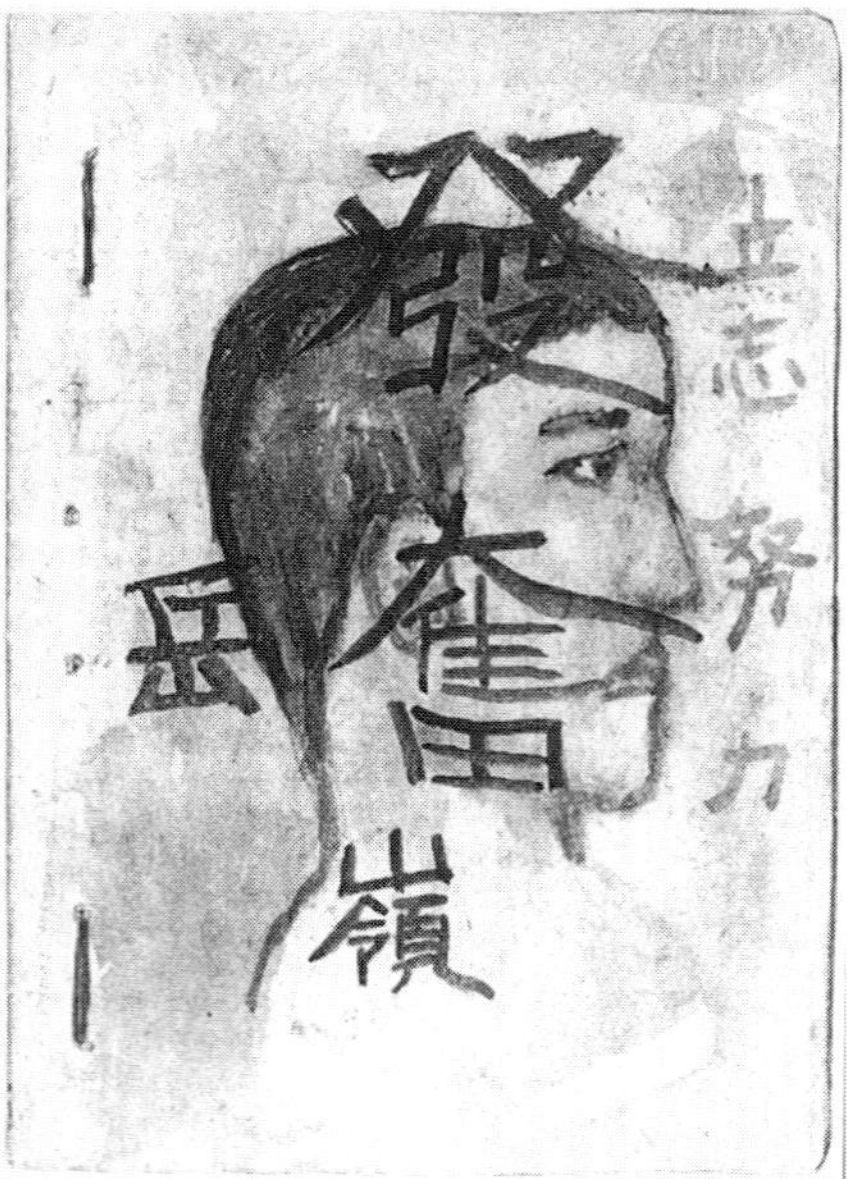

大正９年（1920）から翌年にかけて書いたわずか７頁の『曙光』の裏表紙。表紙は表裏とも絵具で描いている。

わずか１キロメートルほどながら、本州と周防大島を隔ててきた大畠瀬戸。いまはこの間に大島大橋が架かり、離島ではなくなった。円錐形の山は標高263メートルの飯の山、かつては松がよく茂っていた。昭和46年（1971）に執筆した『私の日本地図』周防大島の巻に、こうした写真も昔はこうであったと引合いにだされることになるであろう、と書いている。昭和30年代　撮影・宮本常一。

周防大島の小松港桟橋。大畠瀬戸を往復する連絡船が発着した。設けられたのは昭和15年（1940）ごろだが、島の東部の人々は昭和25年（1950）ごろまではもっぱら島まわりの汽船を利用した。それが島内をバスが走るようになって逆転し、桟橋はにぎわうようになる。昭和30年代　撮影・宮本常一。

宮本常一が中央にいることに何か意味があるのだろう。こうした記念写真は母方の家族と撮ったものばかりで、父方の祖父母と一緒の写真はない。常一を可愛いがってくれた祖父の写真は一枚も残っていない。常一の右後にいる母の弟、海軍将校（海兵42期）の升田仁助も常一を弟のように思い、常一もまた尊敬していた。仁助は部下の兵卒からも慕われる軍人であったらしい。大正３年（1914）の撮影か。

海軍少将　升田仁助（五十四歳）
第六十四警備隊司令
山口県出身

昭和二十年十月五日グァム島に於て自決した。自決された時、黒い表紙の小さい手帳に次のようなことが書いてあった。

遺書
余はヤルートの王として太陽として諸氏と共に草根を食み、海水をのんでヤルート島基地死守の大任のために奮戦しそれを完うした。この島で親愛なる諸氏に囲まれて最期を遂げるのは本懐至極である。

十九年二月中旬における、三名の米飛行士処刑の責を一身に負われたのである。
額田坦編『世紀の自決』

島の南、標高618メートルの嵩山をいただく橘町の安下庄。江戸時代には周防五浦の一つだったが、漁民の生活は貧しかった。しかし進取の気風を持ち、他村の庄屋を勤めた者が幾人も出ている。昭和30年代　撮影・宮本常一。

島南の東和町船越の城山小学校と段々畑。このあたりは蜜柑への転作が遅く、昔からの畑作がのちのちまで行われていた。冬から春にかけては麦、夏から秋には甘藷が植えられた。こうした畑をシラバタケといった。昭和30年代　撮影・宮本常一。

高等小学校二年卒業記念。満15歳の宮本常一は、後列の左端で横を向いている。卒業式は大正11年（1922）３月21日に行われた。前日の日記に、「卒業式が明日と云ふ所までせまった。何んと云ふ事だらう。どーしやう。何に成らう、今がすべての一大関門」と記している。

私は高等科一年から一緒でしたがね、宮本さんの一番得意だったのは、歴史とか地理とか。都市の人口をですね、きちんと覚えているんですね。「人口はいくらですか」って聞いて、一度聞いたら忘れんのよね。物覚えがいいから、地理とか歴史とか、特にあんなものが好きになったんでしょうね。

高等科の始めのころ、先生が「何になるか？」と聞かれた時、宮本さんは「私は文学博士になります」ときっぱり言われた。「文学博士になるのは大変だぞ」と先生が言われたことがある。私はその時「百姓になります」と、きっぱり言うた。他にそんなことを言うものはおらんかったが、私はその時に百姓になると覚悟を決めておったから。

そのころ独学で勉強する人のために、中学講義録というのがあって、私と宮本さんが二人でとりまして、自宅で勉強しよりました。専検（専門学校検定試験）ってのがあって、講義録をとって読んで、中学の課程を勉強して、専検を受けると中学卒業の免除がもらえた。宮本さんはそれで勉強したんですよ。そして師範の二部に入ったでしょう。師範の二部っていうのは、中学の試験が通らんと入れんですからね。

東和町小積　藤井　正　七三才

（『あるくみるきく』一七四号）

大正11年（1922）８月に安下庄で行われた「中堅青年講習会」に最年少で参加。宮本常一は前列の右から三番目、帽子を前において座っている。このとき青年団の雄弁大会があって一席弁じた。それが喝采を博し、そのために郡内に名を知られるようになった。そのときの日記を探したが、その間は書かれていなかった。

日誌抄（大正一一年）

八月一日（火）晴
俺が生れたのは今から十六年以前の今日、夕晩《ママ》をすました頃だった。
貧しい灯の下にけたましいベビーの泣き声母の苦痛などが、すゞろに思ひやられる。いくら誕生日でも貧家の悲しさ、之を祝ふ事も出来ぬ。朝ぱちから山へ出掛けてお負《ママ》に冷い情の行き合で不言無言……
相変らず堀切行きだ。
午後、三時頃まで昼寝してそれから田の草取さ。

八月二日（水）晴
暑いたまらぬ。之が夏の人の流行語だ。それもそのはず、湧き出でゝ流れこぼるゝ夏の汗だもの。

八月廿六日（土）晴
少事休んで居たが又、書く。
此頃は空想にばかり更けて仕事が手に着かぬ。唯徒に東都の空に憧れて日を送るのみ。
午前、田に水を汲む。涼しい風がさっと稲の上を渡って里芋の葉を軽く揺り動かす。
午後、草履を作る。
夜、何処かでチッチロリンが鳴いている。電燈の下で姉が縫物をして居る。
蚊帳の中で父の寝呼吸がかすかに起こる。

自筆ノートより

昭和51年（1976）に大島大橋が完成するまで、船で渡った大畠瀬戸。宮本常一が初めてこの瀬戸を渡ったのは大正12年（1923）４月、郷里を離れて大阪へ行くときである。生家に近い下田港で島まわりの汽船に乗船し、日前、久賀、三蒲に寄港して大島に上陸し、山陽本線の大畠駅で汽車に乗った。昭和30年代　撮影・宮本常一。

大島大橋が架かるまで島の人々の足となっていた連絡船のカーフェリー。本州の大畠と大島の小松港を結んでいた。小松港からは島内各地へ当時の国鉄バスが走っていた。昭和30年代　撮影・宮本常一。

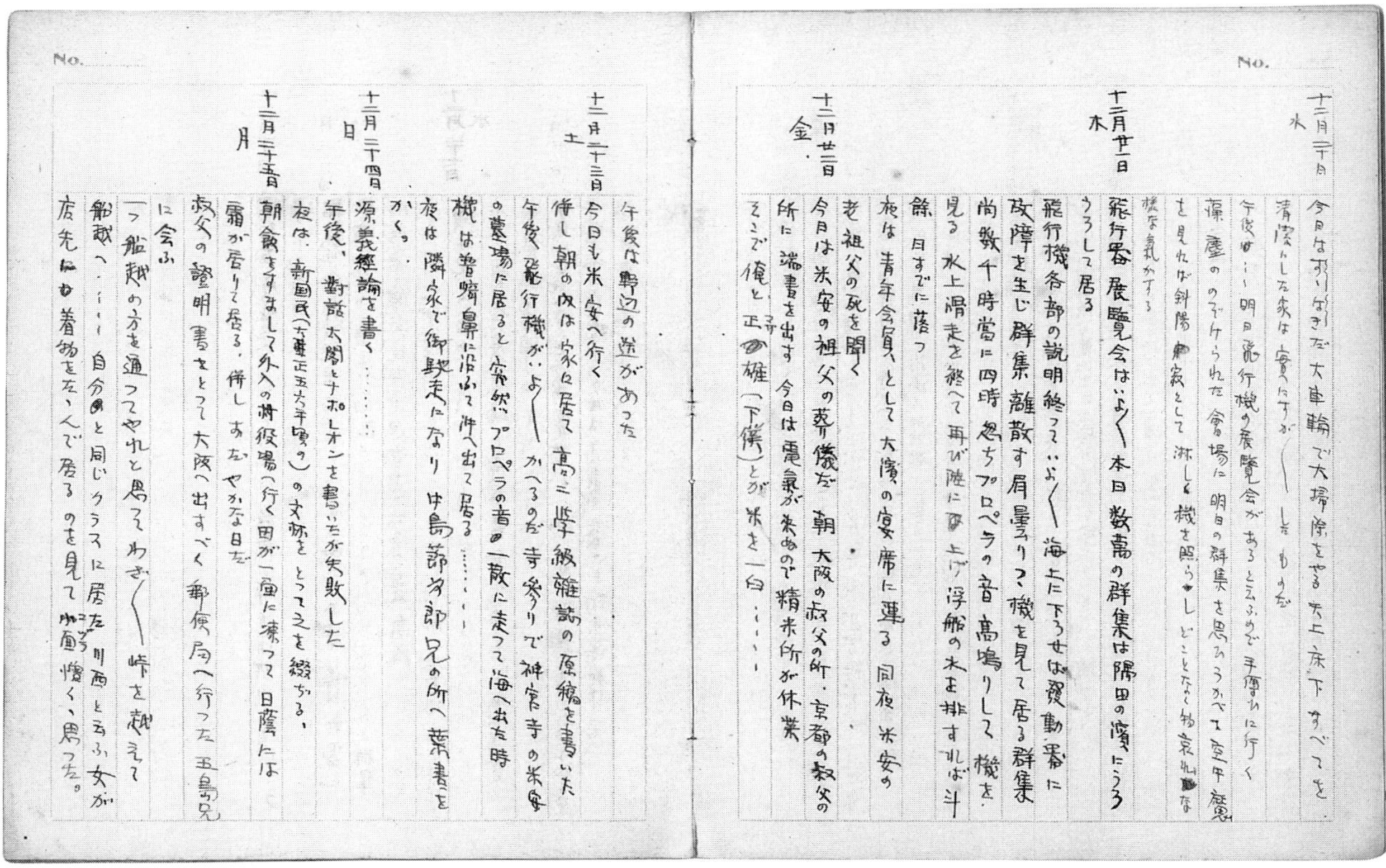

十二月二十日 水
今日はおりなきた大車輪で大掃除をやる 天上床下すべてを
清潔にしたのは宜しかったが……しかしもっとも
午後四時頃 明日飛行機の展覧会があると云ふので手傳ひに行く
揮塵のやうにまかれた會場に明日の群集を思ひうかべて空中飛行機を
を見れば斜陽は寂として淋しく機を照らし どことなく物哀れな
様な気がする

十二月廿一日 木
飛行機展覧会は愈々本日 数萬の群集は隅田の濱にうろうろして居る
飛行機各部の説明終つていよいよ海上に下ろせば発動機に
故障を生じ群集離散す 肩曇りて機を見て居る群集
尚数千 時當に四時 忽ちプロペラの音高鳴りして機を
見る 水上滑走を終へて再び陸に引上げ浮船の水を排すれば斗
餘 日すでに落つ
夜は青年会員として大濱の宴席に連る 同夜米安の
老祖父の死を聞く

十二月廿二日 金
今日は米安の祖父の葬儀だ 朝 大阪の叔父の所、京都の叔父の
所に端書を出す 今日は電氣が来ぬので精米所が休業
そこで俺と正雄(下僕)とが米を一臼……

十二月二十三日 土
午後は野辺の送があった
今日も米安へ行く
併し朝の内は家に居て高二学級雑誌の原稿を書いた
午後飛行機がよしかかるのだ 寺参りで神宮寺の米安
の墓場に居ると突然プロペラの音 一散に走つて海へ出た時
機は碧蟬鼻に沿ふて沖へ出て居る……
夜は隣家で御馳走になり中島節次郎兄の所へ葉書を
かく。

十二月二十四日 日
源義経論を書く……
午後、對話太閤とナポレオンを書いたが失敗した
夜は新国民(大正五六年頃の)の文脈をとつて之を綴ぢる、

十二月二十五日 月
朝食をすまして外入の将校場へ行く 田が一面に凍つて 日蔭には
霜が居りて居る。併しあたゝかな日だ
叔父の證明書をとつて大阪へ出すべく郵便局へ行つた 玉島兄
に会ふ
一つ船越の方を通つてやれと思つてわざわざ峠を越えて
船越へ……自分と同じクラスに居た川西と云ふ女が
店先にて着物を縫んで居るのを見て妙に懐く、思つた。

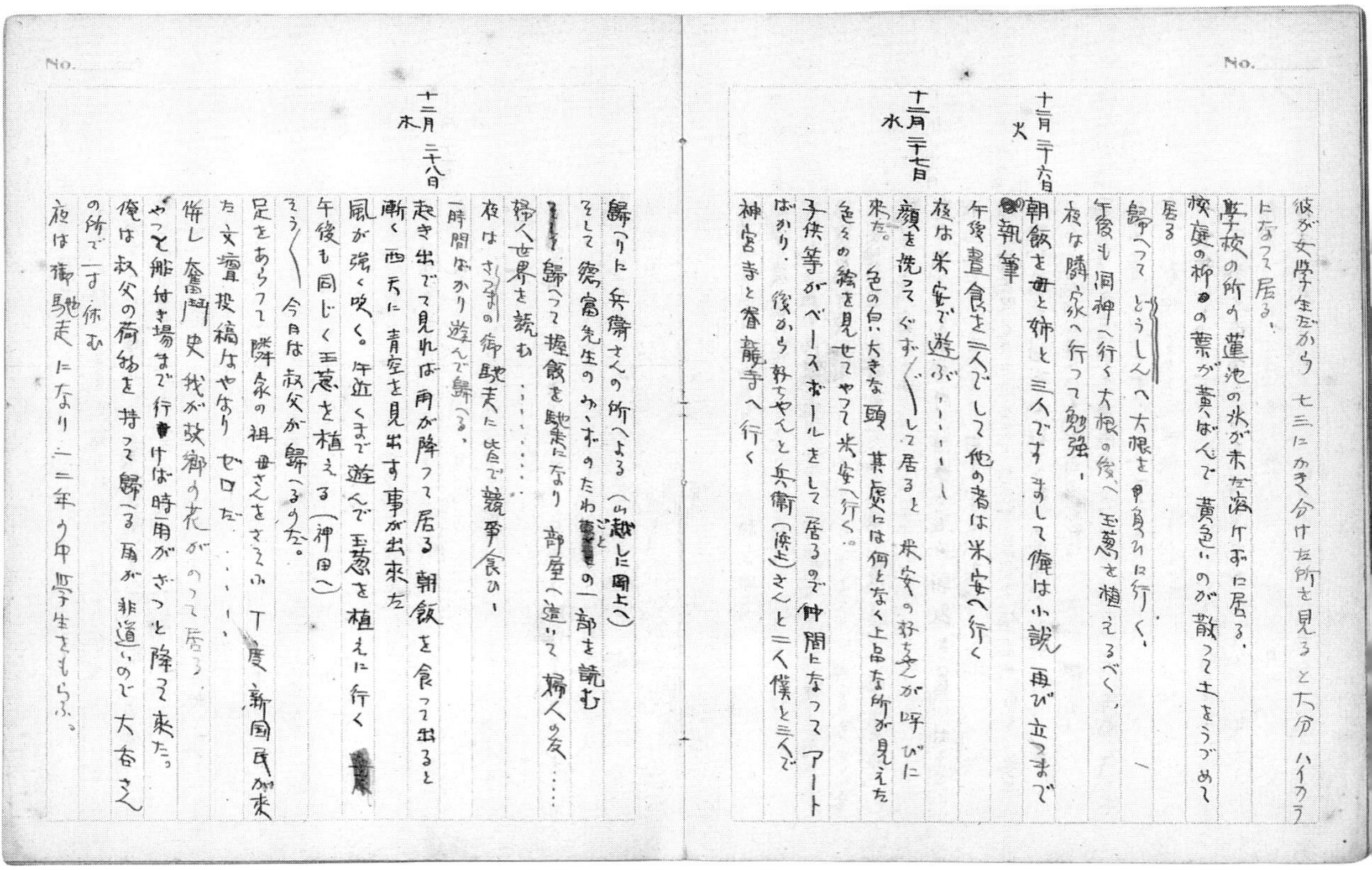

彼が女学生だから七三にかき分けた所を見ると大分ハイカラ
になつて居る。
学校の所の蓮池の氷がまだ溶けずに居る。
校庭の柳の葉が黄ばんで黄色いのが散つて土をうづめて
居る
帰つてどうしんへ大根を貫ひに行く、
午後も洞神へ行く 大根の後へ玉葱を植えるべく、

十二月二十六日 火
夜は隣家へ行つて勉強、
朝飯を母と姉と三人ですまして俺は小説再び立つまで
執筆
午後昼食を二人でして他の者は米安へ行く
夜は米安で遊ぶ……して居ると米安の好子が呼びに
来た。

十二月二十七日 水
顔を洗つてぐずぐず
色々の絵を見せてやつて米安へ行く。色の白い大きな頭 其處には何となく上品な所が見えた
子供等がベースボールをして居るので仲間になつてアート
ばかり。後から好ちやんと兵衛(藤上)さんと二人僕と三人で
神宮寺と蒼龍寺へ行く

十二月二十八日 木
帰りに兵衛さんの所へよる(山越しに岡上へ)
そして徳富先生のみみずのたはごとの一部を読む
帰つて握飯を馳走になり部屋へ這入つて婦人の友……
婦人世界を読む……
夜はさいさんの御馳走に皆で競争食ひ
一時間ばかり遊んで帰る。
起き出でて見れば雨が降つて居る 朝飯を食つて出ると
漸く西天に青空を見出す事が出来た
風が強く吹く。午近くまで遊んで玉葱を植えに行く
午後も同じく玉葱を植える(神田へ)
そうそう今日は叔父が帰るのだ。
足をあらつて隣家の祖母さんさう云ふ 丁度新国民が来
た 文壇投稿ながなりゼロだ……
併し奮闘史 我が故郷の花がのつて居る
やつと船付き場まで行けば時雨がざつと降つて来た。
俺は叔父の荷物を持つて帰る 雨が非道いので大谷さん
の所で一寸休む
夜は御馳走になり二年の中学生をもらふ。

満15歳、大正11年（1922）12月の日記の一部。

日記（大正一二年）

一月二日

「おー寒い」。この言葉が思はず口を流れる。

手水鉢や裏のダボ、池などがかちかちに氷って、岳や中国の山が真白に青い海の上に浮いて居る。年賀状を四枚書く。寒い風がさっと宮の森を襲って、森がごーごー鳴る。道行く人の下駄の音がカランカランと鉄でもたゝく様にせわしげな音がする。

午後。洞神へ大根を負ひに行く。寒い事が夥しい。帰へって炬燵へもぐり込んで餅をやいて食ふ。叔母さんと（先生）好ちゃんが来て賑やかだ。……大阪へ行けるかと思ふと夢の様な気がする。本当かしら……。

一月二十日

今日は朝から仕事にとりかかった。仕事と云っても米安の排水工事遂行の為、グリ石を隣組の浜に拾い、潮が満ちたので濱井の伝馬船をかりて新宮へ（グリを）拾いに行く。午後之を半田に運ぶ。俺と父とが大八で半分を……車の引けぬ向ふを母と姉が運ぶ。

「ふるさとの海辺の村で」『あるくみるきく』一七四号より

姉ユキは「神戸にて弟市太郎氏と散歩　弟　高工の壱年　二十才　二十七才（数え年）」と記している。満５歳で叔父（父の弟）の養子になった市太郎は、昭和６年（1931）に職工学校（大阪では工業学校をそういった）を卒業すると、国を離れてダヴァオ（フィリピン）に渡航した。

闘病録（昭和五年）

五月一四日

(1)病気を征服せんとするには、自己が病であることを常に知ることと、そして如何にして治すか、又、如何にもしてなほさざるべからず、と信じ得て初めてその目的を達し得るなり。

(2)私の不安は私が死にはすまいかと言ふことである。人はみな死ぬるものであると言うことが未だ本当に判ってゐない。何故ならば私は死そのものを体験していないから。

(3)病気の幻影は常に病的である。健全な精神は多くは健全なる身体にやどるものである。

(4)家へかへってからももう五〇日になる。病気になってからを考えると一三〇日になる。彼岸が今一歩の所にありながら、未だ手がとゞかない。

健康な様で弱いのが人である。

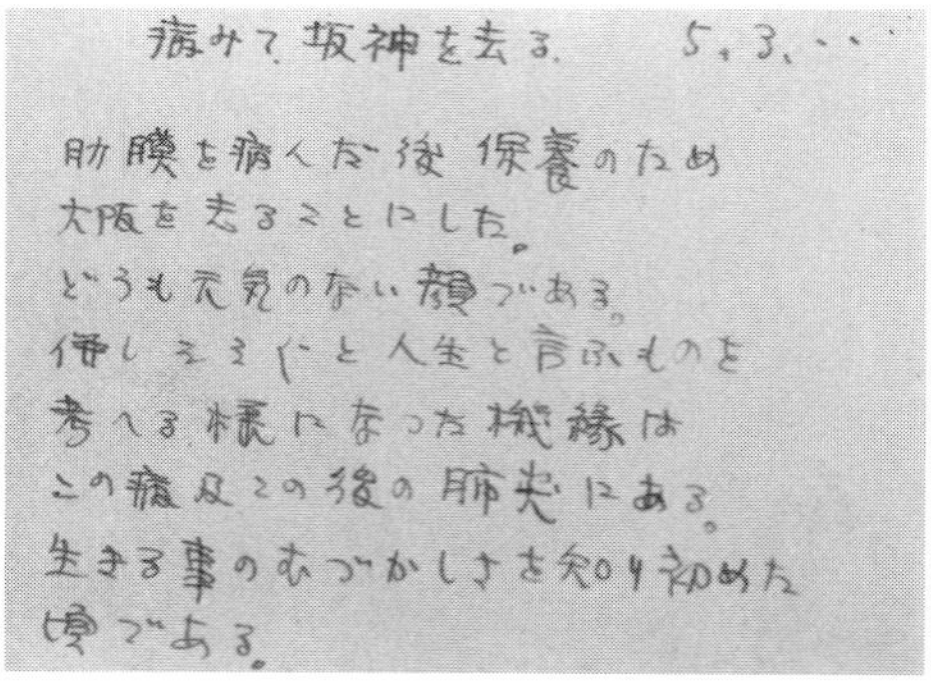
病みて阪神を去る。 5.3.…

肋膜を病んだ後 保養のため
大阪を去ることにした。
どうも元気のない顔である。
併しここだと人生と言ふものを
考へる様になった機縁は
この病及その後の肺炎にある。
生きる事のむづかしさを知り初めた
頃である。

自筆ノートより

「昭和九年一月四日午後十時過ぎ　祖母を中心に子や孫全部」と姉ユキは記している。前年、昭和８年（1933）８月11日に父が満60歳で亡くなり、写真におさまっているのは母方のみである。上の枠は市太郎。

二七歳　昭和八年

昭和八年一月、父が発病した。私の病のために甚だしい心労、老いての労働の激しさがたたったのである。

春休み故郷にかえった私はそこにやせこけた父を見た。

春雨のわびしい日であった。――父のことはこれ以上はとうてい書けぬ。ただ父の姿を思うだけで泣けてくる。

よき父、よき父、私にはかけがえのない父、私はもう教師をやめて父のそばにかしずこうとした。

「我が半生の記録」

すぐ海につづいていた生家の裏。昭和30年代　撮影・宮本常一。

浜へ出る生家脇の雁木。子どもたちがいるところも、満ちてくる潮で沈んだが、いまは昔の話。昭和30年代　撮影・宮本常一。

生家の裏から東を見る。潮が満ちると石垣の半ばは海に沈んだ。海は埋立てられて、いまは陸上競技場、総合体育館、道の駅などが建ち並んでいる。昭和30年代　撮影・宮本常一。

宮本常一は、昭和10年（1935）12月20日、玉田アサ子と結婚。アサ子は大阪市東成区の小学校で先生をしていた。結婚を勧めたのは、天王寺師範学校からの親友だった重田堅一、その相談にのったのは重田の住む堺市の寺の住職で、アサ子の勤める小学校の教頭だった柿木省三である。結婚式は重田の仲人で大阪・天王寺駅近くの料亭で行い、正月休みを待って周防大島に帰り、島でもう一度、披露宴を持った。

妻たる人に

母は「からだの丈夫な、私のような無知な女でも馬鹿にしない女の人なら誰でもいい」と申しています。私はそれに「私のような貧しいものに嫁いで下さる人」を付け加えます。そしてまた私は今まで大変弱かったのです。

「我が半生の記録」

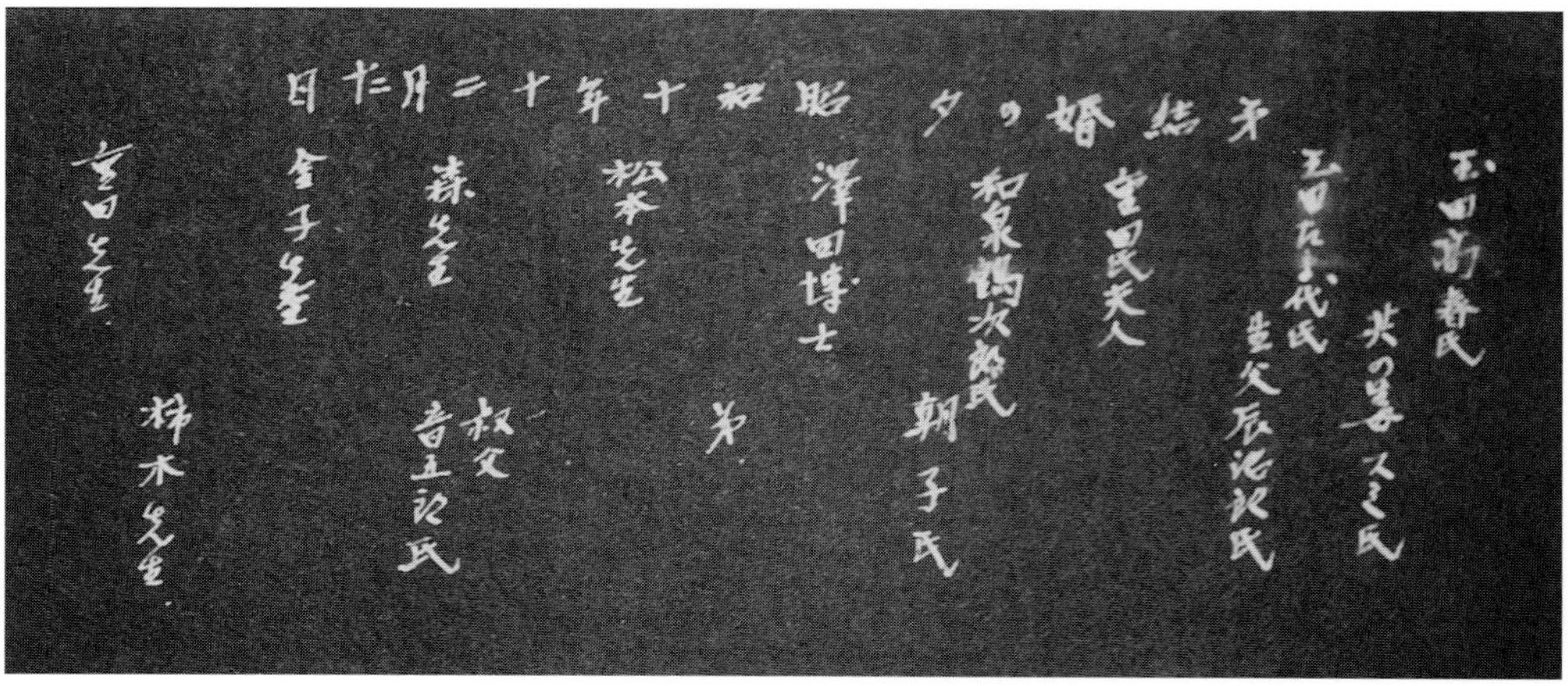

アルバムに姉ユキが記した名のうち、仲人役の澤田（四郎作）博士は、大阪市西成区玉出で開業する小児科医。熱心な民俗学の研究者で、診療所は「大阪民俗談話会」の会場にもなっていた。松本（繁一郎）先生は逓信講習所の恩師、判事になったのちも宮本常一に目をかけてくれた。森先生は哲学者の森信三、満洲の建国大学に赴任するとき常一を誘った。それがきっかけで話は別の方向に進み、アチック・ミューゼアムにはいることになる。金子（又兵衞）先生は天王寺師範学校の恩師、高等師範学校受験のため上京するとき、中学時代の同窓だった大宅壮一に会うようにいった。重田（堅一）先生は常一の天王寺師範学校からの親友、柿木（省三）先生はアサ子が勤めていた小学校の教頭、二人を結びつけた人でもある。

中世末の開基といわれる神宮寺。境内には弘法堂があるが、本尊は大日如来で、弘法大師の像はそのかたわらにおかれている。神宮寺は宮本家の菩提寺で、常一もここに眠っている。昭和30年代　撮影・宮本常一

神宮寺の鐘楼。向こうに海が見える。昭和30年代　撮影・宮本常一。

母の弟は日露の役に黒溝台の激戦で戦死した。長子であり、近所でも評判の働き者であり孝行者であった。そして親にとっては大事な息子であった。そういう人であったから戦死の日には四〇度も熱のある病軀をおして戦にのぞみ、苦戦のさなかに敵弾に倒れた。その報の来た時、むしろさわいだのは近所の人であったという。祖母は静かに黙してこの悲しみにたえた。そうして次の子たちの成長を心に頼んだ。私の知っている祖母は子の戦死を名誉に思い、年々給与せられる遺族の扶助料に深く感謝していた。同時にまた死して後まで親の生活を助けてくれる亡児の徳を忘れなかった。

『家郷の訓』

昭和11年（1936）8月14日、満82歳で亡くなった母方の祖母カネ。

祖母の葬儀に参じた親族。8月17日写す。左より、前列、吉重、雅晴、叔母英代（仁助妻）、恵美子、母マチ、博、叔母キチ（吉蔵妻）、アサ子、望。後列、ユキ、晴子、叔父仁助、抱くのは隆雄、叔父吉蔵、ヨシエ、常一。上の枠は祖母カネ、祖父仁太郎、市太郎。

潮が引くとずっと沖まで干潟が出た。すると黒貝、馬鹿貝、女郎貝など、いろいろな貝をいくらでも手で掘り出すことができた。干潟の水たまりの中には、ゴンゴイチと呼ぶ小さなハゼがいた。子どもたちは手拭いを網代わりにそれをすくい、空罐などに入れて泳ぐのを見て楽しんだりした。昭和30年代　撮影・宮本常一。

浜がせまくなって来ると、その利用が減って来る。しかし浜は子供の遊び場だし、またよい仕事場であり、物ほし場であった。昼間よく潮のひいている時は、ここへ麦など乾したりカンコロ（芋の切干）など乾した。春先になると、女たちは筵をそこにしいて針仕事などした。南風の吹く日は渚には波もなく青々とした海が中国地までつづいて、打瀬船の白帆がそこに点々として浮んでいた。老人たちは浜の一ところを掘ってそこに火を焼き、藻葉をしいて、そこで寝ていた。これをエンシキといった。こうして身体の悪いところを療治して、来るべき忙しい日にそなえたのである。

「私のふるさと」

生家の裏の海も、昭和38年（1963）ごろから埋立が始まった。これには海岸にバイパスのとれるほどの埋立をすべき、という宮本常一の町への提言があった。撮影・宮本常一。

希望と挫折の間で

——郵便局員と教員時代——

郷里を出た日は旧三月三日であった。霧雨が降っていて、花見というのに山へ花を見にゆく人はいなくて、皆家にいたから私が汽船に乗るため浜へ出てみると、百人近い人が見送りに来ていた。これは後々まで私の心の負担になった。その日出ていくことを多くの人に知らせたわけではない。しかしあまりに多くの人が見送りに来ていた。そのため郷党の期待を裏切ってはならないという気持になる。戦時中の出征兵士にも多くの人に見送られたということが心の負担になり、それが戦死につながった人も多かったのではなかろうか。

私は汽船で大畠というところへわたり、そこから山陽線へ乗った。父はそこまで送って来てくれた。父は淡々としていた。そして汽車へ乗ったとき、「あせるなよ、先は長いんだから」といった。そのことばがいつまでも私の心に残った。

『民俗学の旅』

大阪逓信講習所修了記念写真帖。卵形に縁取りした自分の写真を別に焼いた一枚があって、その写真の下に宮本常一は書いている。「逓講を去る　13、4、……１年の学校生活をおへて現業へ出やうとする前である。希望と不安がゴッチャだった」。「13、４」は、大正13年（1924）４月のことである。

父の「高いところへ上って見よ」という言葉は、のちに上空から地面を読んで分析することにつながる。それは航空写真を見ながら集落の調査をするというものではなく、手渡された航空写真から即座に集落の性格や歴史、民俗を読みとるというものだった。写真は橘町土居を上空から見たもので、「右上の家の向きの一定しないところが部落発祥地、海岸地帯は町割が見られる」と記している。昭和30年代　撮影・宮本常一。

出るときに父からいろいろのことを言われた。そしてそれを書いておいて忘れぬようにせよとて私は父のことばを書きとめていった。

(1)汽車へ乗ったら窓から外をよく見よ、田や畑に何がうえられているか、育ちがよいかわるいか、村の家が大きいか小さいか、瓦屋根か草葺きか、そういうこともよく見ることだ。

(2)村でも町でもあたらしくたずねていったところはかならず高いところへ上って見よ、

(3)金があったら、その土地の名物や料理はたべておくのがよい。その土地の暮らしの高さがわかるものだ。

(4)時間のゆとりがあったらできるだけ歩いて見ることだ。いろいろのことを教えられる。

(5)金というものはもうけるのはそんなにむずかしくない。しかし使うのがむずかしい。それだけは忘れぬように。

(6)私はおまえを思うように勉強させてやることができない。だからおまえには何も注文しない。すきなようにやってくれ。しかし身体は大切にせよ。

(7)ただし病気になったり、自分で解決のつかないようなことがあったら、郷里へ戻って来い、親はいつでも待っている。

(8)これからさきは子が親に孝行する時代ではない。親が子に孝行する時代だ。そうしないと世の中はよくならぬ。

(9)自分でよいと思ったことはやって見よ、それで失敗したからと言って親は責めはしない。

(10)人の見のこしたものを見るようにせよ。その中にいつも大事なものがあるはずだ。

『民俗学の旅』より抄録

宮本常一はこのモールス信号を打つ電鍵の技術がまずく、退学の不安がつきまとう。平成15年（2003）5月16日　所蔵・逓信総合博物館。

宮本常一は大正12年（1923）5月、大阪逓信講習所に入所。初めて洋服を着て写真を撮った。講習所受験の競争率は約5倍、何の準備もしていなかったので、到底だめだと思っていたが、学課の成績が抜群で入所できた。

私はこの先生からいろいろ教えられ、またはげまされた。先生の名は松本繁一郎といった。技術ができないで絶望的な気持でいるとき、学課の成績がずばぬけていいから退学になることはあるまいといってはげましてくれた。町家の二階へ下宿していて、遊びに来るようにとのことで行くと帰りに西田幾多郎の『善の研究』を下さった。そして「読んでもわからないだろうが何回も読むことだ。何回も読んで考えているとだんだんわかって来る」といった。静かに物を考えることの尊さを教えてくれたのはこの先生であった。この先生は間もなく高等文官司法科の試験に合格し、大阪地方裁判所で司法官試補をつとめ徳島地方裁判所の判事になり、後さらに大阪地方裁判所の判事になった。そして終戦後の食料の乏しいときも、闇で食料を手に入れるようなことをせず、栄養失調がもとでなくなられた。『民俗学の旅』

宮本常一を励ましつづけた担任の松本繁一郎。清廉潔癖な人生は、常一にも少なからぬ影響を与えたようである。

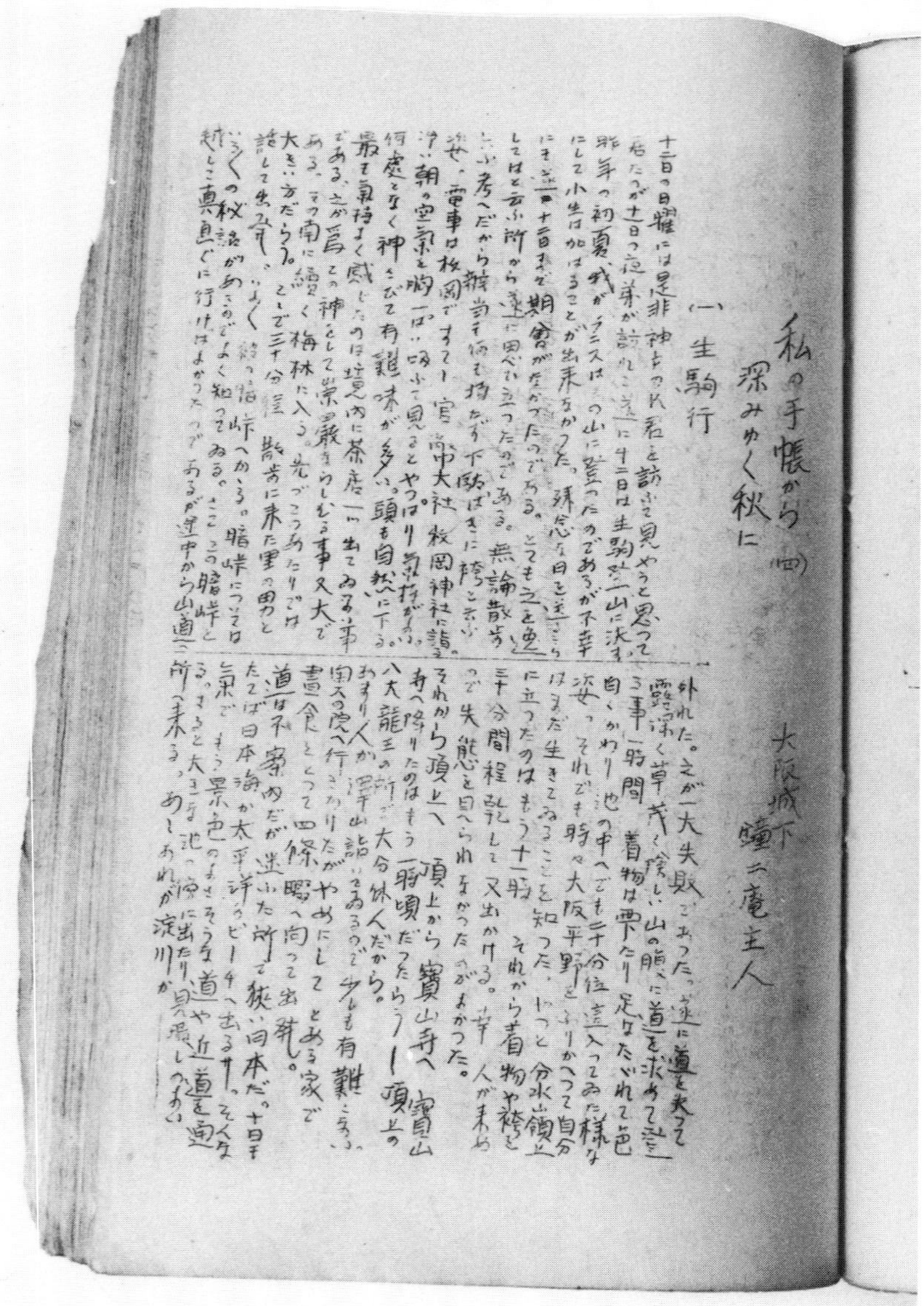

『同攻會報』の「私の手帳から（四）　深みゆく秋に　（一）生駒行」。宮本常一が鐘二庵主人のペンネームで書いた。

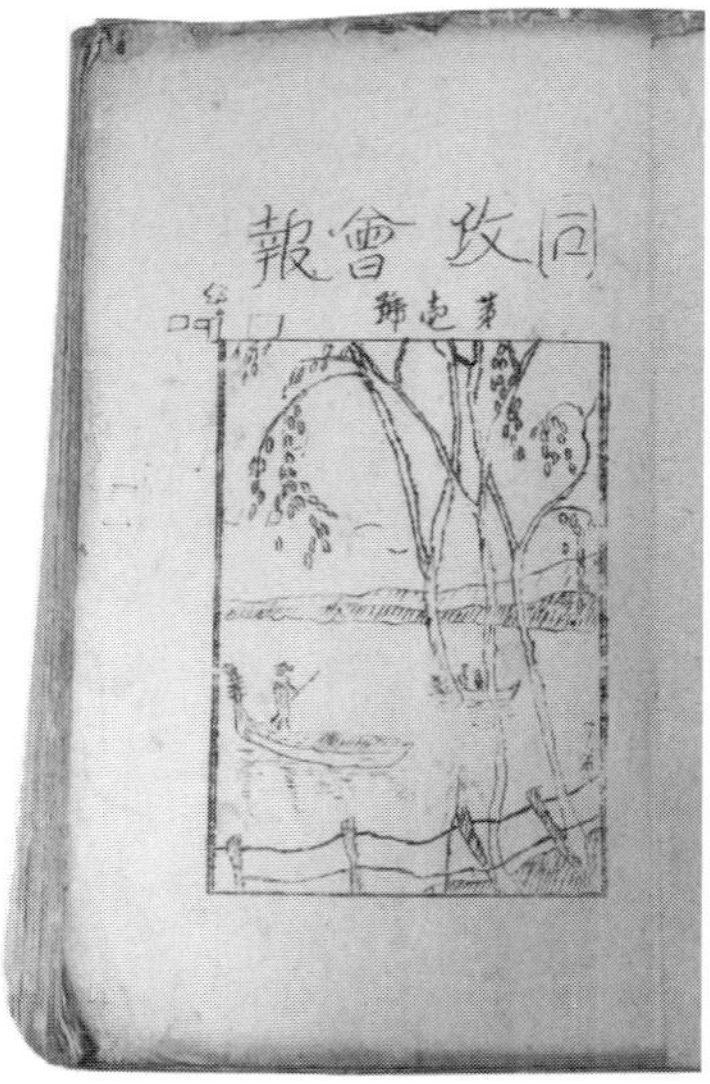

大阪逓信講習所の『同攻會報』第壱號の表紙。

大阪逓信講習所。桜宮（大阪市北区）の淀川堤の下にあった。広く青い田圃の彼方に生駒山がよく見えた。宮本常一は大正12年（1923）5月に入所し、寄宿舎にはいった。教育は一年、翌年5月の修了と同時に高麗橋局（大阪市東区）に配属された。

講習所を受験する者の家はほとんど貧しかった。貧しいゆえに体が弱く、肺結核に倒れる者が少なくなかった。椅子に座る由利君もその一人だった。

一九歳　大正一四年

由利君は正月をすまして国へかえりたいというのを、私は正月の多忙にとうてい堪えられる身体ではないのだから、正月前にかえれとすすめた。由利君もその気になった。夜に入ると悪寒があるので、コタツも何もない家のこととて、私は由利君にピタッと身をつけては寝てやった。布団は二人の分をかさねて着ても未だ寒いいっときがあった。それがすぎると恐ろしく発汗した。すると私は起きて友の汗をふいたり、湯をのませたりした。朝になると気分がよいので、友はまた局へ行った。

しかし、とうとう一二月一〇日すぎに丹波へかえることになった。

「我が半生の記録」

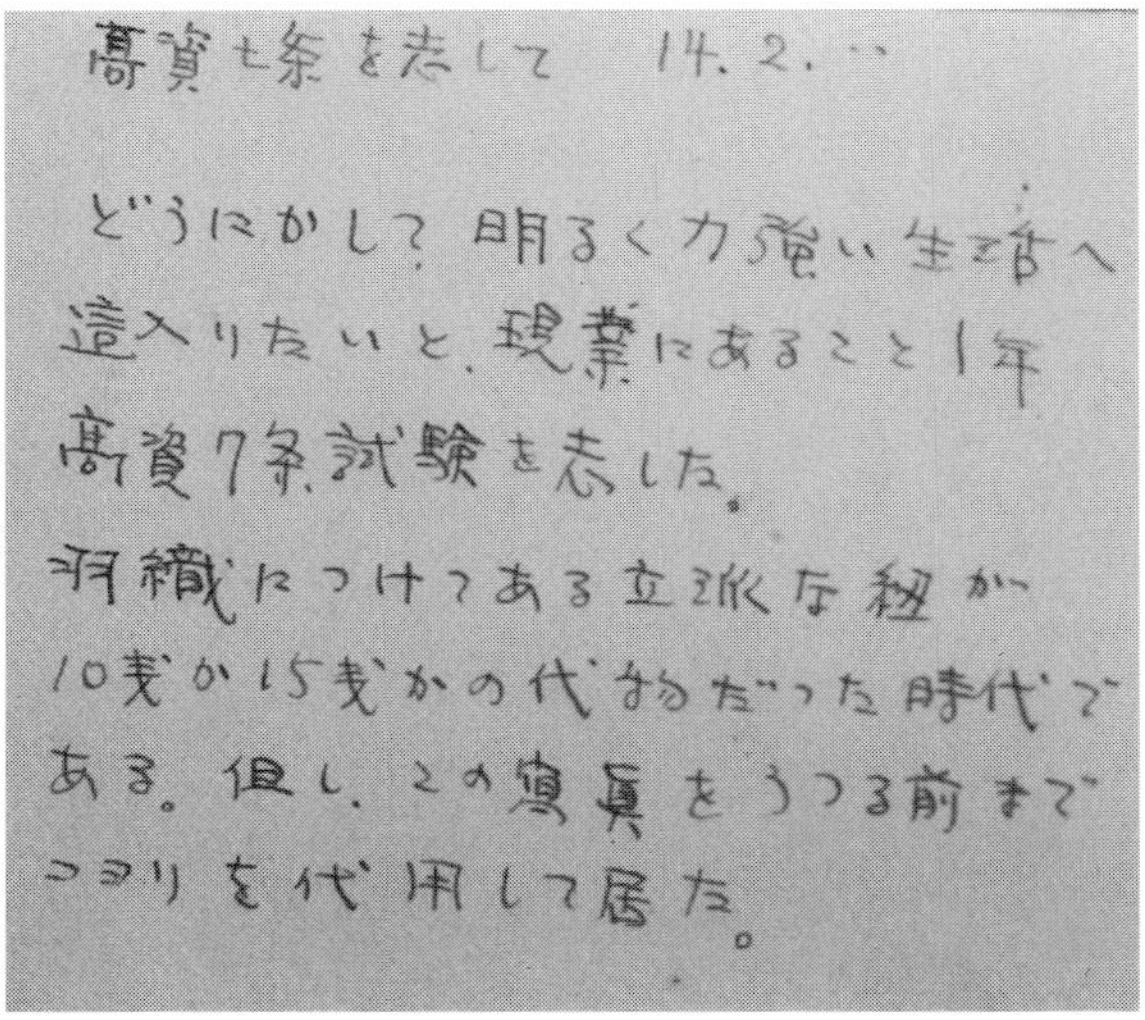

高資七条を志して　14.2.・・
どうにかして明るく力強い生活へ
這入りたいと、現業にあること1年
高資7条試験を志した。
羽織につけてある立派な紐が
10銭か15銭かの代物だった時代で
ある。但し、この写真をうつる前まで
コヨリを代用して居た。

大正14年（1925）2月写す。

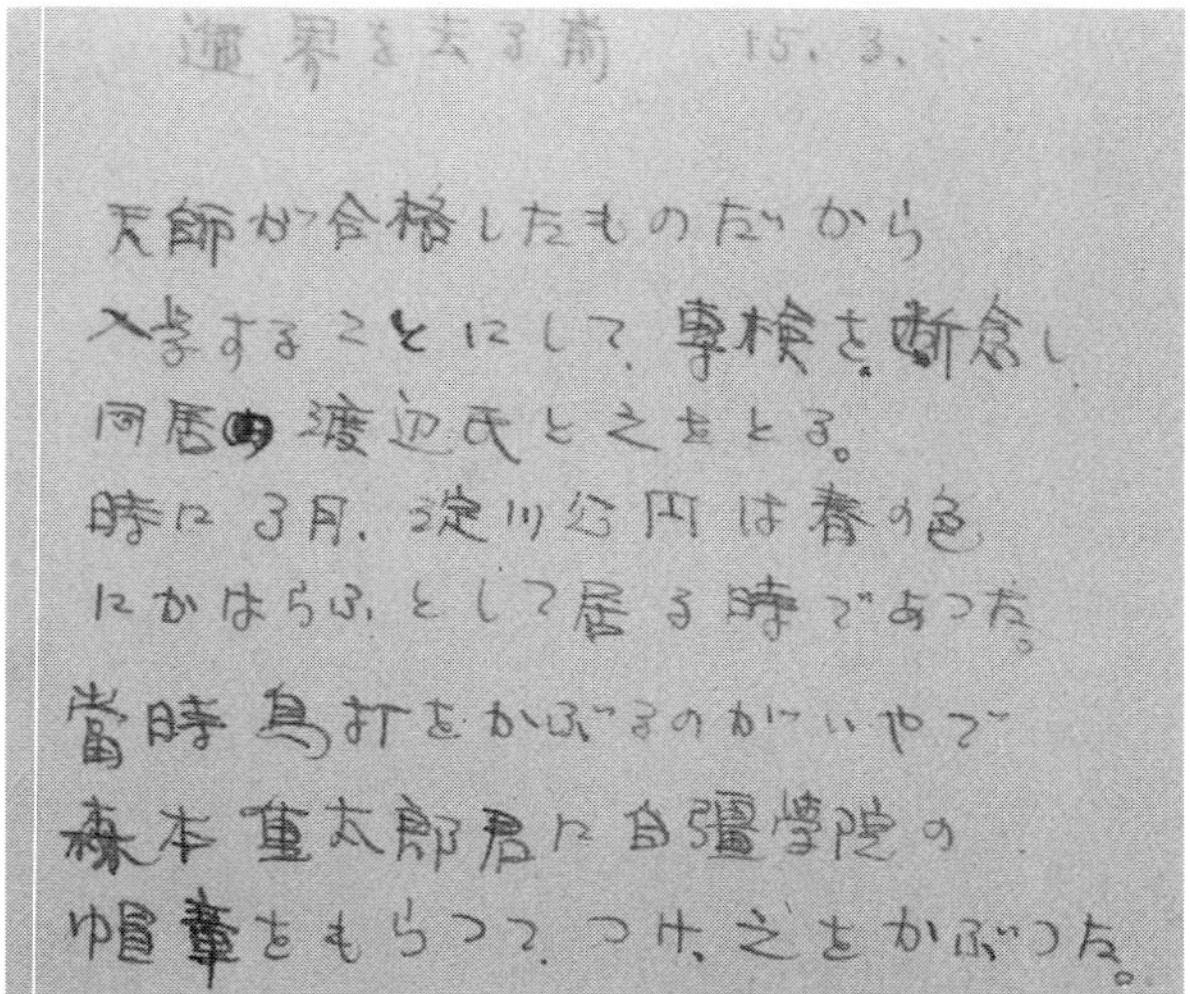

逓界を去る前　15.3.

天師が合格したものだから
入学することにして、専検を断念し
同居の渡辺氏と之をとる。
時に3月、淀川公円は春の色
にかはらふとして居る時であつた。
当時鳥打をかぶるのがいやで
森本重太郎君に自彊学院の
帽章をもらつて、つけ、之をかぶつた。

一個平凡なる郵便局員として生涯を終える気持ちはなく、大正14年（1925）４月には高等文官を志して高等試験令七条試験を、同９月には専門学校入学者資格検定試験、いわゆる専検を受けた。しかし二つとも至らなかった。翌年の２月には決心して天王寺師範学校二部を受けた。

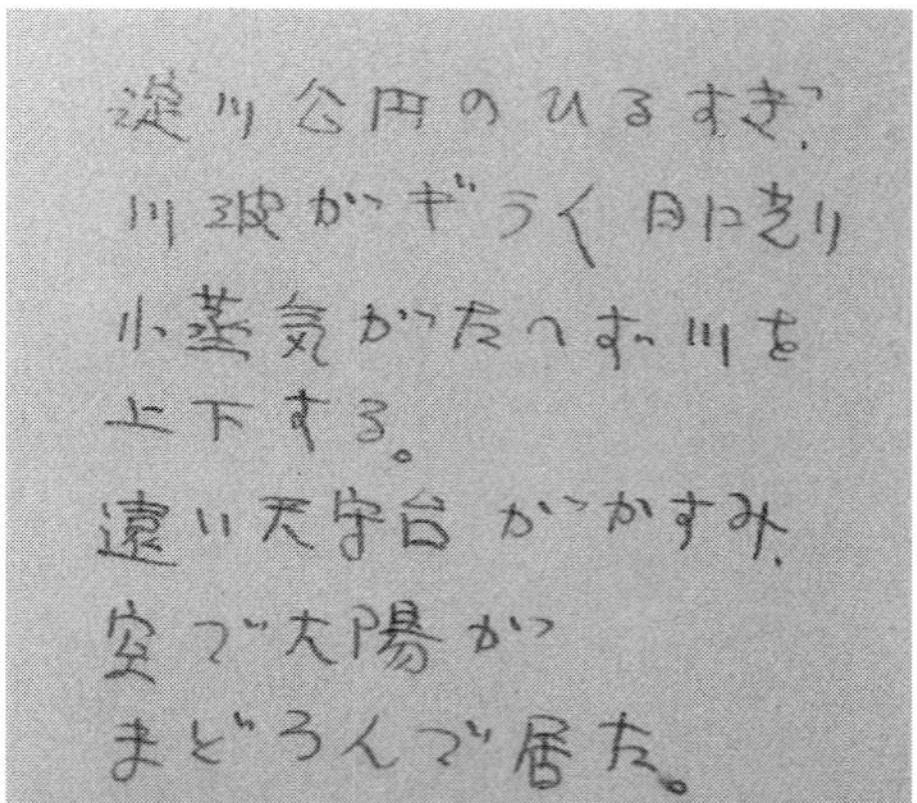

淀川公円のひるすぎ、
川波がギラく日に光り
小蒸気がたへず川を
上下する。
遠い天守台がかすみ、
空で太陽が
まどろんで居た。

大正15年（1926）３月写す。

大正15年（1926）４月９日、天王寺師範学校二部に入学。逓信講習所時代の親友、石井孝三から小倉服の古と帽子をもらい、学生らしくなった。この受験も自信がなく、再度、専検を受けようと新たに写真を撮り、願書を出した二、三日後に合格通知がきた。うれしかったが、フイになった専検の受験料７円と写真代１円が大変惜しかった。

二〇歳　大正一五年

三月、同宿の渡辺氏に無理にすすめられて活動写真を見に行った。上阪以来ついぞ見たことのない世界をのぞいて、強く心をひかれた。この時以来、何らの選択なしによく見に行った。

その悪い反影《（ママ）》は読書の上にもあらわれ、『キング』のようなくだらぬ雑誌をよむようになった。

月末、天師から入学許可の通知がきた。

四月九日、天王寺師範に入学した。サージの服は許されぬというので、石井孝三君に小倉服の古をもらい、またその帽子をもらって入学した。

「我が半生の記録」

私は大正十五年十二月にはじめて東京へいった。高師受験のためであった。そのとき金子先生は「東京へいったらかならず新潮社へ大宅壮一をたずねていけ」といった。金子先生と大宅さんは中学時代の同窓で親友であった。東京へ出ての一つの収穫は大宅さんに逢ったことである。大宅さんは私が金子先生の教え子だというと、中学時代から大正十五年までのあるいて来た道を滔滔として半日かけて話しつづけた。これは私にとって実に大きな刺戟になった。そして私の乱読時代がそれから二年あまり続くことになる。

そのときから三十年ほどたって大宅さんに逢ったときその話をしたら、おぼえていなかった。しかし大宅さんは相かわらず他の人の遠くおよばないほど勉強しており、それが大正以来ずっと続いていることに驚嘆した。

『民俗学の旅』

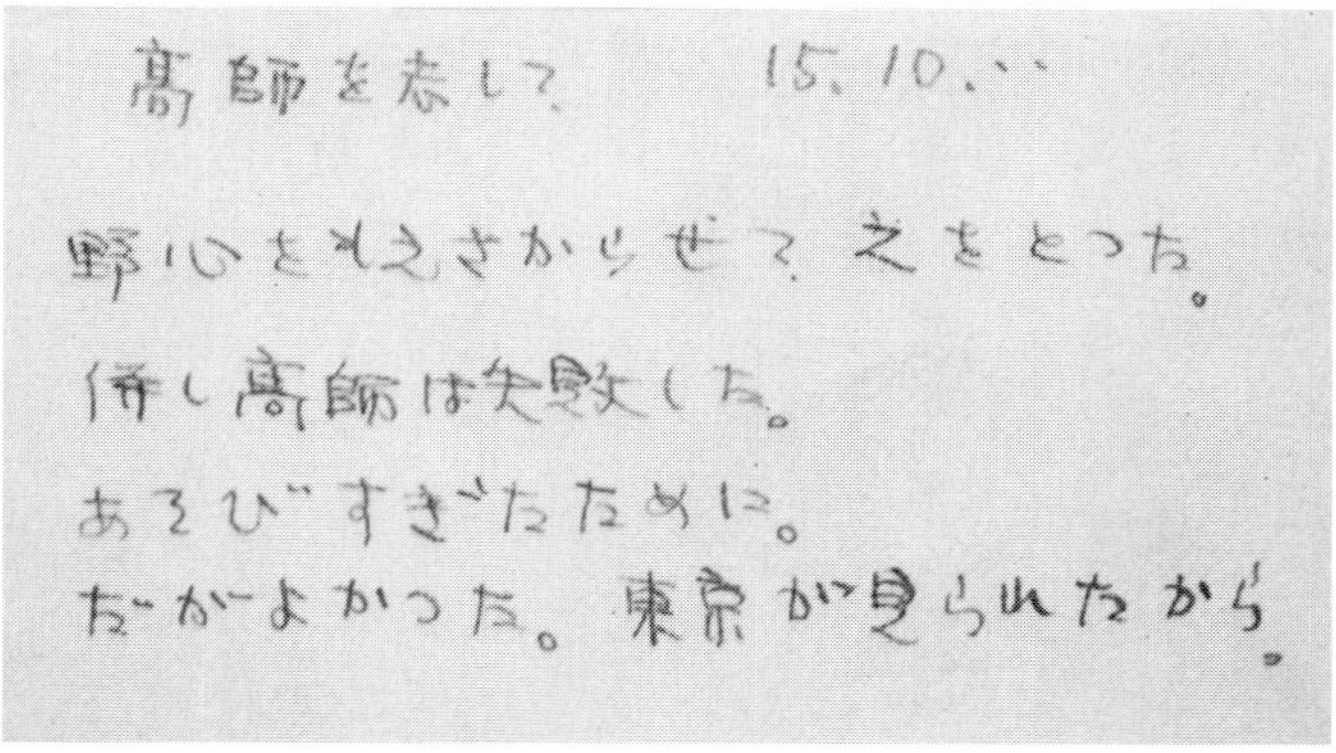

高師を志して　15.10.
野心をもえさからせて之をとつた。
併し高師は失敗した。
あそびすぎたために。
だがよかつた。東京が見られたから。

大正15年（1926）10月写す。

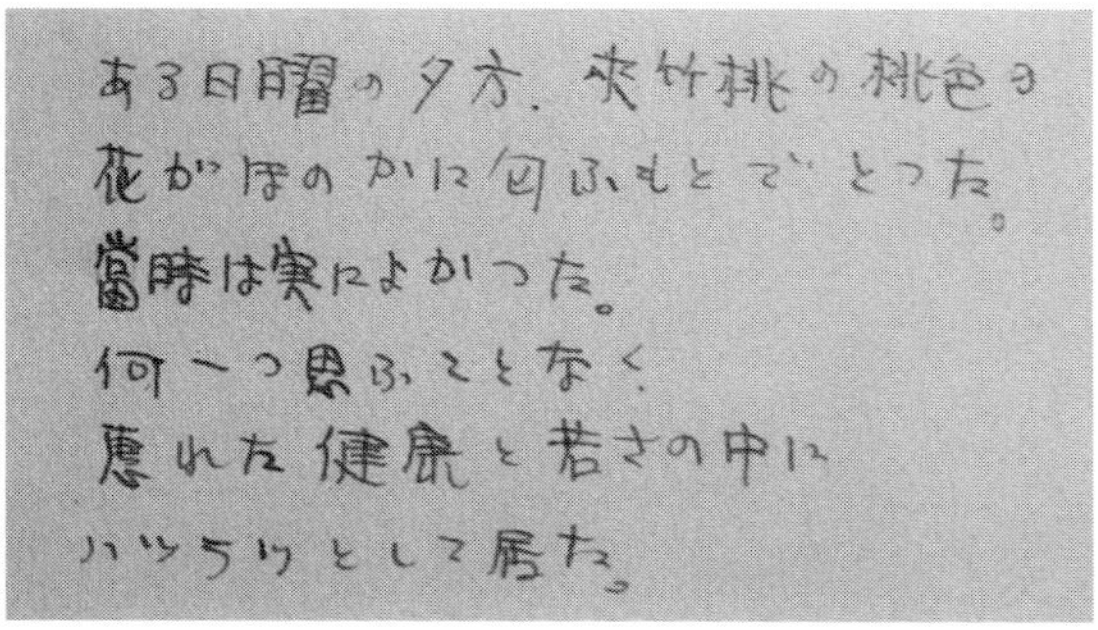
ある日曜の夕方、夾竹桃の桃色の
花がほのかに匂ふもとでとつた。
當時は実によかつた。
何一つ思ふこともなく
恵れた健康と若さの中に
ハツラツとして居た。

一年間の師範学校二部の教育を終え、昭和２年（1927）３月24日に卒業すると、翌４月１日から８月末まで、短期現役兵として大阪八連隊に入隊した。

並ぶ有松佐一郎は同じ師範学校二部の出身、在学当時は疎かったが入隊後に親しくなった。一緒に天王寺や卒業した学校に行ったりした。この友によってファーブルと柳田國男の名を知った。

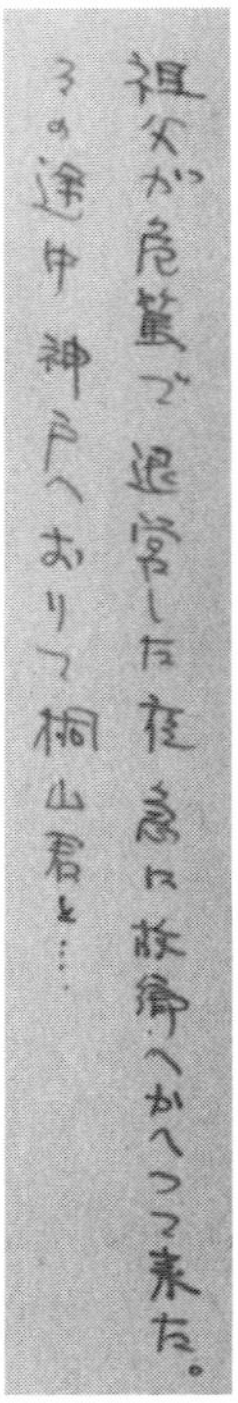

祖父が危篤で退営した在急に故郷へかへって来た。
その途中神戸へおりて桐山君と……

桐山は、通信講習所の寄宿舎の舎長が妙な事件を起こしたとき、一緒に排斥運動をやった一人。運動は失敗したが、桐山とは仲よくなった。

昭和２年（1927）９月12日、祖父の葬儀を終えて大阪にもどり、泉南郡有真香村（現岸和田市）の修斉小学校に訓導として赴任。五年生を受持った。宮本常一はよく子どもたちを郊外へ連れ出して遊んだ。写真は同年11月に行った牛滝山、紅葉の名所としても知られる。牛滝には役行者の創建といわれる天台宗の大威徳寺がある。

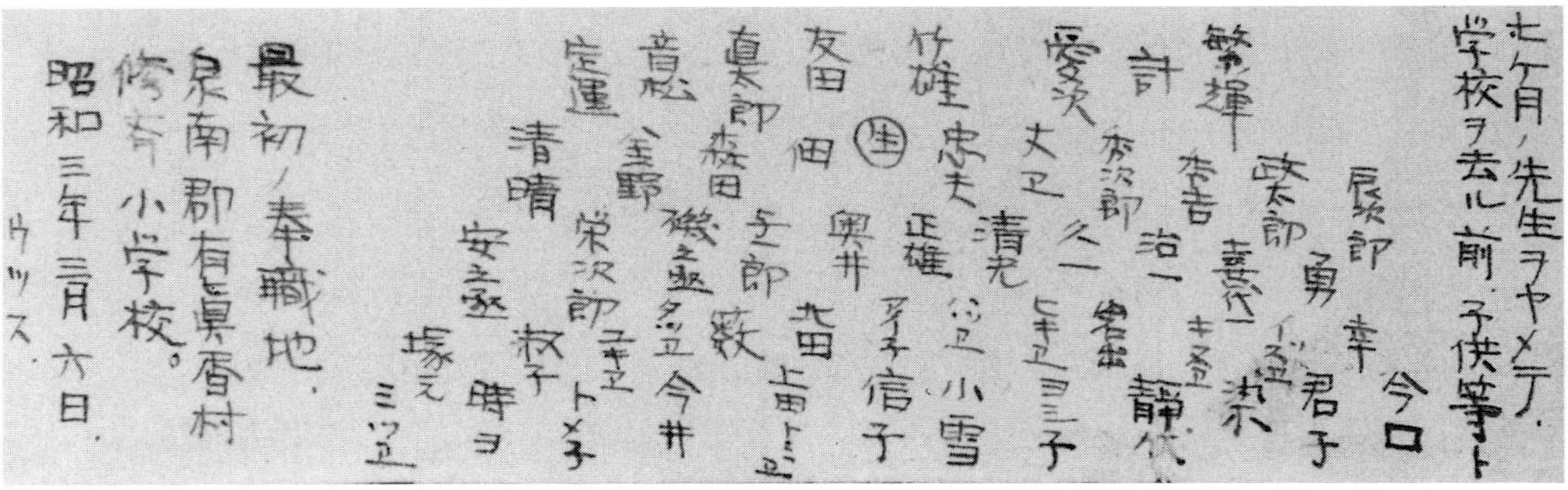

七ケ月ノ先生ヲヤメテノ
学校ヲ去ル前ノ子供等ト

最初ノ奉職地ノ
泉南郡有真香村
修斉小学校。
昭和三年三月六日。
ウツス。

子どもたちに接して力不足を痛感した宮本常一（前列右から４人目）は、もう一、二年みっちり勉強しようと決心する。しかし学費はない。親友の重田堅一に相談すると、出してやるという。昭和３年（1928）４月、天王寺師範学校専攻科へ入学する。

昭和三年四月私は天王寺師範の専攻科へ入学した。そしてそこで文化史を専攻することにした。そのことでは大して教えられたとは思えなかったが、金子先生にもう一度教えられる機会を持ったことと、森信三先生の哲学の講義をきくことのできたのは大きな収穫であった。森先生は西田幾多郎博士の弟子であった。哲人といった風貌を持ち、言葉つきも荘重といっていい人で、一種近より難いものを持っていたが人をひきつける魅力を持っており、哲学のむずかしさに苦しみつつもその講義を聞く人は多かった。私もまたその一人であった。そして一歩しりぞいて物を考える態度を学んだ。

『民俗学の旅』

宮本常一の左に座るのは師範学校の恩師、金子又兵衛。大地主で一年志願兵の予備少尉でもあった。うしろの左はやはり大地主だった親友の重田堅一。右は妻アサ子が奉職していた小学校の教頭、柿木省三。東京に出る直前の昭和14年（1939）10月に写した。

江戸時代初期の儒学者中江藤樹は、滋賀県高島郡小川村（現安曇川町）に生まれた。27歳のとき、母へ孝養をつくすという理由で仕えていた伊予国大洲藩を辞し、郷里に帰り書を講じた。時代が移ってもその学徳を尊ぶ者が多かった。宮本常一は昭和４年（1929）８月３日から五日間開催された藤樹書院夏季求道会に参加。二日目の子どものための童話会で常一は「褒美を貰った泥棒」という話をした。写真後列の中央左寄り、学生服が常一らしい。

小川村を憶ふ

毎朝、必らず伊吹には雲が下りて居た。湖東の碧空にそゝり立つ美しい山姿は、豊かに水をたゝへ、青々と伸びた稲田の向ふに、なつかしまれた。湖西をめぐる山々。そこにもよく雲が居《(ママ)》りて居た。田のはてに森があり、森には必らず村があつた。村から村へ続く道、それが八月の太陽の下に、白く真直に光つて居た。そこにある一つ一つ、その世界を造形る一つ一つはみんな、愛と平和のシンボルであるかの様にも思はれた。清らかな泉は尽きせず湧き出でて村をめぐり、村をうるほし、古木老《(ママ)》ふる森は、朝に夕に、私たちに言ひ知れぬ、なつかしみ、親しみ、和やかさをあたへて呉れた。そこに生きる人たち、それはみんな、やさしく、親切で、何のこだはりもなかつた。風呂を言つて来て呉れた小さな子も、道を教へて呉れた女の子も、私を涙ぐませる程、快い印象をあたへて呉れたのだつた。この里に、我が仰ぐ藤樹先生は村人のために、否皇国のために、道を講ぜられて居られたのだ。何と云ふ感激、恐らく当時の村人たちは「與右衛門さまは神様の様な方ぢや。あの方に逢ふと自然に頭がさがる」

或は「つまらぬながらも、私たちも與右衛門様の様に…」とその徳を慕つた事であらう。その高い先生の香が今も尚シミ〴〵と村人の心の奥深く、土の底深く、しみ込んで居るのを覚える。藤樹神社、藤樹書院、玉林寺。そこに私たちは又先生の徳を慕ふ村人たちの本当の姿を見た。

豊かにみのれ、いつまでも平和であれ、村を去る日、車窓から、私は、村を、神社の森を、ジツと見つめて、心に涙したのであつた。

（宮本常一）

松本義懿編『藤樹先生の学徳』

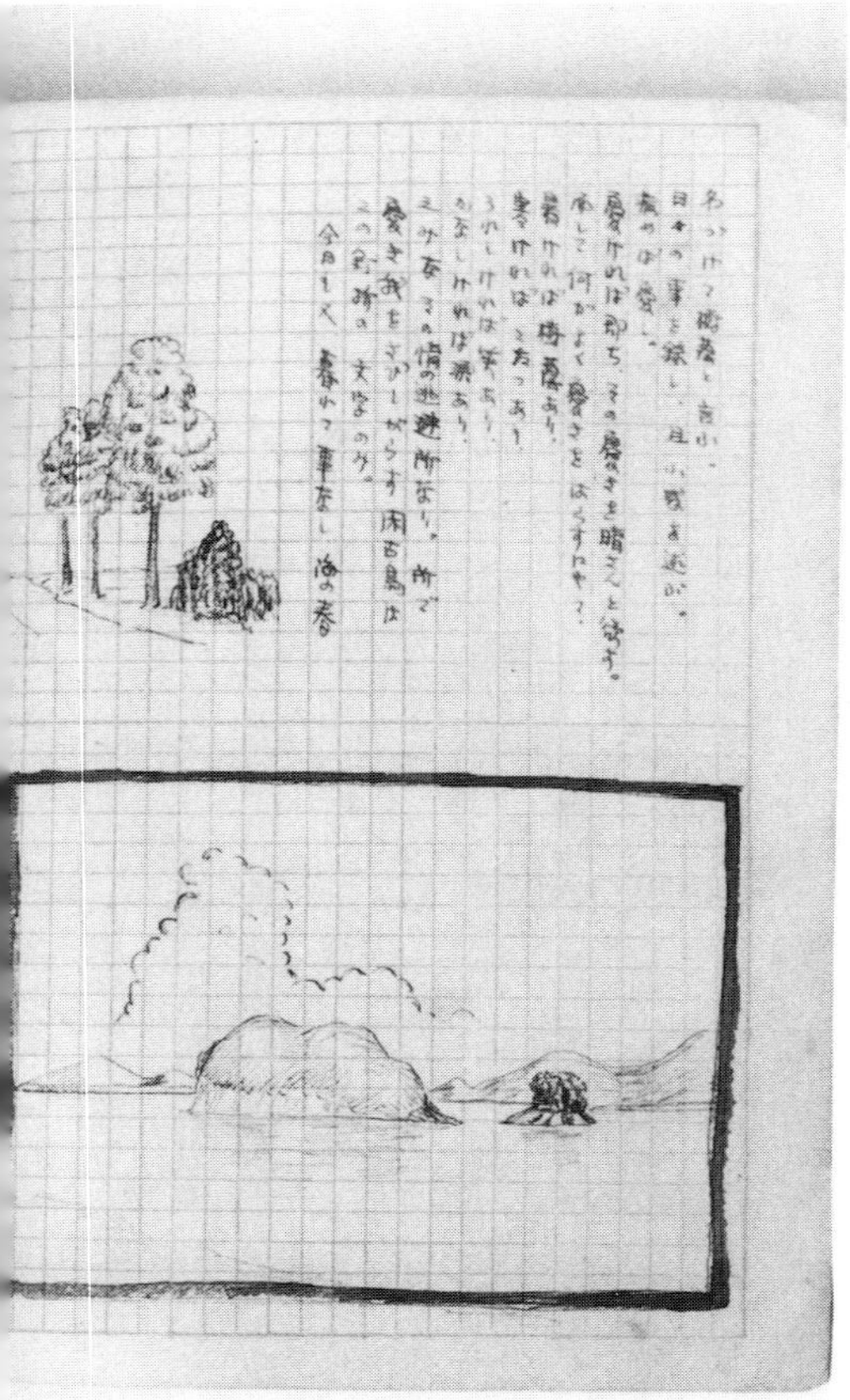

日記「樹蔭」の最初の頁。「樹蔭」は中江藤樹を意識したものだったのだろうか。

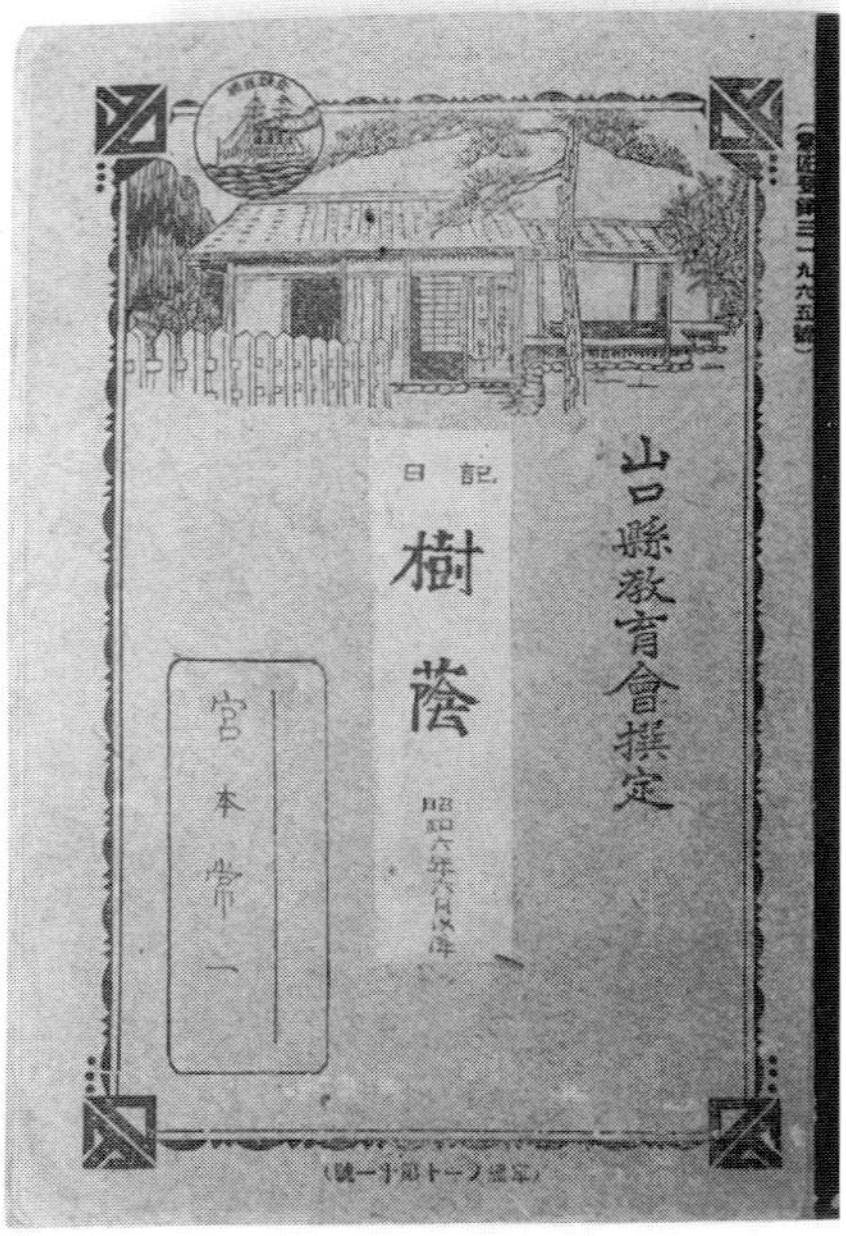

昭和6年（1931）6月から書いた日記「樹蔭」の表紙。

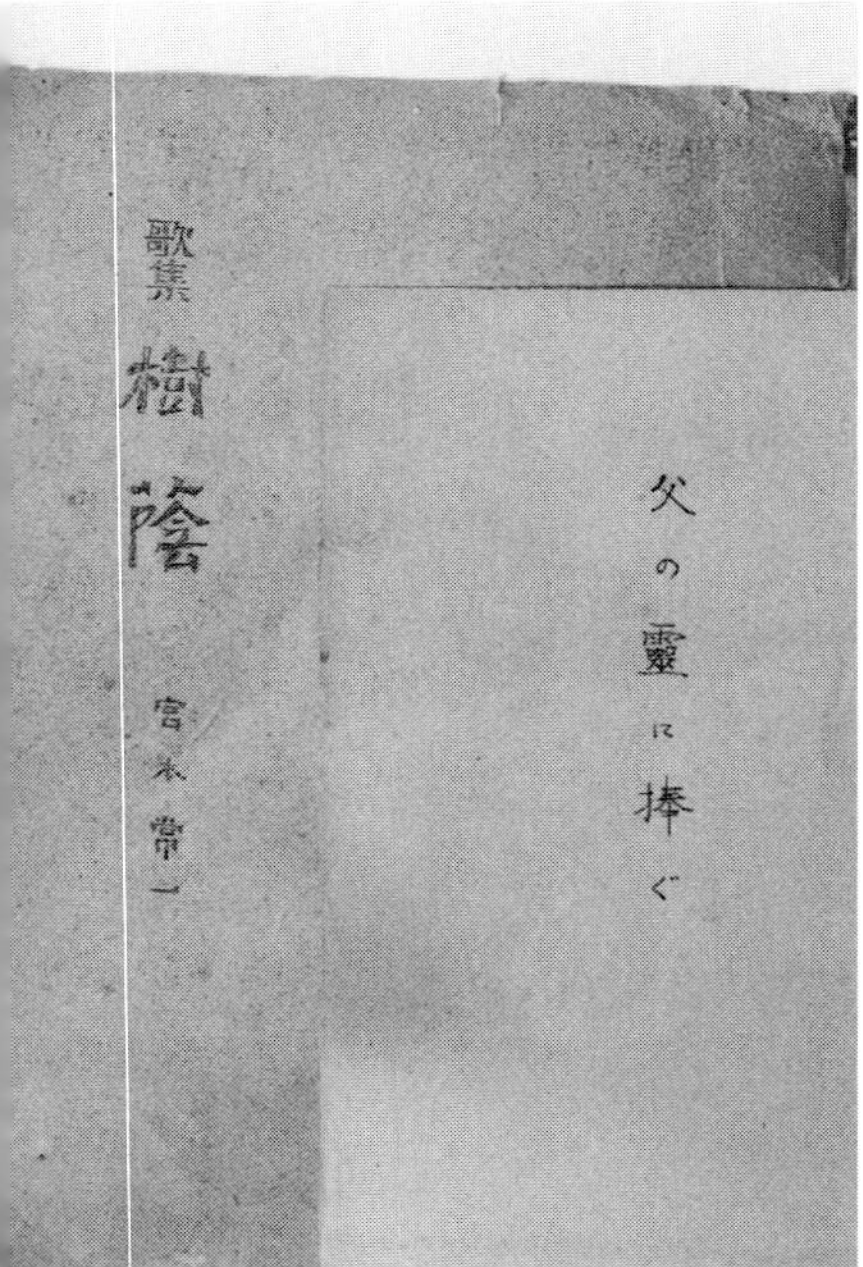

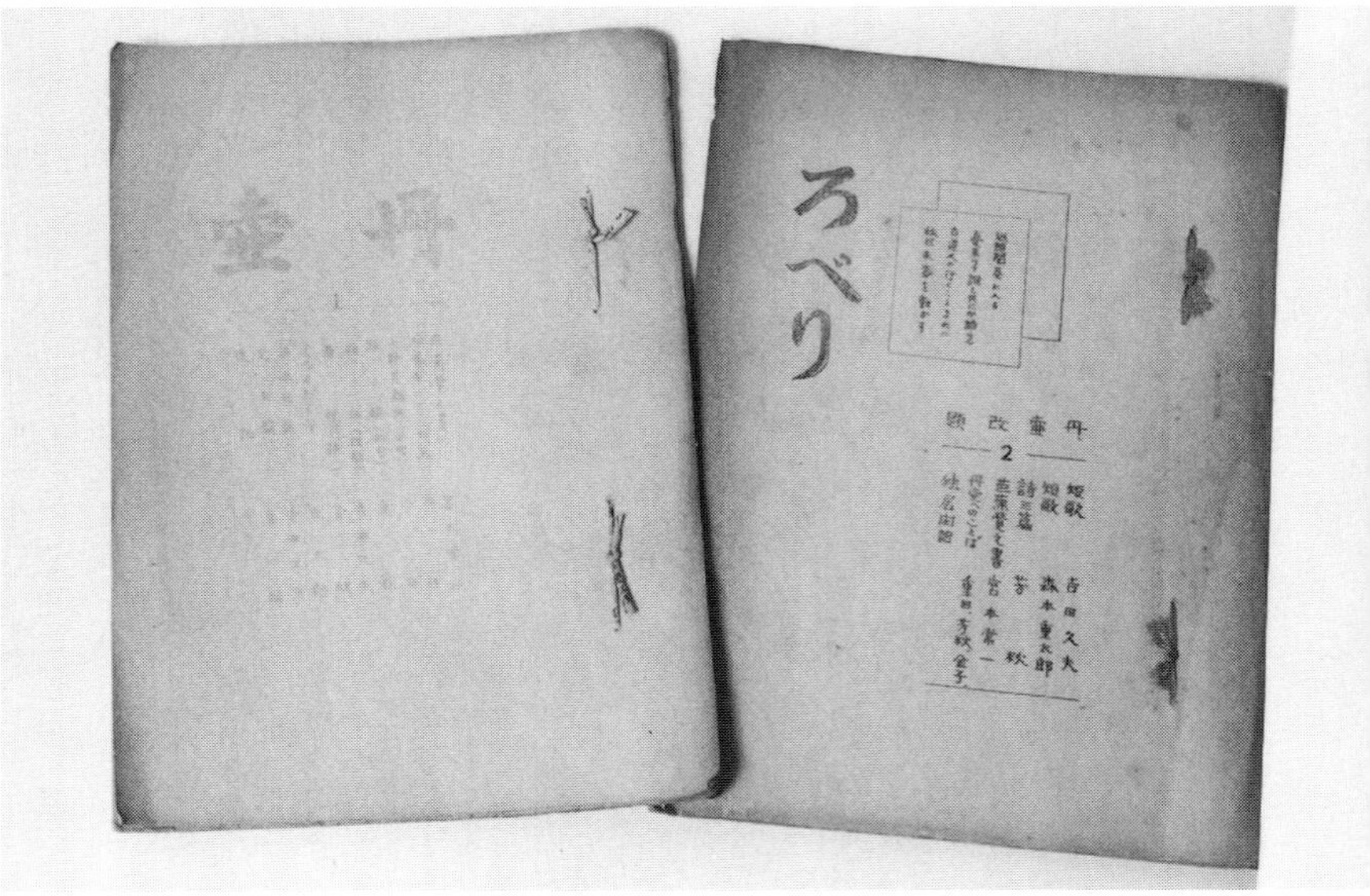

左は宮本常一が編集・印刷兼発行人の『丹壺』1。昭和8年（1933）2月11日の奥付がある。右は『丹壺』を改題した『ろべり』2。これには奥付がない。いずれも同人誌で、常一の前は重田堅一が編集兼発行人になっていた。

死の寸前まで進んだ病いから立ち直った笑顔のように見える。昭和６年（1936）ごろの撮影か。

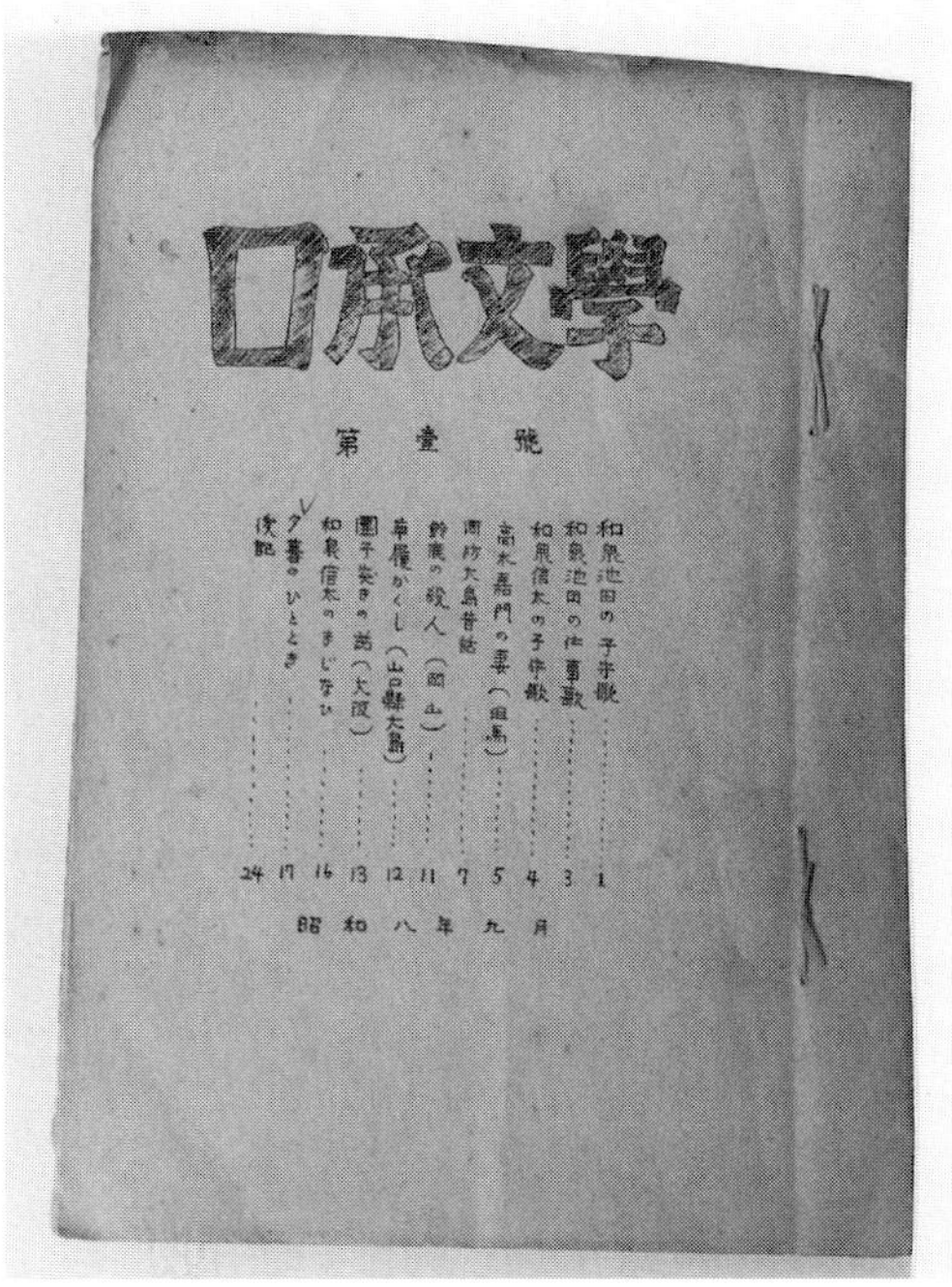

昭和８年（1933）９月25日の奥付がある『口承文学』第壹號の表紙。民俗学を志す人の同人誌で、編集・印刷兼発行人は宮本常一、三年間つづいて第12号まで発行した。

日記の名をそのまま転用した歌集『樹蔭』。中扉に「父の霊に捧ぐ」とペン書きがある。奥付はないが昭和８年（1933）の刊行。

取石小学校の子どもたちと先生。宮本常一は二列目の中央にいる。泉北郡取石村（現大阪府高石市）の小学校には、満27歳の昭和10年（1935）2月11日から、上京する一ヵ月ほど前の昭和14年（1939）9月末まで勤めた。この学校の教え子たちとは以後も長く交流がつづいた。

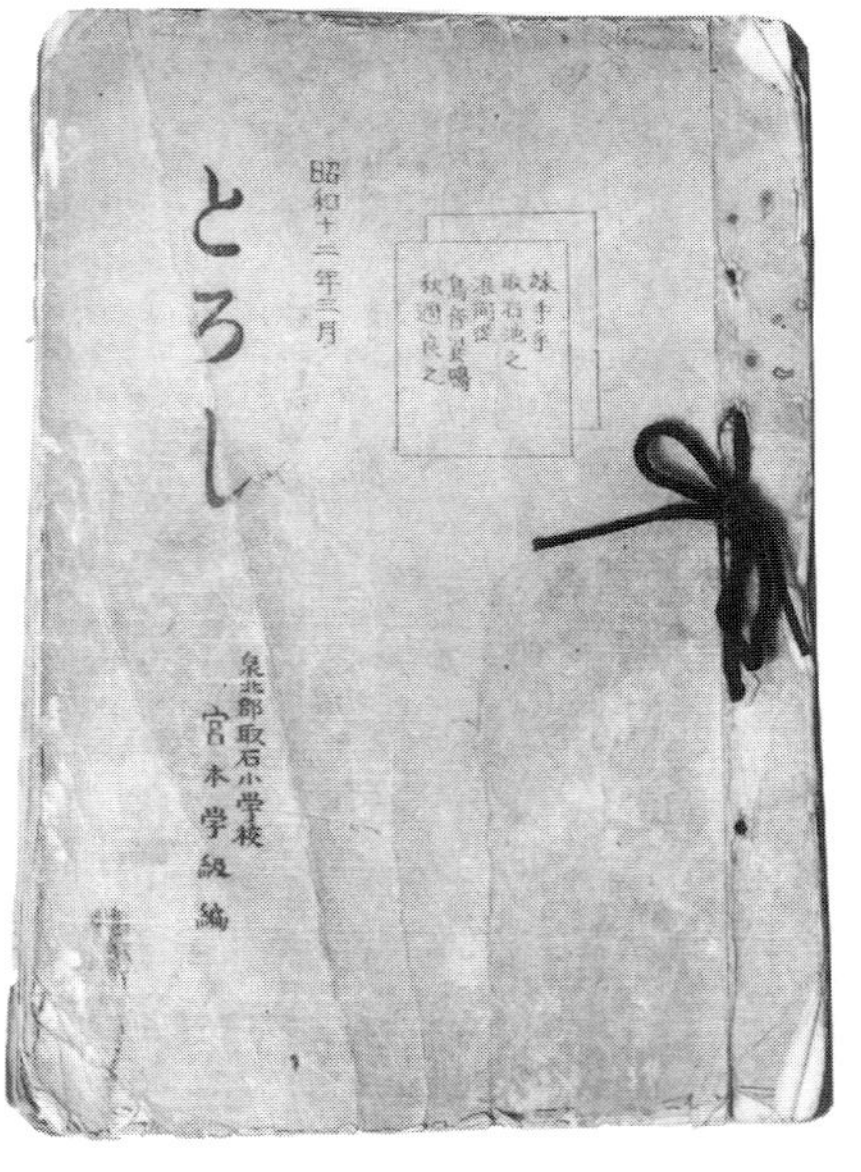

宮本常一の指導で、六年生の子どもたちが調査してまとめ、昭和12年（1937）3月に刊行した生活誌『とろし』の表紙。

現在、私がまがりなりにもやってこられたいうのも、先生から五年間、教えていただいた賜物であると一生忘れません。いつでも話をする時に、俺の先生やというのは、私の場合には宮本先生と決まっていました。私の先生といえば宮本先生しか記憶にございません。ホンマに良い先生でありました。

そのかわり厳しい面もございました。三〇センチの物指で頭をなぐられ、コブができたということも何回もございました。

座談会「私たちのクロンボ先生をしのんで」

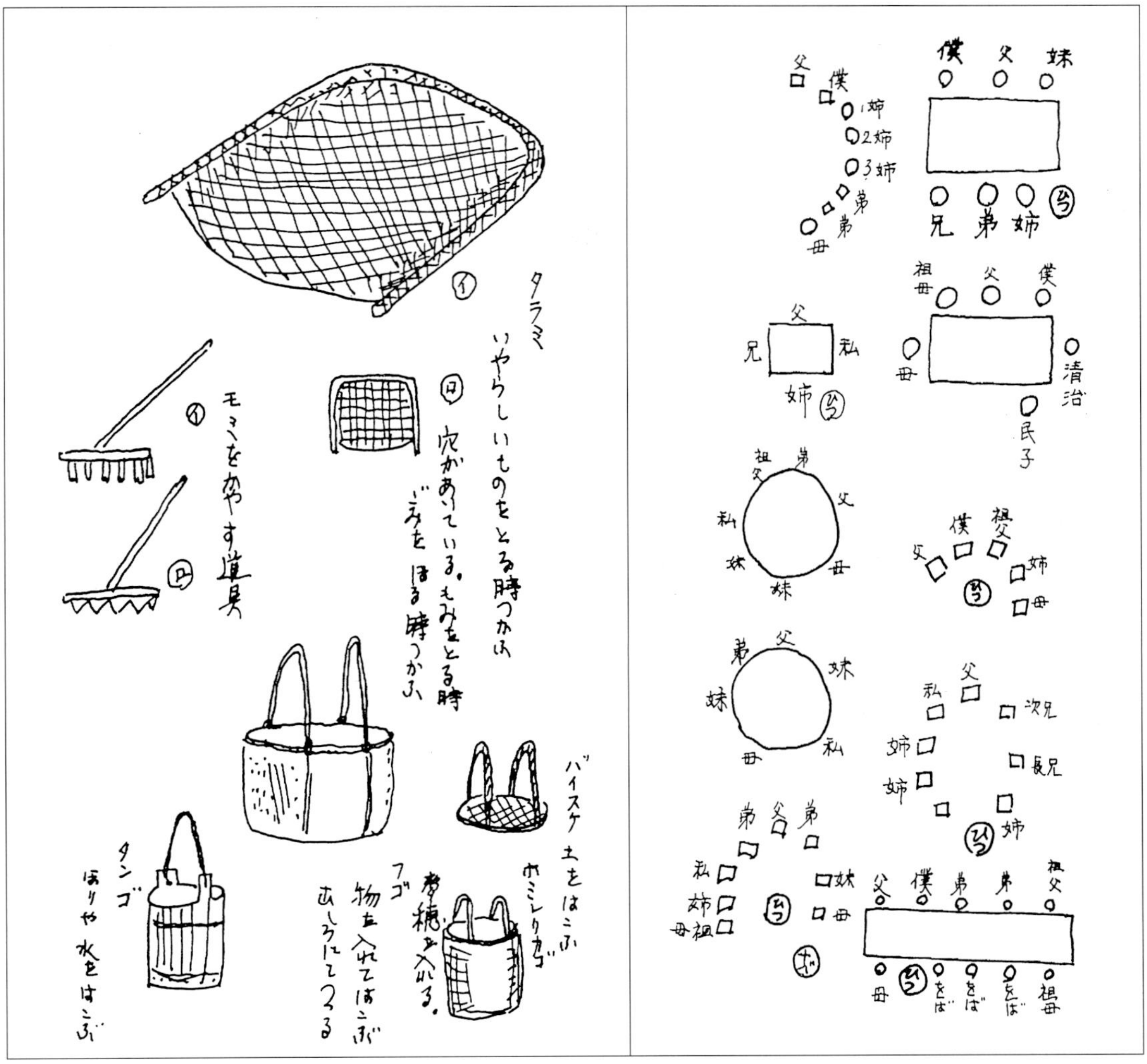

『とろし』の挿入図の一部。『とろし』の目次は、取石村地図、村の歴史、村のしらべ、取石村昔話集、我等の生活（作文集）、学級新聞、笑わない、となっている。

『とろし』を作ったことを少し話していただけたらと思いますが。

▲これは取石小学校の六年生の時に作ったのですが、先生がガリ版をきって、刷り、穴をあけて毛糸で綴じてくれたのを覚えております。私の印象では、先生は作文に大変力を入れていたと思います。家の行事、例えばノマキ（施行）とか亥の子とか、どういう遊びをするかなどということを書けといわれていました。百姓の仕事をやって書いた場合は、こういう場合はどうやと、いろいろたずねられた。だから作文の時間は、一番厳しかったけど、楽しかった。

座談会「私たちのクロンボ先生をしのんで」

昭和34年（1959）４月、取石小学校を卒業した教え子の21年後の同窓会。宮本常一は51歳。このころ常一は民俗や文化財の調査、執筆、離島振興の問題など多忙をきわめていた。そのため十二指腸潰瘍の診断を受け、澁澤敬三に「軟禁」を申しわたされる。旅を禁じられたのだが、その時間を有効に使いたいと、９月から学位論文のための『瀬戸内海の研究――島嶼の開発とその社会形成』のまとめにはいる。

アチックの師友
―澁澤敬三と学徒たち―

アチック・ミューゼアムとは屋根裏博物館のことである。渋沢家の二階へ、大正一〇年ごろ、当時まだ学生だった渋沢先生とその友人が、自分たちの蒐集した標本類を整理、陳列して、調査研究したことにはじまるもので、アチック日記に記された最初の会合には鈴木醇、宮本璋、清水正雄、田中薫、内山敏と渋沢先生らの名が見える。しかし仲間の数はもっと多かった。全く趣味的な、しかし科学的にものを見てゆこうとし、「チームワークとしての玩具研究」をうたって、そのはじめは玩具の蒐集、調査に力がそそがれ、そこからしだいに民具の研究へと転じていったのである。

「自伝抄―二ノ橋界隈―」

留園にて、宮本常一をはさんで右が澁澤敬三、左は澁澤の中学時代からの親友で、研究所の運営でも仕事の上でも澁澤を支えてきた中山正則。アチック・ミューゼアムは昭和17年（1942）に日本常民文化研究所と改名する。

昭和36年（1961）10月、柳田邸の庭にて、左より澤田四郎作、柳田國男、橋本鐵男、堀一郎。柳田國男は日本の民俗学の基礎を築いた人である。宮本常一が初めて会うのは昭和９年（1934）10月28日、場所は京都・下鴨の石田旅館、下の記事はそのときの様子をのちに書いたものである。その出会いがきっかけで大阪で民俗研究の談話会（後の近畿民俗学会）を持つことになる。『柳田國男写真集』岩崎美術社より。

先生にはじめてお目にかかって、昼すぎから夕方までいろいろのお話をきいた。大阪には沢田四郎作という民俗学に熱心なお医者さんのいること、また九州西辺の島々をあるいて、雑誌「島」にレポートをのせている桜田勝徳氏が大阪にいること、昔話の調査にすばらしい成果をあげている岩倉市郎氏もまた大阪にいることなどを教えてもらい、是非あうようにとすすめられた。私の方からは私の周囲に実に多くの心にとまる民衆の生活事象があるが、それをどのようにとりあげ、どのように見てゆけばよいかがわからぬ。そういうことについての手引の機会を作って講習会のようなものをひらいていただくと有難いと願い出ると、先生は「来年は私も還暦なので、それを機会に講習会をひらくことにしよう。これは早速東京へかえって東京の諸君に相談して見よう」と約束して下さった。

『民俗学の旅』

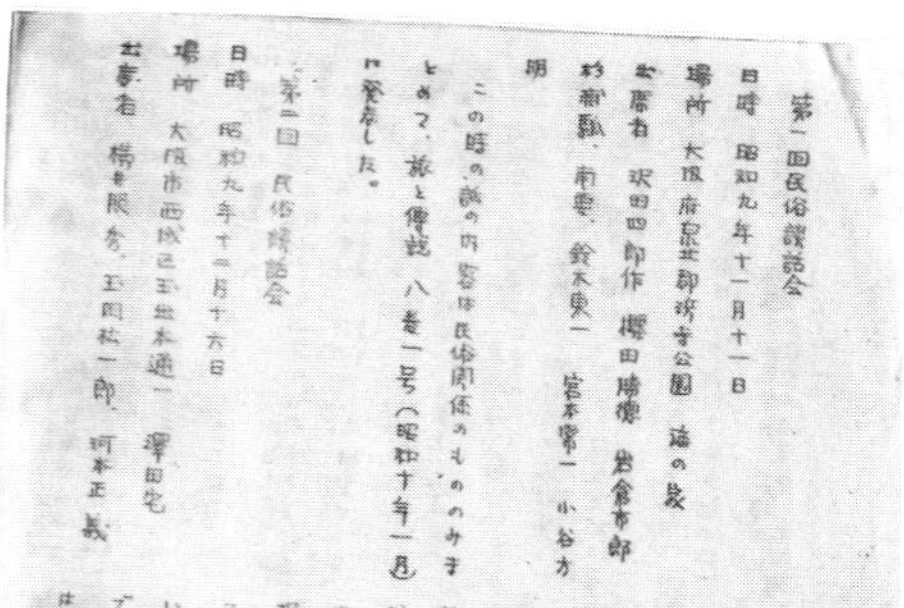

第一回民俗談話会
日時 昭和九年十一月十一日
場所 大阪府泉北郡浜寺公園
出席者 沢田四郎作 桜田勝徳 岩倉市郎
杉浦瓢、南要、鈴木東一 宮本常一 小谷方明
この時の話の内容は民俗関係のもののみまとめて、旅と伝説 八巻一号（昭和十年一月）に発表した。
第二回 民俗談話会
日時 昭和九年十二月十六日
場所 大阪市西成区玉出本通一 澤田宅
出席者 玉岡松一郎、河本正義

『大阪民俗談話會記録』の民俗談話会の第一回と第二回の記録。第二回から会場は澤田四郎作宅になっている。昭和９年（1934）12月。

そして昭和十年三月の会には全く突然渋沢敬三先生が出席した。渋沢先生は当時第一銀行の常務取締役であったが、別にアチック・ミューゼアムを主宰し、多くの若い学徒を養成していた。渋沢先生の出席は会の空気を明るくすると共に、学問をすすめてゆくにはその方法が科学的でなければならず、科学的とはどういうことかという例を足半《あしなか》の研究を中心に話された。

『民俗学の旅』

大草鞋を持つ澁澤敬三。日本経済の発展に貢献した実業家澁澤榮一の孫で、敗戦直後には大蔵大臣も勤めた。学問に対する情熱も厚く、自邸においたアチック・ミューゼアムに寄りくる幾多の学究、学徒を支援した。宮本常一は澁澤が招いたもので、昭和14年（1939）10月25日の入所以来、澁澤邸での生活は23年の長きにわたった。写真は常一との面識はまだまったくない昭和６年（1931）６月初めの津軽の旅のとき。所蔵・早川孝太郎。

柳田國男の還暦を記念して第一回民俗学講習会が、昭和10年（1935）７月31日から８月６日まで東京の日本青年館で開かれた。31日夜には生誕祝賀会があり、８月３日には60人ほどが柳田邸に招かれた。宮本常一は前列の右から二番目に座る。『柳田國男写真集』岩崎美術社より。

第一回民俗学講習会に参加した日本青年館の同室の宿泊者。左より前列、山下久男、正木正之助、山田次三、三上斎太郎。中列、宮本常一、能田太郎。後列、神良治郎、小林政利、寺田傳一郎、丸山光治、能田多代子、西谷勝也。しかし常一は次頁にあるように、講習会の間ずっと一緒だったわけではない。昭和10年８月６日　提供・山下久男。

『澁澤敬三著作集』第３巻に掲載の写真説明に、「洛月島の金支鏑氏（前列左）をアチックに迎えて。後列左より、宮本常一、金源芳、韓炯埼、小川徹、姜鋌沢、櫻田勝徳、高橋文太郎、宮本馨太郎の諸氏。（昭和10年ころ）」とある。金支鏑の右に澁澤敬三。

二日目であったか、夕方渋沢邸のアチック・ミューゼアムを見学することになって講習会員が全部押しかけていった。そのときどんなことがあったかをもう忘れてしまっているが、ただアチックのどなたかから、渋沢先生は銀行からの帰りがおくれるが逢いたがっておられるから、お帰りになるまで待っているようにとのことで私だけあとに残った。先生は九時すぎに銀行から帰って来られた。しばらく話して青山の宿舎へ帰ろうと思うと、とまってゆくようにとのことで、青山の青年会館の方へは電話をかけて下さった。「君、青山へとまると宿泊費が要るのだろう。ここならば無代だ。今夜からここにとまりたまえ」と言われ、その晩からアチックの若者たちのとまる部屋にとめてもらうことにした。

『民俗学の旅』

昭和８年（1933）の夏に新築なったアチック・ミューゼアム。一階の突きあたりの手摺の奥が談話室。宮本常一が寝起きするようになるのは、手前右の樹木で隠れた二階の書生室である。設計、施工ともに清水建設、建物のまわりに樹木を配置したのは工学博士で庭師だった田村剛である。提供・神奈川大学日本常民文化研究所。

しかし渋沢先生はリーダーではなかった。リーダーになろうともしなかった。学問はしたいがその機会にめぐまれにくい人や、学問をするのに何らかの条件を必要とするような人に対して、手をさしのべ、また示唆を与えるようにした。いわば一種の後衛の役をはたしていたのである。そうするとそこにそういう助けを必要とするような人も集まってくる。たとえば早川孝太郎氏のような人である。

早川さんは三河の山中の人、画家になろうと志したが、柳田先生に見出され、その指導をうけるようになった。同時にアチックへも出入りするようになったが、三河山中に残る花祭りという神楽《かぐら》について書物にまとめるように柳田先生からすすめられたのを、中途半端なものにしないで、できるだけ完全な調査研究をするように渋沢先生からすすめられ、これと取り組むことになった。そしてそういうことが一つの動機になってアチックが農民たちに結びつき、その生活や民具に目を向けられていくようになったのである。

「自伝抄―二ノ橋界隈―」

昭和11年（1936）11月４日、早川孝太郎の九州帝國大學留学を祝い、アチック所員が民具を着けて談話室に集う。右より前列、藤木喜久磨、原田清、早川孝太郎、折口信夫、岡村千秋。後列、山田明男、小川徹、佐々木嘉一、宮本勢助、高橋文太郎、澁澤敬三、村上清文、袖山富吉、木野内正巳。提供・神奈川大学日本常民文化研究所。

澁澤敬三の旅は宮本常一のような一人旅ではなく、いつも誰か一緒だった。写真は昭和10年（1935）５月、当時の満洲と朝鮮の旅の帰途に立寄った志賀島（福岡県）の一行。所蔵・早川孝太郎。

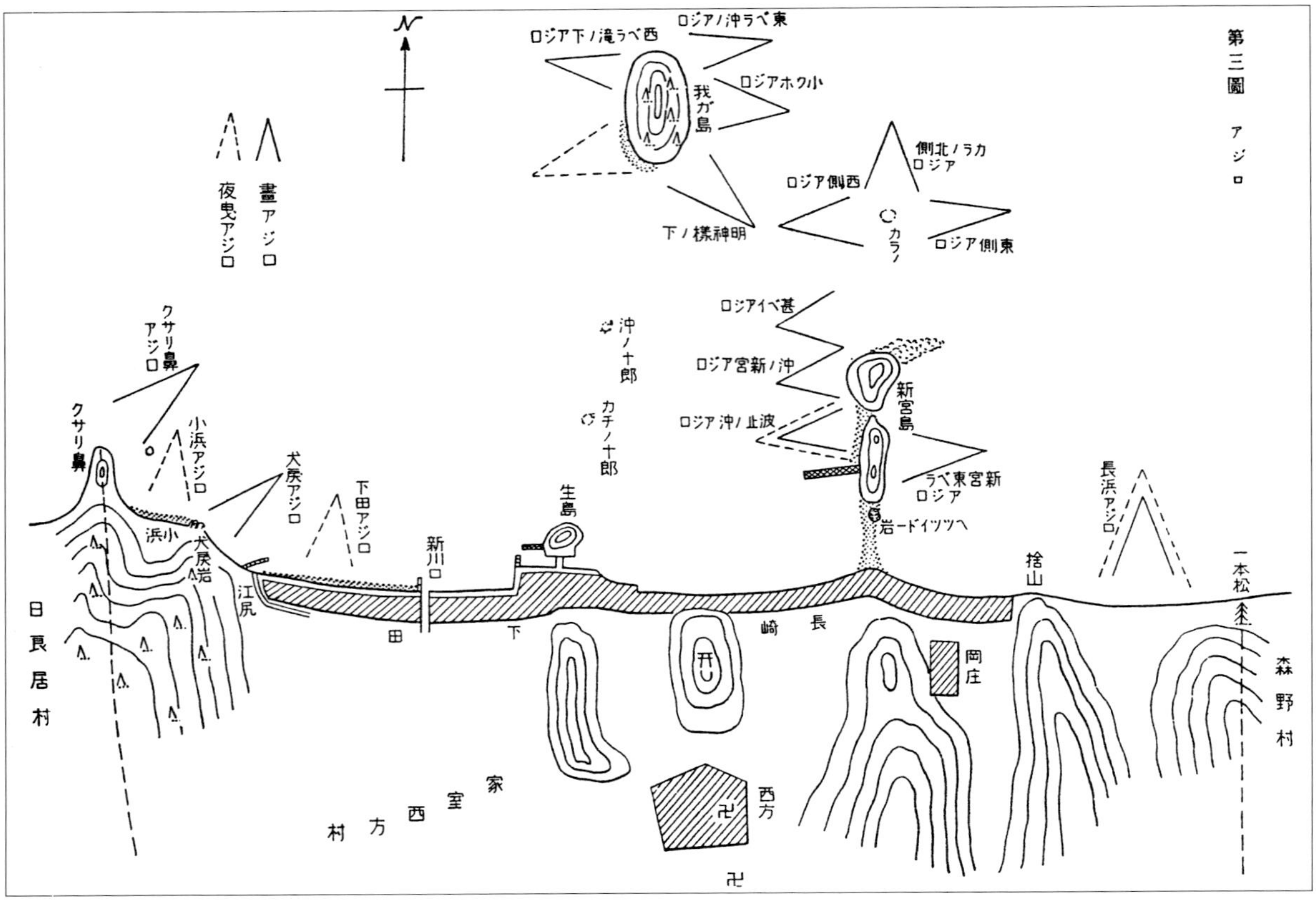

澁澤敬三に漁村の生活誌を書いてくれないかといわれた宮本常一は、すぐ郷里の漁村をまわって話を聞き、昭和11年(1936) 1月に一冊にまとめた。それは『周防大島を中心としたる海の生活誌』として、同年7月にアチック・ミューゼアム彙報第11として刊行された。常一の最初のまとまった書物である。

東京でアチック・ミューゼアムに泊っていたある夜、渋沢先生から「アチックは水産史の研究をしている者が多いが、具体的に漁村というのはどういうものか、どのような構造を持ち、どんな生活をしているのかということについて具体的にわかっているものが少ない。君は海岸育ちだから漁村の具体的な生活誌を書いてみてくれないか」といわれた。私の村は海岸にあるけれども漁村ではない。しかし網もひき、魚も釣り、貝も掘って来た。海岸に生きている人びとがどのような生活をたてて来たかについては多くの見聞と体験がある。それを書いてみようと思って、夏休みに郷里へ帰り、家の沖の島や、大島の南側の小さい島々もあるいた。その頃は話はいくらでも聞くことができたし、人びとは親切であった。

『民俗学の旅』

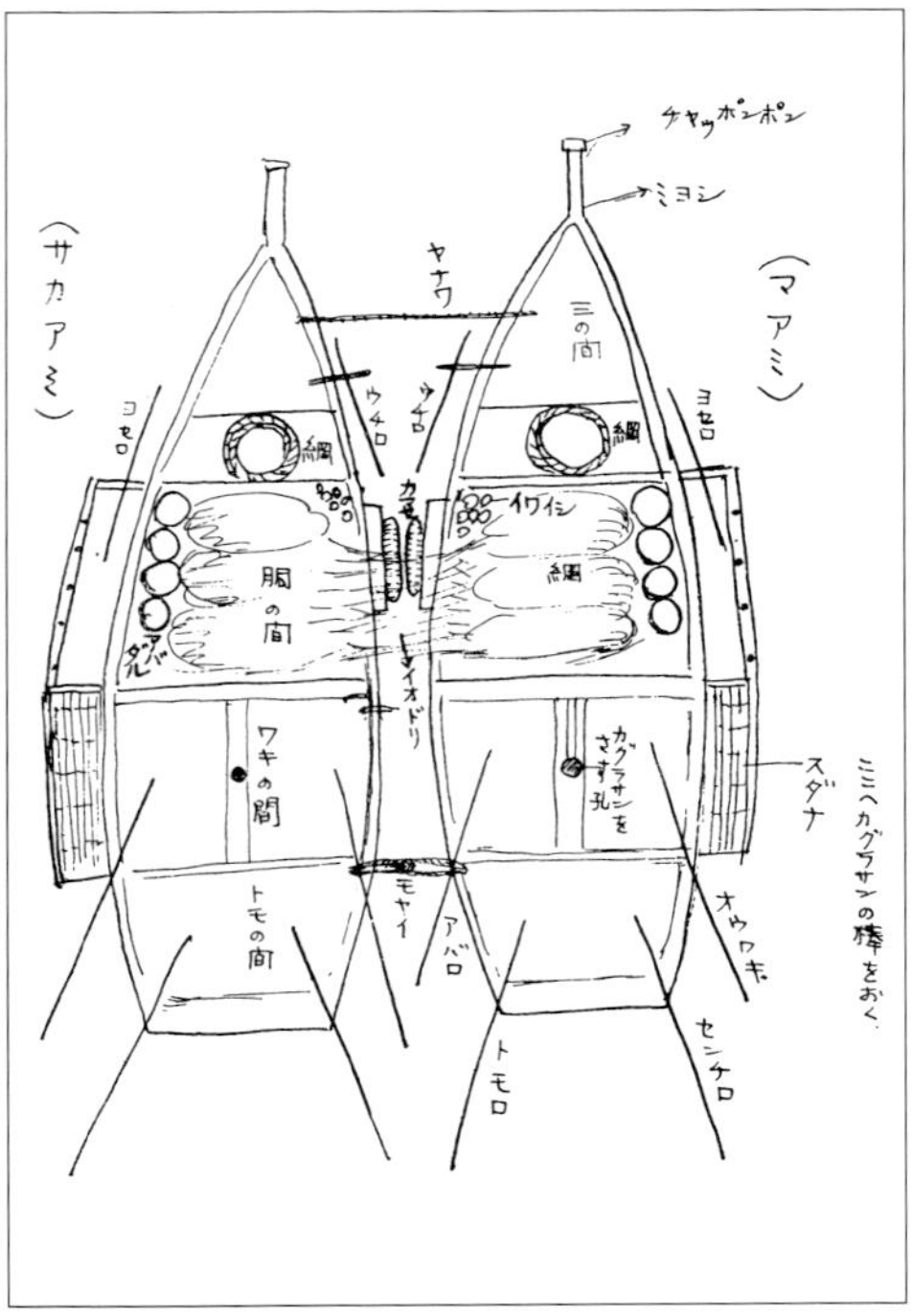

鰯網の船部分名。『周防大島を中心としたる海の生活誌』の挿入図。宮本常一が描いた。上の図も同じ。

大阪府河内郡高向村瀧畑（現河内長野市）の左近熊太翁。宮本常一は昭和11年（1936）2月から同12月まで六回通い、聞いた話を旧事談としてまとめた。

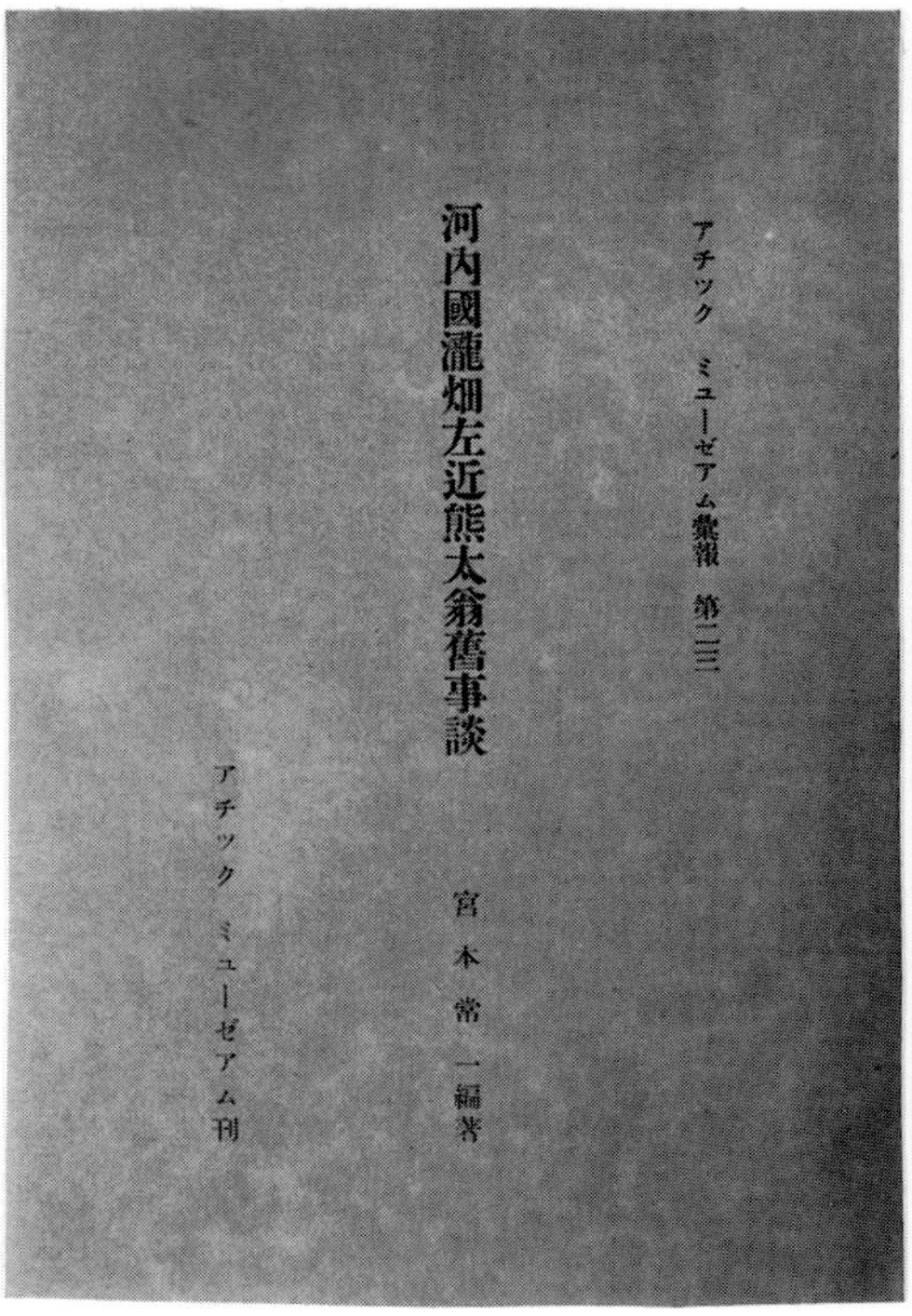

アチック ミユーゼアム彙報 第二三

河内國瀧畑左近熊太翁舊事談

宮本常一編著

アチック ミユーゼアム刊

宮本常一の『河内國瀧畑左近熊太翁舊事談』の表紙。昭和12年（1937）8月にアチック・ミューゼアム彙報第23として刊行された。

瀧畑の爺さももう若い者から敬遠されるようになつたのである。妻女も爺さんは愚痴つぽくなつてと言つて居た。包みの中から『河内國瀧畑左近熊太翁旧事談』を出して、

「爺、之だよ」といふと爺さんは「ほう」と言つて手にしたまま下にもおかうとしない。持つて行つた中の一冊をとつて中をひろげて爺さんに見せると

「ほんに」と言つて見つめたまま。爺さんの家の写真やら孫の写真、本の中にあるのを見せて行くと爺さんは

「こんな汚い山家でもかうも美しうなるものか」と感に堪へぬ風。早速孫をよんで写真を見せたが見てしまふと気がついた様に本をおしいただいた。何にも言はぬ。初めて傍へ本をおいて、うす汚い手拭で目を拭いた。長い沈黙が続いて

「先生あんたはえらい方じや」爺さんはそれ以上物が言へない。言葉が途切れて又少時たつ。

「わしが死ぬる時来て呉れるか」

「来るとも」

「電報うつがええか?」爺さんは真剣であつた。

「うつてもええ」

「あんたにだけは死際に居てもらひたい」爺さんはそれだけ言つて又目を拭いた。息子の妻女が昼の膳を持つて来た。緊張がそれで解けた。

「左近翁に献本の記」

澁澤敬三のさそいで、多勢の同行者とともに瀬戸内海中部の26島５海浜を巡航したのは、昭和12年（1937）５月15日〜20日、宮本常一には気づかされることの多い島めぐりであった。

その年の五月にはアチック・ミューゼアムの同人が東部瀬戸内海の島々をまわることになり、渋沢先生からさそいをうけた。そこでそれに参加した。岡山県味野を出発して、釜島・松島・与島・岩黒島・櫃石島・下津井・六口島・手島・小手島・佐柳島・真鍋島・小飛島・大飛島・走島・魚島・高井神島・股島・伊吹島・室浜・志々島・高見島・塩飽本島・牛島・沙弥島・瀬居島・牛窓・豊島・男木島・女木島をあるいて高松で巡行は終った。

『民俗学の旅』

瀬戸内海島嶼巡訪には大勢の陰の支援があった。第一銀行の荻野正孝（前列左より二人目。その右、澁澤敬三。隣の和服姿は荻野翁。右端に宮本常一）は、倉敷市児島味野にある荻野邸に一行を泊め歓待してくれた。

「君は師範学校しか出ていないので満洲へいっても決して条件はよくない。そこで大学へいくまでの間に日本を一通り歩いて見ておくと、それが実績にもなり、君自身の役にも立つのではないかと思うから無理に上京させた。ただ君には学者になってもらいたくない。学者はたくさんいる。しかし本当の学問が育つためにはよい学問的な資料が必要だ。その資料――とくに民俗学はその資料が乏しい。君はその発掘者になってもらいたい。こういう作業は苦労ばかり多くてむくいられることは少ない。しかし君はそれに耐えていける人だと思う」

と、先生は私を大阪から呼び出したことの意味について話された。

『民俗学の旅』

澁澤敬三。何歳のときの撮影かは不明。宮本常一は師範学校の恩師、森信三の誘いで昭和15年（1940）４月に満洲の建国大学へ行く予定だったが、それを耳にした澁澤が引止めた。

左から一人おいて、杉本行雄、内田ハチ（内田武志の妹）、佐藤甚次郎、宮本アサ子、戸谷敏之、鈴木行三、楫西光速、澁澤敬三、伊豆川浅吉、山口和雄、高木一夫、岩倉市郎、竹内利美、拵嘉一郎、澁澤雅英。澁澤邸で昭和17年（1942）２月の撮影。このとき宮本常一は胃潰瘍のため病臥を余儀なくされていた。アサ子夫人はその看病をかねて様子を見にきた。澁澤敬三還暦記念写真集『柏葉拾遺』より。

水産史研究室は、渋沢栄一翁のなくなった昭和四年、その看病や葬儀などの過労から糖尿病にかかり、転地療養を余儀なくされた敬三先生が転地先の伊豆長浜で発見した大川家文書の研究整理のために設けられたものである。大川家文書は中世末から明治初年までの間に記録し、往復した文書がほとんど完全にのこっており、一つの村がどのような規模と生産構造をもち、どのように周囲の村とかかわりあいながら、どんなに生きついできたかがよくわかる。

「自伝抄—二ノ橋界隈—」

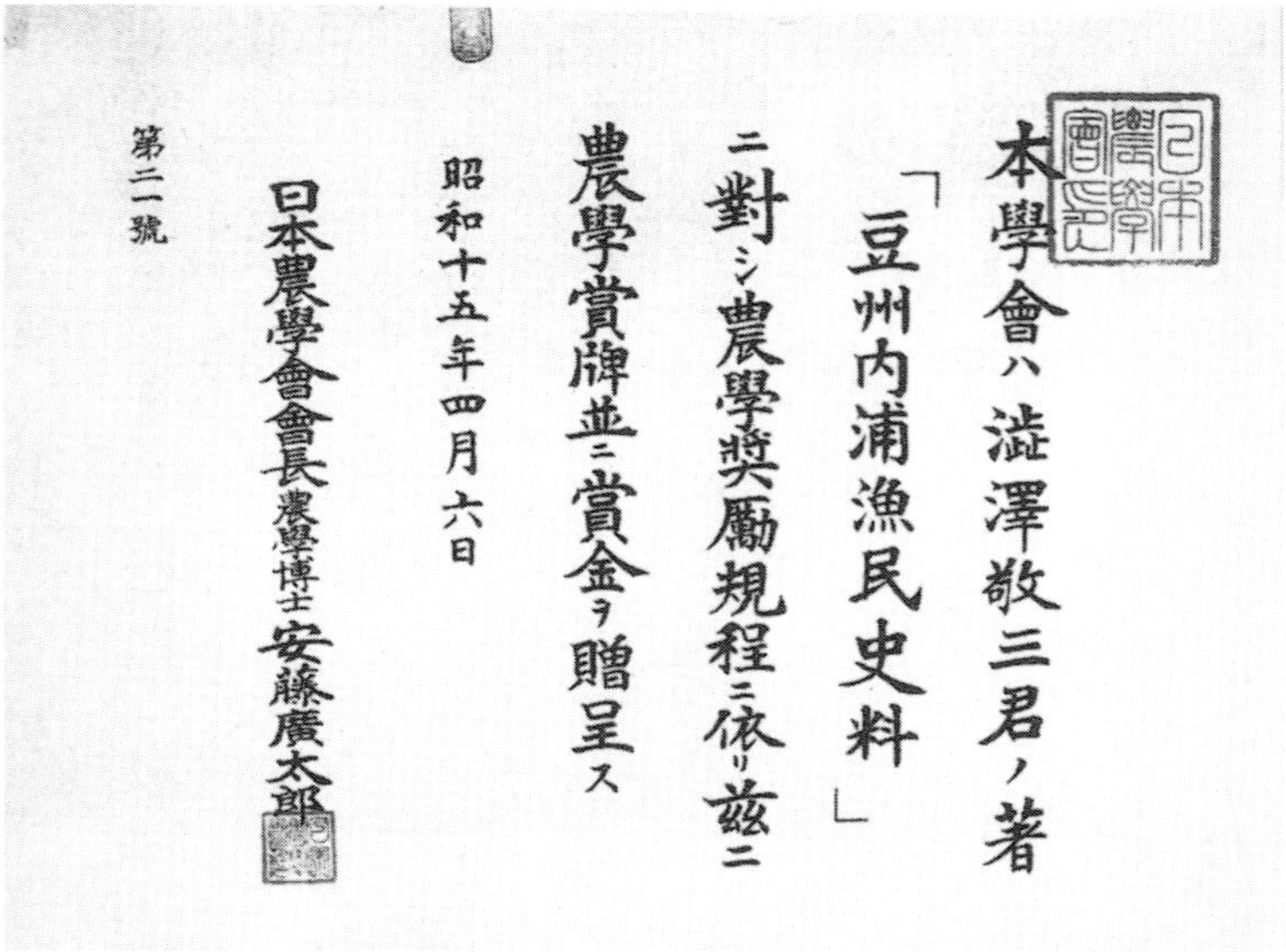
本學會ハ澁澤敬三君ノ著
「豆州内浦漁民史料」
ニ對シ農學奨勵規程ニ依リ茲ニ
農學賞牌並ニ賞金ヲ贈呈ス
昭和十五年四月六日
日本農學會會長 農學博士 安藤廣太郎
第二號

農学賞の表彰状。澁澤敬三は、『豆州内浦漁民史料』の序に「論文を書くのではない、資料を学界に提供するのである」と記している。この資料を提供するという姿勢は、アチツク・ミューゼアムにおける澁澤の基本姿勢であった。澁澤敬三還暦記念写真集『柏葉拾遺』より。

農学賞受賞祝賀会に集う。右より前列、礒貝勇、鹿野忠雄、祝宮静、内田ハチ、澁澤敬三、土屋喬雄、小林、宮本常一。中列、櫻田勝徳、鈴木行三、伊豆川浅吉、宮本馨太郎、楫西光速、山口和雄、野沢邦夫、木島一郎、高木一夫、渡辺小勝。後列、足立安宏、袖山富吉、濱田國義、五十澤二郎、吉田三郎、大里雄吉、市川信次、滝波善雅、戸谷敏之、小川徹、竹内利美。昭和15年（1940）４月　澁澤敬三還暦記念写真集『柏葉拾遺』より。

昭和16年（1941）夏のアチック・ミューゼアム。体を横にした宮本常一が寄りかかるのは拵嘉一郎。常一のうしろに澁澤敬三、右は吉田三郎。吉田のうしろは内田ハチ、左は袖山富吉。袖山のうしろは市川信次、右は竹内利美。拵嘉一郎のアルバムより。提供・神奈川大学日本常民文化研究所。

奄美の東の喜界島からきた 拵 嘉一郎君の話はもっと面白かった。若者たちは月の美しい夜は蛇皮線をもって浜に出、月の光の下、海に向かって蛇皮線をひく。すると若い女たちが寄ってきてともに歌をうたい、夜がふけていく。まるで万葉集のような世界である。そういう話を聞くのは限りなくたのしかった。主食はサツマイモであるが、それをうまくたべるためには魚を多くとって副食物にしなければならぬ。しかし、それだけでもなお何かの物足らなさをおぼえるときはブタを殺す。そしてその肉は一家だけではなく大ぜいでたべ、そういうときはショウチュウをのみ、また蛇皮線をひきつつうたう。

「自伝抄——二ノ橋界隈——」

澁澤敬三は宮本常一を伴って昭和22年（1947）10月１日に東京を発ち、関西、四国、九州をほぼ一ヵ月にわたって旅をつづけ、戦後を生きる知人友人に会った。同16日には小倉電気通信管理所に勤務する拵に招かれ、自宅を訪れた。

アチック・ミューゼアムが蒐集した民具が移され、昭和14年（1939）５月に開館した、日本民族学会付属民族学博物館。保谷町（現西東京市）の約33ヘクタールの敷地に建てられた。翌年の１月に敷地の半分を寄付した研究員の高橋文太郎が寄付を撤回するということもあったが、厳しくなる戦局の中で空襲や疎開にそなえ、宮本常一は宮本馨太郎、吉田三郎らとここで民具の整理にあたった。所蔵・拵嘉一郎。提供・神奈川大学日本常民文化研究所。

昭和一八年はほとんど旅行をしなかった。そして保谷の民族博物館の資料が、民族学協会に寄附されることになったので、宮本馨太郎、吉田三郎氏とともに整理することになった。そこにある民族資料は約一万五千点、渋沢先生がアチック・ミウゼアムをはじめてから集めたものが大半である。アチック・ミウゼアムのはじめられたのは大正一〇年である。それ以来、丹念に民具を集めていったのである。考古学は腐らない個体を対象とする場合が多いが、ここでは朽ちはてるものまでが対象になる。そして現在行なわれているものが集められる。これらのものがかく集められるために、渋沢先生は実におびただしく多くの旅行をせられたし、若い同人の協力があり、地方人の援助があった。

「あるいて来た道」

アチック・ミューゼアムが蒐集した民具の一部は、いま国立民族学博物館に展示されている。同博物館は大阪府吹田市の万博記念公園内に造られ昭和52年（1977）11月17日に開館した。撮影・須藤　功。

保谷の民族学博物館と同じ地内に移築された武蔵野農家。研究員の高橋文太郎が所有していたもので、解体と移築には今和次郎と竹内芳太郎が指導にあたり、建てられた当初を想定して昭和13年（1938）5月に復元、竣工した。この農家に昭和17年（1942）7月1日から国語教育者の芦田恵之助が住んだ。澁澤とも縁浅からぬ芦田は、教員時代の宮本常一がもっとも尊敬していた人で、教育上の指導はもとより、弱気になりがちな常一の心を支えてもらった。敗戦の年の3月から昭和24年（1949）末まで一緒に住んだ孫の富美子は、前の畑でサツマイモ、少し離れた土地でソバを祖父恵之助と作ったりした。所蔵・捋嘉一郎。提供・神奈川大学日本常民文化研究所。

私が縁あって老師の指導をうけるようになったのは昭和九年からであった。和気二男児を通じてであった。

私はもとより人間としてきわめて弱いもろいものを持っており、思考も行動も傷だらけで、世の中を生きて行けるのが不思議なような一人である。多くのよき先達のあたゝかい庇護がなかったら、決して今日まで生きて来る力も勇気もなかったと思う。

老師は私のそういう弱さをつゝんで下さった一人である。

「村の底を流れるもの」

孫の富美子は、祖父恵之助を訪ねてくる澁澤敬三、宮本常一、吉田三郎にも会った。写真は晩年を過ごした生地の兵庫県竹田村（現市島町）の法楽寺で、味噌汁をつくる芦田恵之助。撮影に昭和26年（1951）5月。同年の12月9日に恵之助はこの法楽寺で79歳で亡くなる。『芦田恵之助国語教育全集』（明治書院）より。所蔵・吉田廣志。

戦後の食糧難時代には、高松宮家でも邸内に畑を作った。相談を受けて澁澤敬三が推薦したのは丸木長雄、その農法では驚くほどの収穫がある。左より前列、宮本常一、丸木長雄、高松宮、澁澤敬三、櫻田勝徳。後列、谷内明夫、山口民蔵、長谷川、折原、以下不明。昭和22年（1947） 6 月17日　提供・谷内明夫。

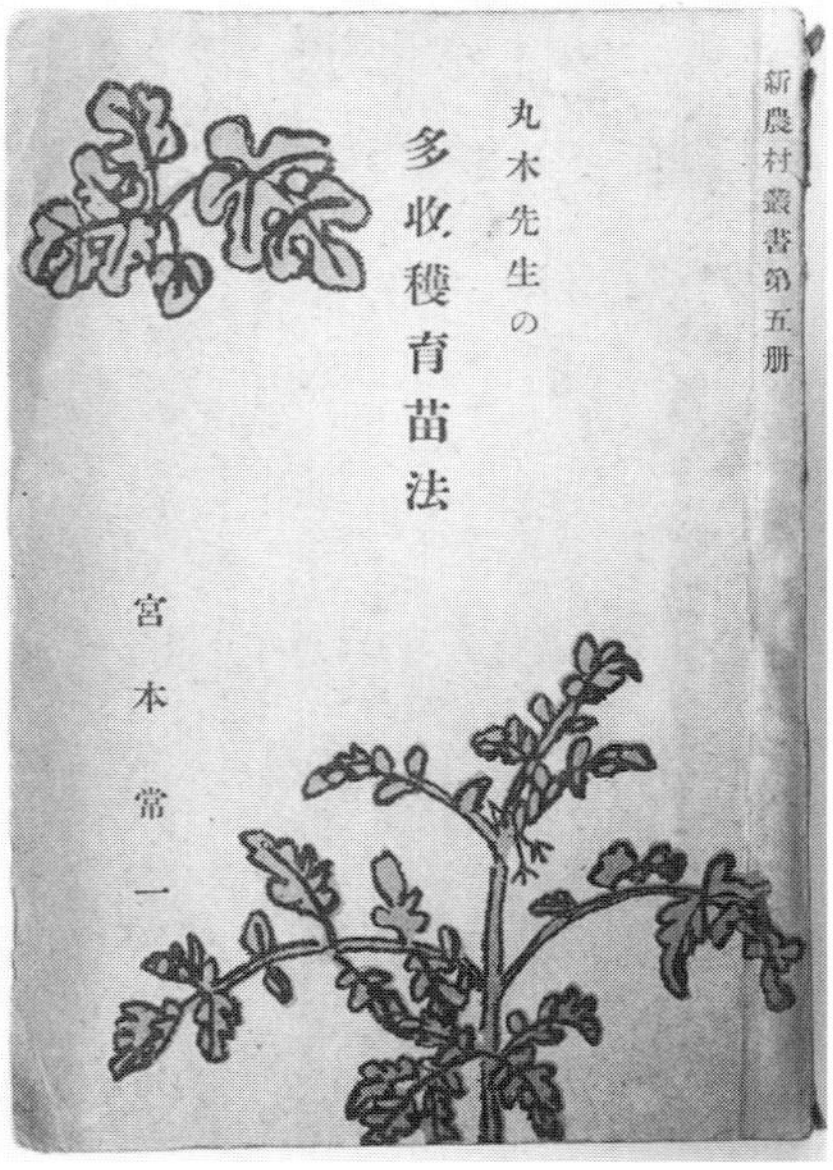

宮本常一が昭和23年（1948）に執筆した『丸木先生の多収穫育苗法』。新自治協会の「新農村叢書第五冊」として刊行した。丸木長雄は「ワシの技術を盗んだ」といったらしい。

「資料・宮本常一アルバム」の件につき、高松邸にてサツマイモ苗（丸木長雄作）植込みの記念寫真がありましたので同封致します。

山口さん（山梨）とあるのは研究紀要（５）の調査ノートの山口民蔵さんです。丸木長雄さんの　状のサツマイモ苗を邸内数ヶ所に植込みました。

当時の宮本先生は新自治協会をやめ、アチックにて全国の農村調査と農業技術指導の旅をしておられた時期です。

昭和61年（1986） 7 月22日消印の谷内明夫から未来社の小箕俊介宛書状の一部。『研究紀要』（５）は、日本観光文化研究所、昭和60年 6 月発行 。

昭和26年（1951）10月27日、京都人文科学研究所で開催の民族学人類学合同大会記念。澁澤敬三はこれに民俗・考古・社会・言語・地理・宗教・心理を加えた九学会連合の育成にも熱心で、会長を引きうけ、大会のほとんどに出席した。また九学会の対馬（このときはまだ八学会）、佐渡、下北などの総合調査に参加して、澁澤らしい方法で支援した。

戦争が終わった翌年には雑誌「民族学研究」がまず復刊し、同時に文化科学系学会に働きかけて学会連合を作ることになった。人類学、民族学のほかに民俗学、考古学なども参加しさらに社会・言語・地理・宗教などが加わり、昭和二十三年には八学会連合が成立し、大会を持つまでになった。この学会は昭和二十六年に心理学を加えて九学会になる。澁澤はこれらの学会が代表の発表者をたて、ばらばらの発表だけでなく、一つのテーマについて各学会がそれぞれの立場から研究発表する試みも進め、さらに一つの地域を共同で調査することをも提案した。昭和二十五年に行われた対馬調査はその第一回の試みであった。『澁澤敬三』

先生は長い間私をさん付けでよんだ。後に君付けになるのだが、いつから君付けになったかについていろいろ思い起してみていたら、それが昭和二十九年からであったように思う。私は昭和二十八年に結核が再発して、しばらく入院生活をした。あとで聞いたことだけれどとうてい助かる見込のないほど悪かったのを、ストレプトマイシンで命拾いをした。先生の実にこまかな配慮によるものでいまもそのときのことを思うと眼頭が熱くなる。その病気中、病院の院長には私を「宮本先生」といっていた。だから病院長は渋沢先生のような方が先生というのだから大変りっぱな人だろうと大事にして下さった。そうしてやっと健康をとり戻してからのことであるが、経済企画庁から全国離島振興対策審議委員になるようにと要請があってことわりきれなくて、一応返事は保留して先生に御相談したところ「君はいのちが惜しくないのか」と激怒された。あとにもさきにも先生から大きい声で叱られたのはそのとき一度きりであった。

『民俗学の旅』

再発した肺結核からどうにか元気を取りもどした昭和28年（1953）10月。３カ月前の７月22日には力を注いだ離島振興法が成立した。

やわらかな秋の陽のそそぐ澁澤邸の庭で。後列の左端は日本常民文化研究所の河岡武春、その左、足立安弘夫人、丹誠治。前列、宮本常一の左で子どもを抱くのは、澁澤邸に住む人たちの世話をしてきた弓野はや。昭和28年（1953）10月。

昭和30年（1955）１月22日、アチック・ミューゼアムの同人で、アイヌの言語学者・知里真志保の朝日文化賞受賞記念。澁澤敬三は知里の心情をよく理解し、知里もまた澁澤には従順であった。右より前列、笠信太郎、真志保次女、知里真志保、真志保長女、羽原又吉。後列、宮本常一、宮本馨太郎、楫西光速、岡茂雄、澁澤敬三、櫻田勝徳、中山正則、宇野脩平、朝日新聞の人々。澁澤敬三還暦記念写真集『柏葉拾遺』より。

昭和31年（1956）元旦。左より一人おいて佐藤、椎名雄、足立安弘、澁澤敬三、弓野はや、澁澤れい子、丹誠治、宮本常一。この年の７月、名古屋大学人間関係綜合研究団の文化人類学・民俗班に協力して、愛知県設楽町名倉と佐久島（同県一色町）の調査を行った。

字引とやや似かよった意味で、絵引が作れぬものかと考えたのも、もう十何年か前からのことであった。古代絵巻、例えば『信貴山縁起』『餓鬼草紙』『絵師草紙』『石山寺縁起』『北野天神縁起』等の複製を見ているうちに、画家が苦心して描いている主題目に沿って当時の民俗的事象が極めて自然の裡にかなりの量と種目を以て偶然記録されていることに気が付いた。

柴垣や生垣の数々、屋台店の外観や内部、室内の様子、いろりの切りよう、群衆のうなじの髪の伸びよう、子供の所作のいくつか、踞《うずくま》り方、跣足《はだし》と履物、貫頭衣、飼猫が異る絵巻に二つ描かれているが、いずれも現代の犬のように頸に紐があってどこかに繋がれている様子、蒸し風呂の有様、お産の状況、捨て木（紙の貴重な時代排便後に用いるもの、今でも辺鄙な所で見かける）が京都の大路でも用いられている有様、足で洗濯するやり方（奥州八戸在銀の湧水泉では娘さん達が集って足で洗濯物をふんでいる）、会食時の光景または売店には明らかに茄子やかぼちゃが描かれてあり、魚類も多少は何だか見当のつくものもある。

澁澤敬三「絵引は作れぬものか」

699

699 庶民の服装

第三巻 建永二（一二〇七）年二月、法然の弟子安楽が六条河原で刑死せられたとき人びとは河原にあつまって見物した。そのさまを描いたもの。扇の骨の間から見ている二人の男がある。こうすれば悪霊などが身につかぬと考えた。また無帽の男の奇妙な髪が目につく。この時代にはこれに似た髪のおこなわれたことがこの絵巻の所々に見えている。庶民たちは一般に腰に太刀をおびることはなかったようである。

1—川を渡る男
2—烏帽子
3—小袖
4—小袖の裾をたくしあげる
5—子供の手をひく
6—うない髪
7—川
8—扇の骨の間から見る
9—折烏帽子
10—直垂
11—立烏帽子
12—坊主頭
13—袈裟
14—髭
15—かずき
16—市女笠
17—覆面頭巾
18—法衣
19—拝む男
20—合掌
21—火打袋
22—腰刀
23—膝つき爪立ち
24—河原

30

『日本常民生活絵引』の一頁。15項目の分類によって説明がなされている。

はじめ渋沢先生は芸大の学生にでもアルバイトで絵巻物を模写してもらう考えであったが、芸大助教授だった笹村草家人氏は村田泥牛画伯を推薦した。村田画伯は小林古径画伯の弟子で法隆寺壁画を模写した一人である。きわめて精緻丹念な人で、その模写もすばらしかった。村田さんはそれからずっと絵巻物の模写を一〇余年にわたって続けていくことになるのである。

『民具学の提唱』

村田泥牛（右）と宮本常一。絵引は昭和15年（1940）ころから、橋浦泰雄の模写で始めていた。しかしそれは戦争で中断し、再開のための第一回研究会が持たれたのは、昭和30年（1955）12月25日、角川書店から全五巻が刊行されるのは、澁澤が亡くなってからである。提供・神奈川大学日本常民文化研究所。

澁澤敬三の還暦記念会は東京の光輪閣で開かれた。出席者からは赤いベレー帽が贈られた。昭和32年（1957）４月23日。

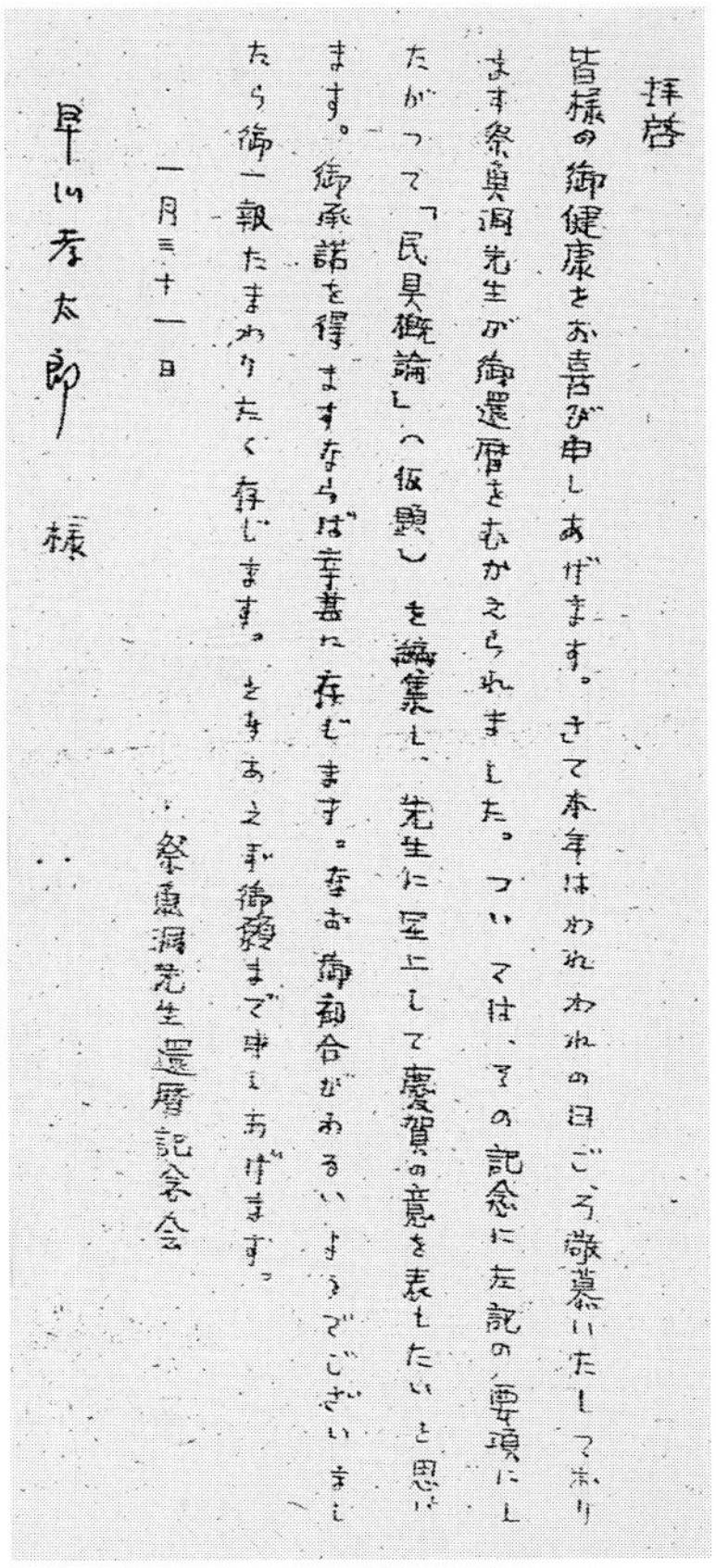

拝啓

皆様の御健康をお喜び申しあげます。さて本年はわれわれの日ごろ敬慕いたしております祭魚洞先生が御還暦をむかえられました。ついては、その記念に左記の要項にしたがって「民具概論」（仮題）を編集し、先生に呈上して慶賀の意を表したいと思います。御承諾を得ますならば幸甚に存じます。なお御都合がわるいようでございましたら御一報たまわりたく存じます。とりあえず御願まで申しあげます。

一月三十一日

祭魚洞先生還暦記念会

早川孝太郎 様

昭和31年（1956）２月２日消印の早川孝太郎宛、原稿執筆依頼。ガリ版の文字は宮本常一が切った。

題名	筆者	枚数
民具研究の意義	岡　正雄	二〇
民具研究小史	宮本馨太郎	三〇
考古学から見た民具	八幡一郎	三〇
絵巻物に見る民具	遠藤　武	三〇
民具の地域性	小川　徹	三〇
農具	早川孝太郎	三〇
漁具	櫻田勝徳	三〇
家財	宮本馨太郎	三〇
衣服	遠藤　武	三〇
染織	後藤捷一	三〇
かぶりもの	宮本馨太郎	五〇
はきもの		
燈火用具		三〇
背負子	礒貝　勇	三〇
食器	宮本常一	三〇
地方における農具の変遷	吉田三郎	三〇
川中島農具聞書	竹内利美	三〇
結びのいろいろ	額田　巖	三〇

依頼書に記された『民具概論』（仮題）の題名と筆者と原稿枚数。これが昭和33年（1958）３月刊行の『日本の民具』では、題名や内容に変更が見られる。早川孝太郎は「吐噶喇列島の民具」の題名で執筆した。

澁澤敬三が昭和36年（1961）８月の『文藝春秋』に書いた「わが食客は日本一――努力の民俗学者宮本常一君のこと―」に挿入の写真。澁澤の書斎で撮った。提供・文藝春秋。

日本の民俗学は先ず陸の上に発達したが、海上の民俗調査はこれに比べると立ちおくれ波打ち際で止っていた。早川孝太郎さんの如きは花祭の研究や大蔵永常の研究に立派なものを残された学者だが、いつか漁村に同行した時、あれだけポインターみたいに資料を嗅ぎ出す人が海のことになると、三河の山奥生れだけに意外に弱かった。宮本君は海辺に育ち海を知り且つ愛しているから、漁撈民俗についても手だれで、数少ない水陸両用の民俗学者と相なった。

彼はどちらかというと、漁業、農業、林業に詳しい。木地屋や釣鉤家内工業等も徹底的に調べたし、戦後は北海道開拓移民のことも幾度か現地について政治的情熱をかきたてられたこともある。書いたものを通じて見ても、恵まれぬ人々に対しての深い同情を持っていることは人一倍だが、すぐ搾取された等といきりたたない。

澁澤敬三「わが食客は日本一」

54歳の昭和36年（1961）６月５日、『日本の離島』第１集で第９回エッセイストクラブ賞を受賞。そのころアチックの二階で写す。

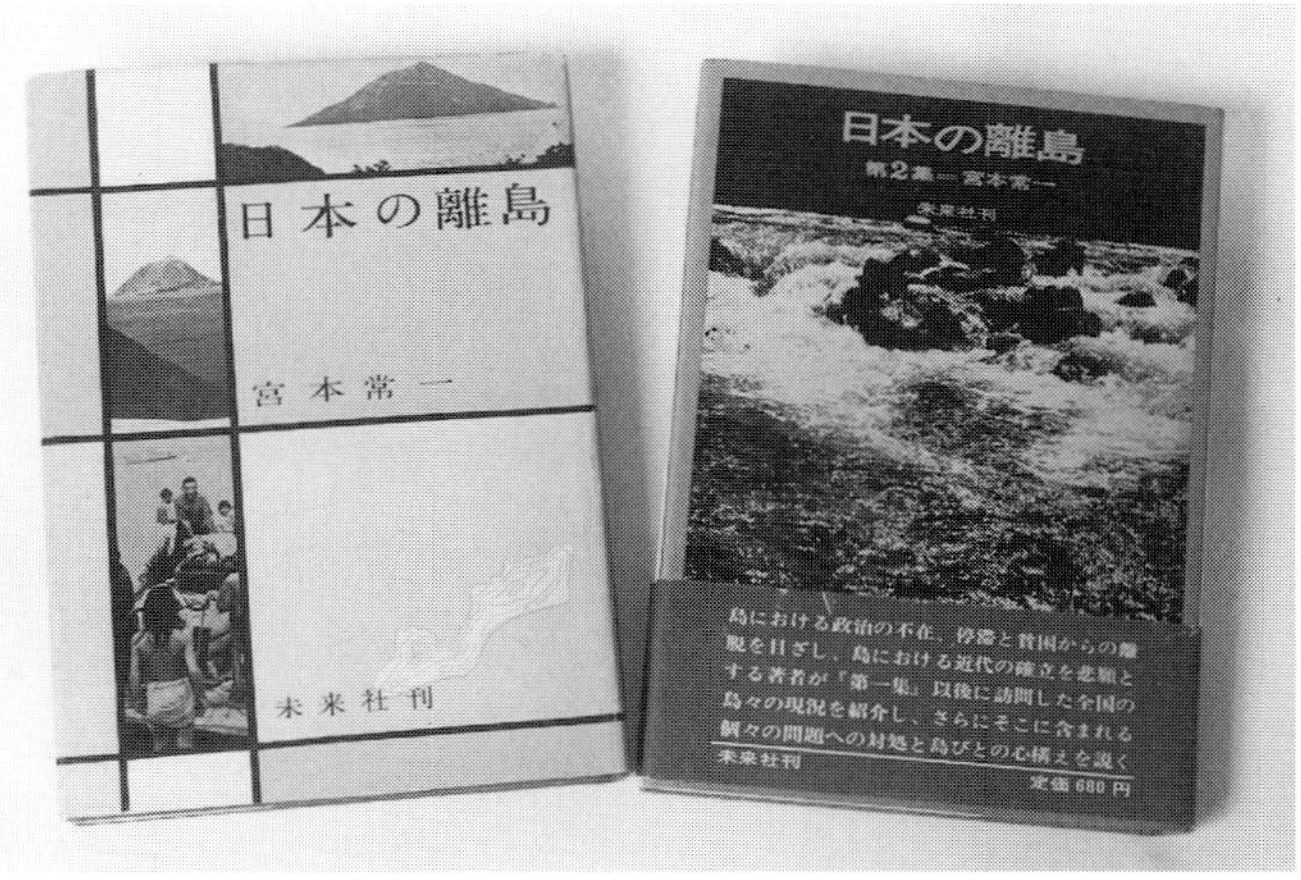

左がエッセイストクラブ賞を受賞した『日本の離島』第１集。この受賞でテレビやラジオに八回出演。全国的に離島の宣伝をすることができて、島の人々に幾分かおもくいができた。知人の本屋から島に関する本が売れるようになったともいわれた。

昭和36年（1961）12月に東洋大学から文学博士の学位を受けた。祝ってくれるというのを断っていたら、澁澤敬三（右）が「私は一人で祝うよ」といって芝の留園へ連れて行ってくれた。左は弓野はや。

研究に力をそそぐようになってから、周囲から学位をとってはと言ってくれる人もあって渋沢先生に相談した。「学者になるな」とのことなのでというと、しばらく考えておられたが「いいだろう」と言って下さった。私が学位をとりたかったのはそれによって多少収入もふえ、生活が楽になりはしないかということと、軟禁中で旅があまりできなかったからその時間をできるだけ有効に使いたいためであった。「瀬戸内海の研究一、島嶼の開発とその社会形成」が一応まとまったのは昭和三十四年の末で、九月から筆をとったのだから四カ月ほどでまとめた。今から考えるて見ると欠陥だらけのものであった。

『民俗学の旅』

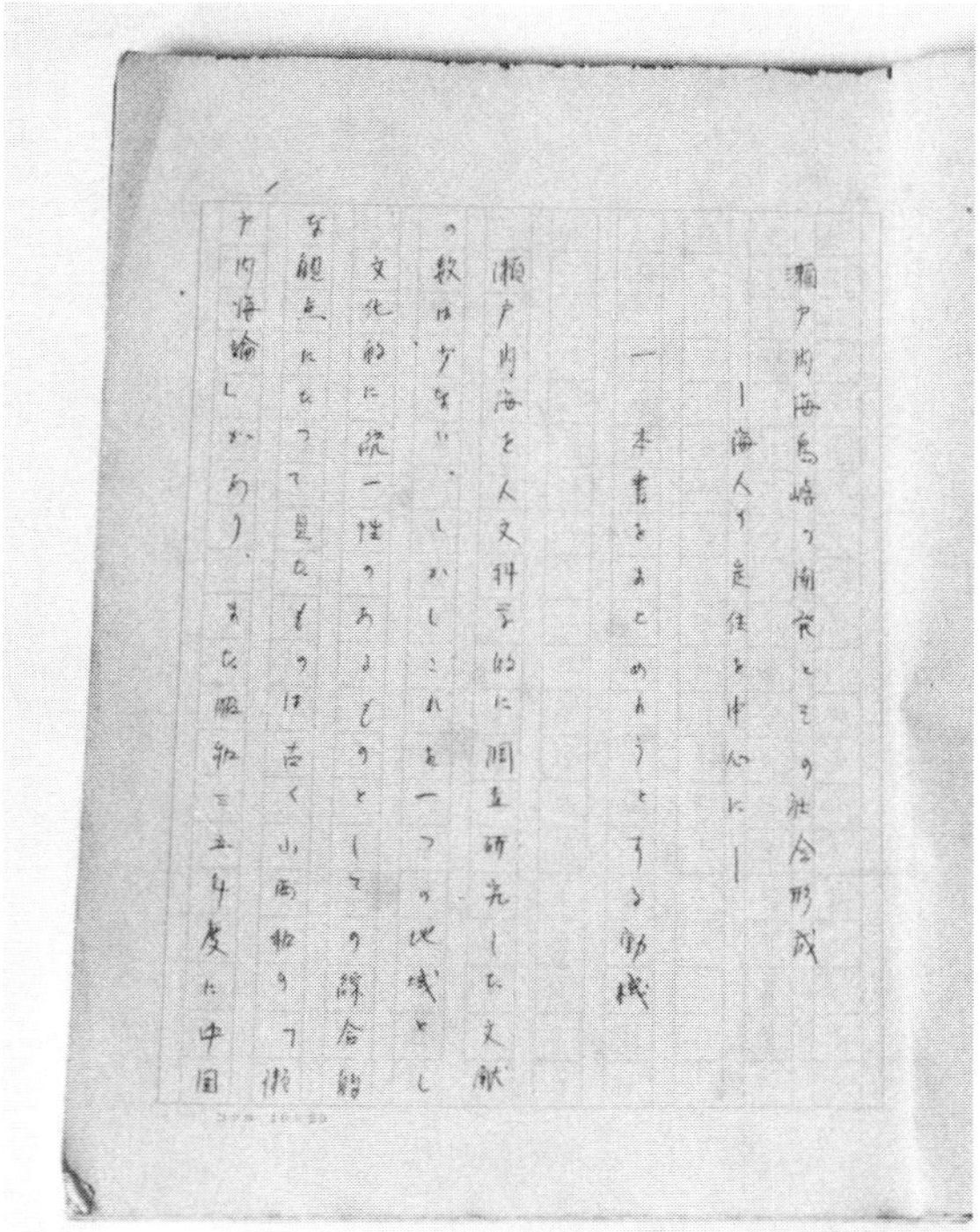

瀬戸内海島嶼の開発とその社会形成
—海人の定住を中心に—
一 本書をまとめようとする動機
瀬戸内海を人文科学的に調査研究した文献の数は少ない。しかしこれを一つの地域として文化的に統一性のあるものとしての綜合的な観点にたって見たものは古く小西和の「瀬戸内海論」があり、また昭和三五年度に中国

学位請求論文要旨。「瀬戸内海島嶼の開発とその社会形成—海人の定住を中心に—」。清書は神保トヨ。

宮本常一の長男千晴に屠蘇をつぐ澁澤敬三。千晴は昭和31年（1956）4月から澁澤邸に父常一とともに居候して大学に通っていた。

昭和三十一年三月長男の千晴が郷里の高校を卒業して東京へ出て来た。それを機会に東京郊外に小さい家を持ちたいものだと思って渋沢先生に相談すると、渋沢邸にいっしょに居ればよいといい、私が別に家を持つことには賛成されなかった。そこで親子で渋沢邸にいることになった。昭和三十六年には娘が郷里の高校を卒業して東京へ出て来た。娘もまた邸におけといわれる。しかしほんの少しではあるが、家を買うための金も貯えた。不足の部分をどこからか借りて家を買いたいと思ってそういう用意もしているとお話しすると、それでは家を買ってもよいだろうと、現在住んでいる家（府中市新町）を買うことになった。

『民俗学の旅』

澁澤家と日本常民文化研究所の人々の集い。後列右端に礒貝勇、一人おいて宮本常一。前列左から三人目に宮本千晴が座っている。昭和30年代。

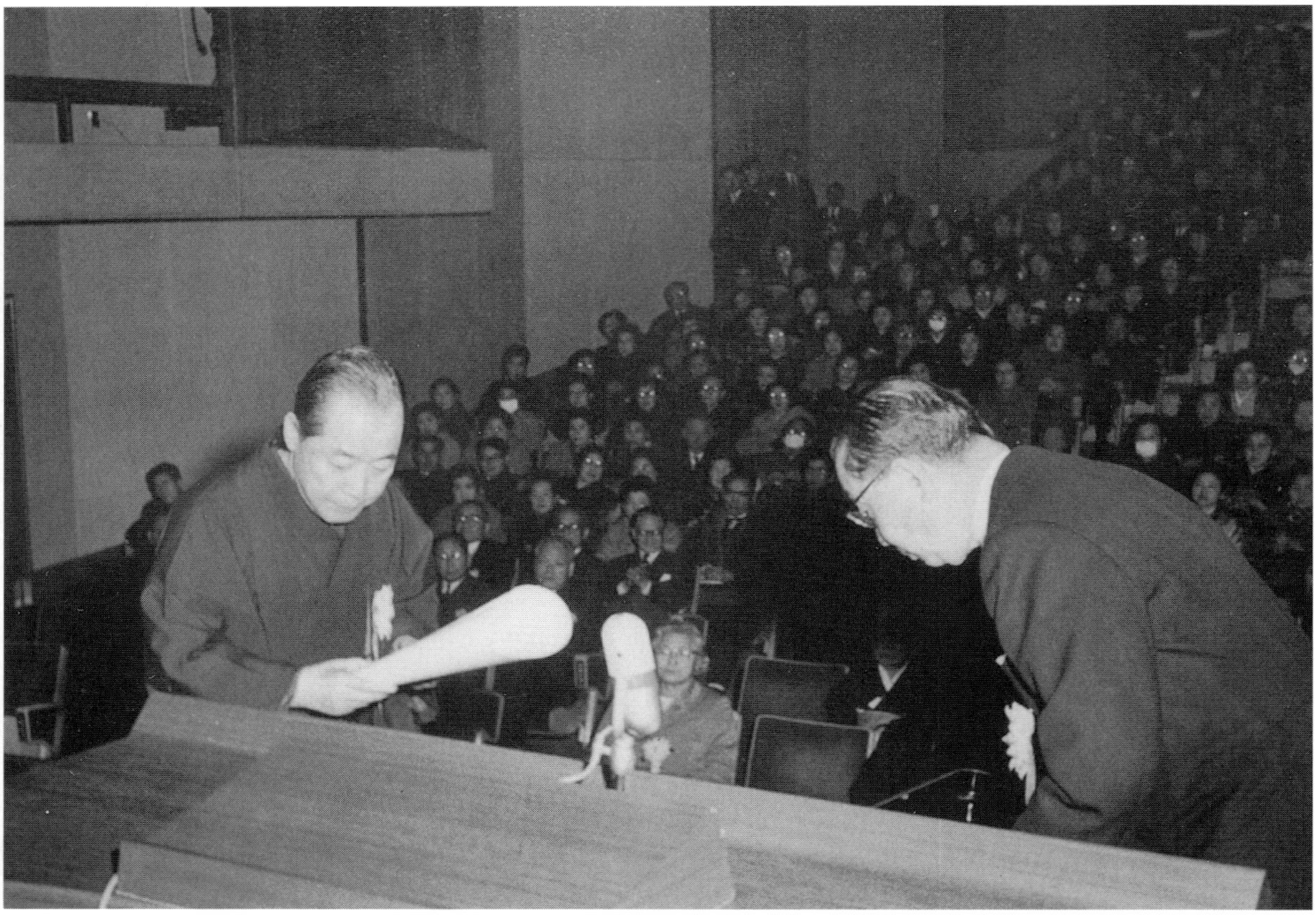

澁澤敬三は昭和37年（1962）度の朝日賞を受賞した。昭和38年１月16日に贈呈式があって、澁澤は羽織、袴で壇上に立った。このときの受賞は10人と１団体で、新派の名女形花柳章太郎、混血児を養育した澤田美喜らが一緒だった。大内兵衛が「澁澤氏の学者としての業績」という記念講演を行った。受賞者を紹介する朝日新聞の記事には、「新婚旅行も資料集め」「寄贈の民具すでに三万余」とある。

先生に昭和三十一年十二月のはじめごろ、ちょうど軟禁時代に「私の思い出をはなすから筆録しておいてくれないか」といわれた。その少しまえに「アチックの歴史をまとめておいてくれないか」といわれた。そこで研究員だった人たちに著述の目録を書いてもらったことがあり、またアチック関係のカードを作ったこともあった。しかしなかなかそのことに打ち込めなかったのである。これは私一人よりも大勢で書いた方がよいと思ったからである。そこで先生にそのことをおはかりすると「君の目で見たアチックの歴史がほしいのだよ」といわれた。私にはその言葉がいまも心におおいかぶさっている。先生は「私はお世辞をいわれるのは好きではない。私の生涯の中で、君ほどムキになって突っかかって来た男はほかにいなかった。そういう君にお世辞ぬきの歴史を書いてもらいたい」といわれた。

『民俗学の旅』

スコットランド風のデザインで建てられたアチック・ミューゼアムの澁澤の書斎（左）と旧澁澤邸の一部（右）。ケヤキ林を模したこの部分の庭園は田村剛博士の設計。木々は成長したが、澁澤の健康は衰えていった。

戦後、三田綱町の邸宅を敷地ともに財産税として国に物納し、質素で不便な旧アチックの建物に澁澤敬三は住んでいた。病身の澁澤を案じた清水建設が、敬三のために書庫をつぶして新しい居室を建ててくれた。写真はその自室での撮影。昭和38年（1963）と思われる。同年10月25日に澁澤敬三は永眠する。

宮本常一と談笑するのは、澁澤敬三の妻登喜子の付人だった柴崎さき。三菱財閥の創業者、岩崎弥太郎の孫で西洋式の教育を受けた登喜子は敗戦の翌年に家を出て敬三と別居して逗子に移る。登喜子が澁澤の病床にかけつけるまでの二人の長い空白は、アチック・ミューゼアムの犠牲であったともいえる。昭和52年（1977）９月　撮影・宮本千晴。

出会う人みな先生
―歩く見る聞く―

私が民俗調査らしい調査の旅行をしはじめたのは昭和一〇年ごろからであるが、その中でも福井県石徹白村へいったときの印象は今もあざやかである。その入村記は『越前石徹白民俗誌』にも書いておいたが、そこで石徹白藤之助というすぐれた伝承者に会うきっかけになったのは、岐阜県北濃から檜峠をこえて石徹白へゆく道の途中、流れのほとりに咲いている美しいうすもも色の花に心ひかれ、それを持って歩いていると、峠から北濃の方へ下っていく人に会い、その人に〝田打草〟という名を教えてもらうとともに、藤之助翁のことを教えてもらったのである。道ばたの花一つすらが話題になるものである。そこに住む人たちはどんなささやかな動植物とでも生きていく上でかかわりあいを持っており、したがってその名をもたいてい知っている。だからどんな些細なことからでも話題はひき出されるものである。しかもそのささやかと見えるものに村全体の生活のつながっていることも少なくない。

『旅にまなぶ』

宮本常一は、民俗調査報告書などに〈話者○○氏〉と記してあると、「話者とはなんだ」と怒った。どんなささいなことでも、話をしてくれた人は教えてくれた人という姿勢だったから、話者という見下したような響きのある文字をあてることに常一は我慢ができなかった。

昭和９年（1934）、大阪府西葛城村蕎原（現貝塚市）で藤原翁（中央）の話を聞きながらノートをとる宮本常一（右）。左は民間伝承の調査を通じて親しかった杉浦瓢。右足を上に足組してノートをとる常一の姿勢は、次頁の写真でも変わっていない。提供・小谷方明

貧しいけれども勤勉で善良で、時には頑固でずるいところもあるが、とにかく精いっぱい生き、しかも平凡に死んでいく人たちである。がその人たちにも歴史はある。一人一人の歴史があるばかりでなく、民衆そのものの歴史がある。それはまだ本当に発掘されてはいない。しかもその人たちによって文化は発展してきたのである。

武士が戦闘に明け暮れしているときも、百姓は農業をつづけていた。宮廷の文化の栄えたときも、食料からいろいろの材料まですべて供給したのは農民たちであった。農民たちは自分自身の生活を守るための組織をつくりつつなお、支配者に支配者の文化をつくるためのあらゆる素材や技術を提供してきた。その姿だけは何としても明らかにしておかねばならぬと思った。

『旅にまなぶ』

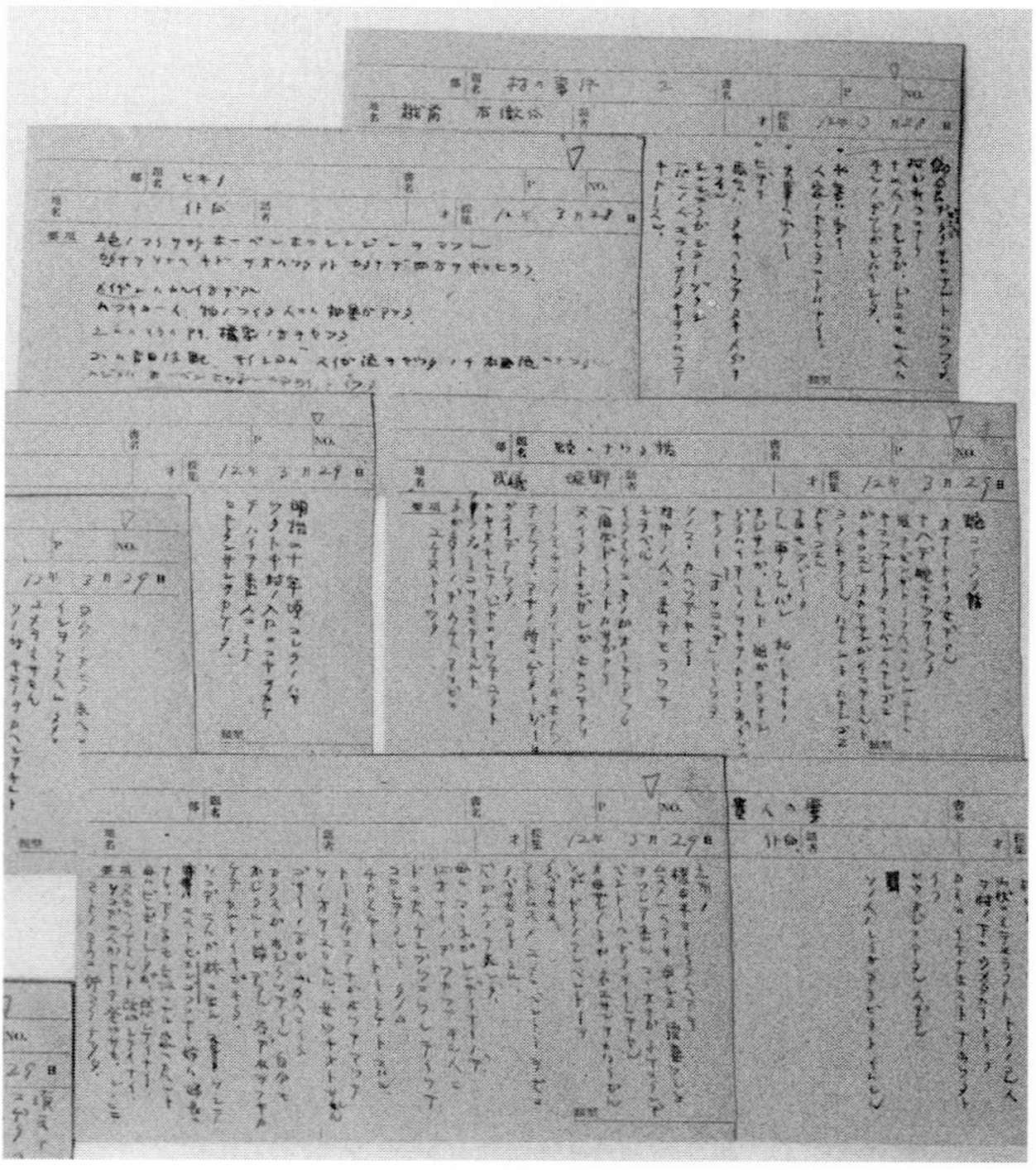

宮本常一の昭和12年（1937）３月の調査カード。漢字混じりのカタカナで書いている。

昭和54年（1979）９月、台湾をまわりヤミ族の島で船の話を聞く宮本常一。このころ体力の衰えは隠し得ないものがあったが、それでも話を聞く力は衰えていなかった。

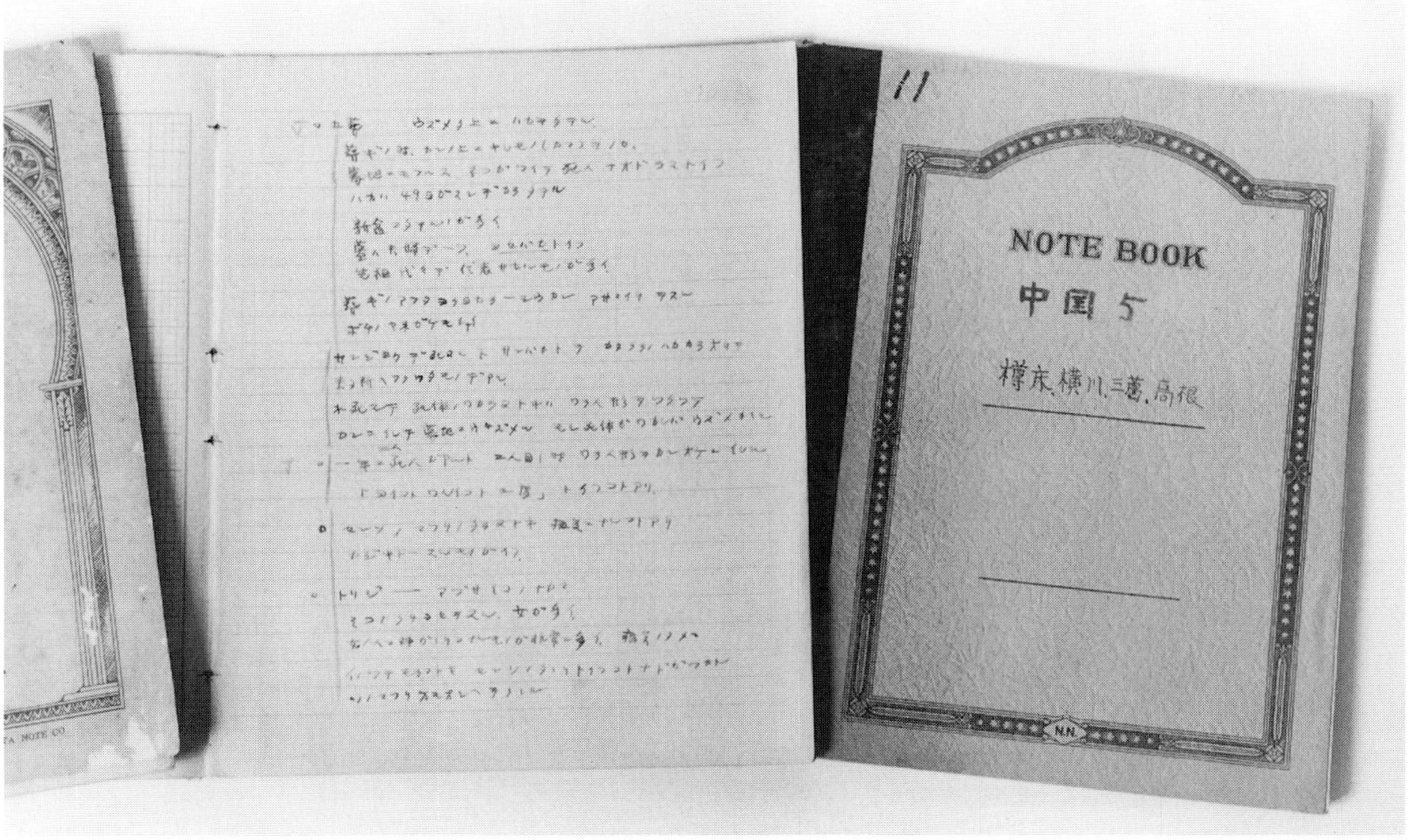

昭和14年（1939）11月の中国山地の旅のうち、28日〜30日の聞書ノート。葬式のことが漢字混じりのカタカナで書きとめられている。これらは『中国山地民俗採訪録』（『宮本常一著作集』23）に収載されている。

教えを乞いながら、宮本常一は一度、喧嘩別れをしたという御薗生翁甫。老いてなお研究心は旺盛だった。『山口県地方史研究』（1967年６月号）より。

私は御薗生先生の知遇を得ていたので、先生の家にとめてもらって、毎日、図書館へ通って「地下上申」「風土注進案」「郡中大略」などのうち、郷里関係のものを筆写した。そのほかにも「大島郡宰判本控」「萩藩閥閲録」などいろいろのものがあって、少々の日数では筆写できるものではなかった。接写の設備もコピーの設備もない時代である。

しかし毎日がたのしかった。昼は先生の奥さんの作った弁当をたべ、食後は小川先生を中心に談論風発、夕方になると先生の家へかえる。座敷の障子をあけると瑠璃光寺の五重塔が見える。室町時代に建てられた実に美しい塔である。それを見ながら晩酌をたしなむ。野人学者としての御薗生先生は全くすばらしい人である。『防長地名渕鑑』を書き、『防長造紙史研究』を書く。県としてはいずれも先駆的な学業である。後に『大内氏史研究』をはじめ、多くの市町村史を手がけた。視野の広い学者で、しかも清廉、酔をおびると語って尽きることがなかった。

「自伝抄—二ノ橋界隈—」

御薗生翁甫は米寿のころに神楽研究の重要性に気づき踏査を始めた。『防長神楽の研究』は死後弟子の財前司一によってまとめられ、昭和47年（1972）３月10日に刊行された。

磐城地方の民俗を丹念に掘り起こした高木誠一の家。福島県草野村北神谷（現いわき市）にあって、訪れた民俗研究者は多い。宮本常一は昭和15年（1940）と同21年（1946）８月６日に訪れている。所蔵・早川孝太郎

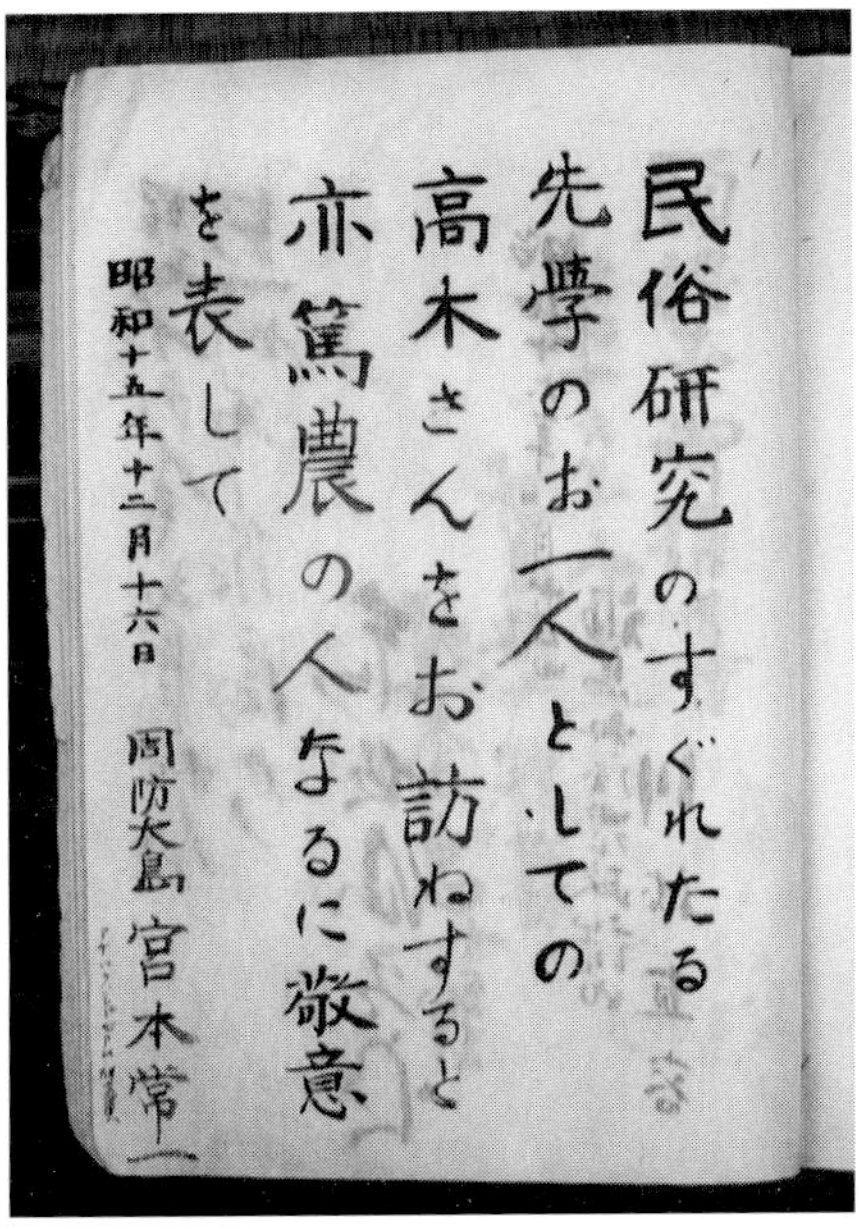

宮本常一が昭和15年（1940）12月16日に高木家を訪れたときの芳名帖への記帳。提供・木村哲也。

高木家の人々。背広姿が高木誠一、右は夫人、左は長男秀樹、夫人の右は孫の秀夫、秀夫の右斜めに長男の夫人（秀夫の母）、四人の女の子は秀夫の姉。昭和30年（1955）５月８日　提供・高木秀夫。

両側の人とともに、真ん中の宮本常一もお坊さんに見えないこともないのだが、さてどこで撮ったのだろうか。

背後の建物は澁澤邸のようだし、坊主頭からすると結婚（昭和10年）前らしい。

さて、どんな出会いで撮ったのでしょうか？

これも結婚前に撮ったものらしい。眩しいような娘に成長した小学校の教え子たちに囲まれて、宮本常一は心なし緊張しているように見える。

昭和30年（1955）8月。

昭和31年（1956）。

昭和32年（1957）7月。

宮本常一は名古屋大学精神医学教室の村松教授を中心とする、人間関係総合研究班の調査に参加し、愛知県北設楽郡名倉村（現設楽町）を訪れた。昭和31年（1956）11月5日～11日を最初に都合三度、それによって村の様子をかなり詳しく知ることができた。写真は最初に訪れたとき行った座談会「名倉郷談」の参加者と同席者。左より前列、澤田久夫、金田金平（社脇）、宮本常一、金田茂三郎（猪ノ沢）、後藤さわ（社脇）。後列、鈴木久世、後藤秀吉（大久保）、中村宗修。カッコ内に地名を記した人が座談会の参加者。座談会を行った大蔵寺（住職・中村宗修）本堂の玄関前で写す。

日本の村には大きい地主が土地の大半を持ち、小作人の多い部落と、所有地が比較的平均している部落と二つのタイプがある。後者の場合かりに一時地主が発生しても、それが育たない場合がある。地主と小作の分化している村は面白がって皆調査するが、後者のような平凡な村はふりむく人がすくない。そこで私はそういう村に目をとめて見ようとしているのであるが、村（部落）の数からすると、あるいはこの方が多いのではないかとさえ思う。名倉はその典型的な一つである。もとより大きい地主のいなかったわけではないが、それが長つづきしていない。そういう村の村人の気風には山の中にあっても近代性が見られるのである。

「名倉談義」

座談会は郷土史家の澤田久夫が世話してくれた。澤田は文字による記録はもとより、村の姿を写真におさめた。その写真の一枚、土用念仏の光景である。鉦を叩くそばで男たちが百万遍の数珠をまわしつつ念仏を唱えている。

広大とはいえないが、名倉は愛知県の北東部では有数の穀倉地帯だった。流れの脇にはかならずといってよいほど、水車か写真のような米を搗くボットリがあった。昭和42年（1967）11月19日　撮影・須藤　功。

宮本常一が名倉で泊まっていた宿の主人の鈴木久世と孫。腰まわりに下げているのは渡り鳥の鶫（つぐみ）。現在は禁じられているが、昔は霞網で獲って食べた。昭和31年（1967）11月　撮影・宮本常一

私は終戦直後から、昭和二七年頃までさまざまな地域を実によく歩いた。リュックサックを背負っての旅で、リュックサックの中には、着がえと紙くずのようなものと書物が二、三冊、時にはコメの一升もはいっていることがあった。当時は、ノートなどもなかなか買えなかったので、調査ノートは原稿紙の裏や謄写版印刷用紙の裏などを利用していた。コメは旅先の知人からもらったものであった。ところがどの列車にもヤミ屋が乗っていて、それを取り調べるためか、しばしば乗車客の一斉検査があった。

「調査地被害」

鹿児島県指宿市の観光ホテルで開催された離島振興協議会通常総会の解散の後、同事務局の江森（青木）昭子（左）、神保教子と薩摩半島を一周し、さらに長島、天草へ渡った。大浦町の峠の頂で鎌の行商人（右）と出会い話を聞く宮本常一（中）。江森はこのときの旅を、「一生忘れられないことが沢山あった」と記している。昭和35年（1960）４月20日　撮影・神保教子。

長島の食堂で昼食をとっていると、元気のよい兄さんたちから「一曲歌ってください」と声をかけられた。「芸はできない」というと「お金は払う」という。宮本常一の背負う大きなリュックサックの中は美しい衣裳、一緒の二人は歌手と間違われたものらしい。薩摩半島にて、昭和35年（1960）４月20日　撮影・神保教子。

昭和35年（1960）７月、佐渡・畑野町後山の本間雅彦家で本間の長男を抱く宮本常一。前年と同年の九学会連合の佐渡調査のとき、常一はまず本間家に立ち寄っている。提供・本間雅彦

昭和35年（1960）７月、佐渡・畑野町後山のバス停留所から、リュックサックを背に、本間雅彦と調査に出かける宮本常一。前年のときは十日間、本間と一緒に小木岬を一周し、小佐渡の海岸を歩いた。そして島の中に忘れられている地域のあることを知って心をいためる。提供・本間雅彦

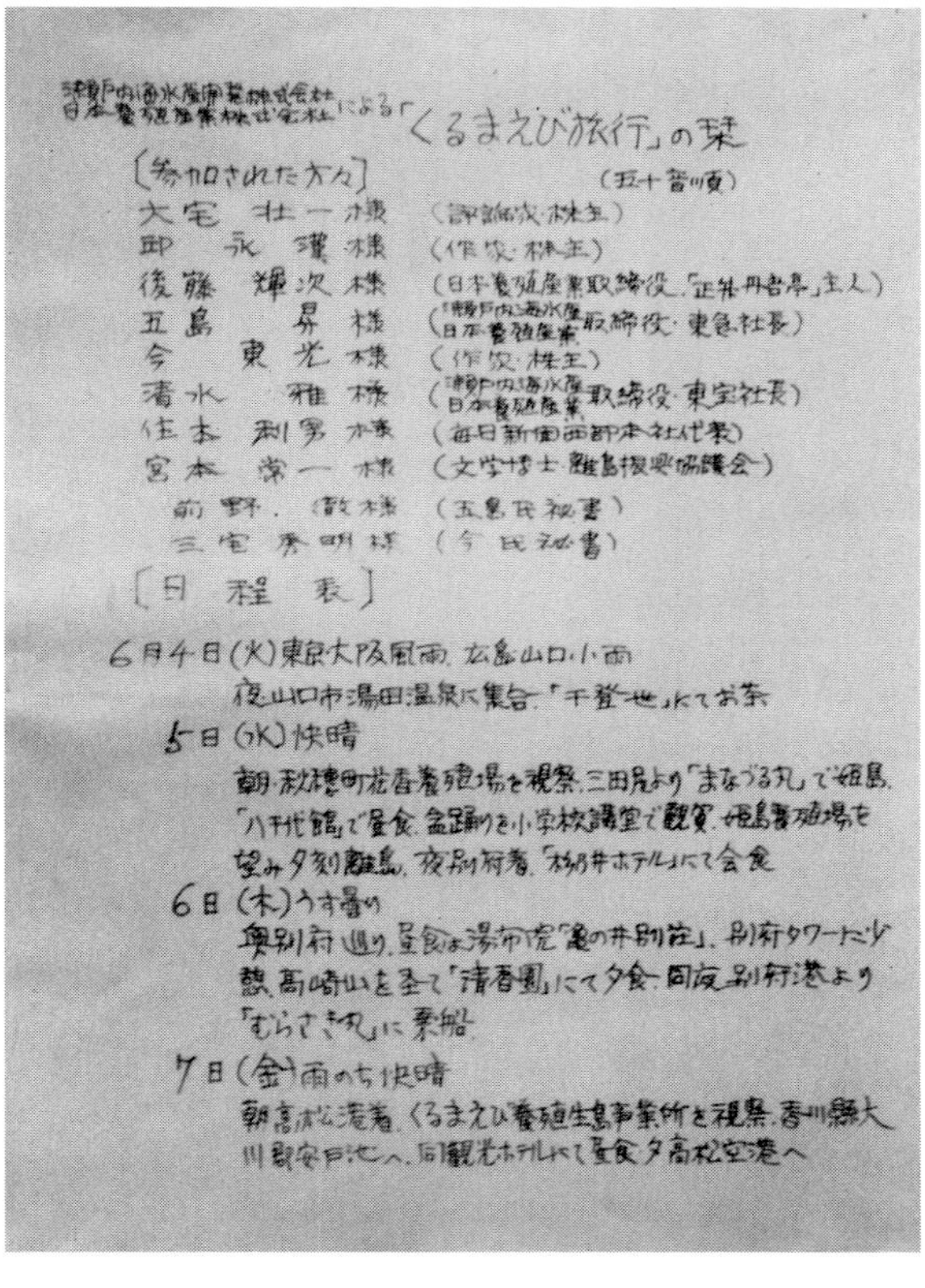

瀬戸内海水産開発株式会社
日本養殖産業株式会社による「くるまえび旅行」の栞

[参加された方々]　　　　　　　　　（五十音順）

大宅壮一様　（評論家・株主）
邱　永漢様　（作家・株主）
後藤輝次様　（日本養殖産業取締役・「正弁丹吾亭」主人）
五島　昇様　（瀬戸内海水産取締役・東急社長／日本養殖産業）
今　東光様　（作家・株主）
清水　雅様　（瀬戸内海水産取締役・東宝社長／日本養殖産業）
住本利男様　（毎日新聞西部本社代表）
宮本常一様　（文学博士・離島振興協議会）
前野　徹様　（五島氏秘書）
三宅秀明様　（今氏秘書）

[日程表]
6月4日（火）東京大阪風雨、広島山口小雨
　　　　　　夜山口市湯田温泉に集合「千登世」にてお茶
　　5日（水）快晴
　　　　　　朝、秋穂町花香養殖場を視察。三田尻より「まなづる丸」で姫島。「八千代館」で昼飯。盆踊りを小学校講堂で鑑賞。姫島養殖場を望み夕刻離島。夜別府着。「杉乃井ホテル」にて会食。
　　6日（木）うす曇り
　　　　　　奥別府巡り。昼食は湯布院「亀の井別荘」。別府タワーに小憩。高崎山を経て「清香園」にて夕食。同夜別府港より「むらさき丸」に乗船。
　　7日（金）雨のち快晴
　　　　　　朝高松港着。くるまえび養殖生島事業所を視察。香川縣大川郡安戸池へ。同観光ホテルにて昼食。夕高松空港へ。

昭和38年（1963）6月。

「くるまえびの会」で櫓を漕ぐ宮本常一。会には株主の一人だった澁澤敬三から代わりに行くようにいわれた。

大宅壮一（右）と話す宮本常一。大宅には受験のために上京した昭和２年（1927）１月に会っているが、大宅はそのときのことは覚えていなかった。後に立つのは邱永漢。

話を聞いてくれる人がいなくて、ちょっと手持ち無沙汰らしい顔の宮本常一（左から二人目）。右隣は作家の今東光。

東海道本線の急行第二伊豆号車内の宮本常一。ビールを飲んだので、真鶴駅を過ぎるあたりから眠くなってしまう。昭和41年（1966）３月１日　提供・牧田茂。

（十五時五分東京発急行〝第二伊豆〟号の車内で）

向井　旅はいいですねえ。

宮本　いいですね。旅はいいし、旅に出てお酒を召上がる。それがまた、よろしいでしょう。

向井　ええ。そのためにいくような気味がありますね。

宮本　お酒と絵のための旅ですか。一年になん日くらい旅へでられますか。

向井　一年三百六十五日、全部、旅をしたいですね。旅絵師という生活をやりたいんです。

宮本　私は昭和二十七年ですか、二百七十四日、旅をしたのが最高記録なんです。スケッチしたのを、お帰りになってから仕上げるとなると、やっぱり東京にいらっしゃるのが多いでしょう？

向井　いえ、わたくしはその場で仕上げます。二、三時間かかっても、そのほうが気にいったものができるんです。帰ってからやると、四、五時間かかって、それでも気にいったものはできませんね。このごろは絵をかきにいっても、このへんはトラックが来ませんかって、確かめてからでないと、かけないんです。トラックが来なくていいと思ったら、耕運機が来てガアガアやられたことがありますしね。長野へいってかいていたら、うしろにバキューム・カーが来てね、あれには困りました（両氏笑う）。絵をかいていると、そのへんのこどもの気質がわかりますね。奈良、飛鳥、日本文化の発祥地あたりのこどもは、おどろきました。

宮本　ガラが悪いでしょう。

向井　どうしてでしょうね。

（中略）

向井　九州の椎葉の鶴富屋敷、あれも屋根を銅でふいちゃいましたね。味がなくなりました。

宮本　カヤがなくなったんでしょうね。それと、カヤでふくのは、たいへんなカネがかかるんです。米坂線、あの米沢から新潟県の坂町に通じてる、あの沿線にある渡辺松太郎さんの家ね、大きいことでは日本一なんです。建坪が五百坪。

向井　たいへんなもんだなあ。

宮本　屋根をふきかえなきゃならないというので、文部省から坪当り一万円、五百万円くれたんですね。建坪が五百坪なら、傾斜がついているんだから屋根は七百坪になる。七百万円くれなきゃ困るといったけれども、くれなかった。やってみたら、やっぱり七百万円かかったって、文句をいってましたよね。

伊豆・湯ヶ島温泉の湯川屋で、向井潤吉と酒を飲み交わしながら対談する宮本常一。向井は農山漁村の民家を描きつづけた画家である。二人は一般の人はあまり行かないところを旅しているということで共通点があった。対談は昭和41年（1966）４月８日発売の『週刊朝日』に掲載された。昭和41年（1966）３月１日　提供・牧田　茂。

対談を終えたあとは随行者も一緒に囲炉裏を囲む。対談を企画したのは折口信夫門下の民俗学徒で、柳田國男の信頼も厚かった、朝日新聞記者の牧田茂。『週刊朝日』の編集長も勤めた。八学会連合の対馬調査には記者として参加し、カメラマンに古文書を読む宮本常一の姿を撮らせている。昭和41年（1966）３月１日　提供・牧田茂。

宮本常一（左より二人目）は、年齢にも性別にも関係なく、情熱を持って一つのことに取組もうとしている人を支援した。その方法もまた情熱的といってよかった。広島県三原市に住み、ダムで水没する同県賀茂郡の椋梨地区の民俗調査にあたった鮓本刀良意（左端）に対しても支援を惜しまなかった。昭和39年（1964）８月17日撮影。

鮓本家の宮本常一（左端）。右に、鮓本の親友の平田書店主、鮓本夫人。常一は大学の教え子とともに鮓本の調査に協力した。

それがダムができることによって美田をすて、久しく住んで来た土地を捨てなければならなくなった。村人のショックはきわめて大きかったが、村人ばかりでなく、この地にかかわりのあった鮓本さんのおどろきも大きかった。そしてやがてはダムの底に沈んでしまうであろう村のことを思い、村の文化のことを思い、その調査と記録を思いたった。それらのいきさつについては本文の中にくわしいが、正直者で正義感の強い、すぐむきになる性格の鮓本さんはジッとして居られなくなって、多少身体をいためていたことを理由にそれまで勤めていた会社をやめ、ダム水没予定地をあるきまわりはじめたのである。当時は全く無援孤立であった。そして多くの人には「いらぬお節介」にも見えたのである。

「ひとこと」　鮓本刀良意著『ダムに沈む村』

大庭さんには昭和一五年の旅のとき初めてお目にかかった。そのとき大庭さんは『日原聞書』という原稿をかかえて来た。渋沢先生が、「よいものなら出版してあげようではないか」といわれるので、宿でひととおり見せていただいた。日原村の古老たちの話を丹念に記録したもので、幕末から明治初年へかけてのこの地方の事情がじつによくわかるのである。そして農民の生活がどのようなものであったかを手にとるように知ることができる。大庭さんは役場へつとめるかたわら、余暇を利用して年寄りの話をきいてあるいた。じつにすばらしい記録であり、私のいわゆる「御一新のあとさき」の調査をこの人はこの人の立場と環境の中でやっているのである。こういう書物がせめて二、三〇冊も出れば、歴史研究の上でどれほど役立つかわからない。

『村里を行く』

昭和41年（1966）８月21日、島根県日原町で講演する宮本常一。大庭良美の依頼によるもので、演題は「農業の諸問題と進路」。提供・大庭良美。

昭和54年（1979）８月24日にも、やはり大庭良美の依頼で日原町夏期大学の講師を勤めた。その翌日の記念写真。後列左から宮本常一、大庭夫人、大庭良美、長男の大庭耕助。前列は長男の子どもたち。提供・大庭良美。

広島県豊松村は県東北部の岡山県境にある。宮本常一（左から二人目）が初めて訪れるのは昭和37年（1962）、村に鎮座する鶴岡八幡宮の赤木勇夫宮司（左端）の声かがりによるもので、以後、何度か訪れた。右の二人は後に映画「豊松祭時記」を作る姫田忠義と伊藤碩男。昭和41年（1966）12月11日。

古くからの伝承を大事にしてきた豊松村の「めぐり祈禱」。ささやかな神輿行列だが、これには「名」と呼ぶ中世の村の構造が残されている。昭和40年（1965）９月12日　撮影・村上正名。

自動車がそれほど普及していなかったころの山地の村には、まだ茅葺屋根の農家があちこちに残っていた。豊松村も同様で、それが中世を伝えるという村の印象をより強いものにした。
昭和47年（1972）５月　撮影・須藤　功。

稲が黄色にうれはじめたころ、私は矢原というところの村祈禱に参加したことがある。鶴岡八幡宮の神主赤木勇夫さんが、是非来るようにと言って来たので、でかけていった。矢原は四日市の南一キロあまりのところで、家は十三戸ほどある。そこの荒神元をしている家を土居という。

その名のごとく、家のまえは低い崖になっており、家の後には空堀がある。小さいながら城の形をしたもので、そういう構えを昔は土居といった。そういう家がこのあたりにいくつもあるという。土居さんの家には荒神のほかに木野山神社もまつってあった。そのまえで祝詞をあげ、神霊を神輿にうつし、それを二人の人がかつぎ、先頭に幟を持った者が立ち、次に太鼓を背負った者、たたく者、次に神輿、神主とつづき、何も持たない人びとがそのあとについて、十三軒の家を一番端から次々に祈禱してあるく。どこの家も表座敷をあけはなち、神輿はその座敷の床の間の前におき、神主が祝詞をあげると一同はこれに唱和し、終ってその家の者が礼拝し、そのあと簡単なお膳が出る。

「豊松」『あるくみるきく』六八号

周防大島の内浦に浮かぶ浮島（橘町）小学校の子どもたちが、宮本常一を送る船に同乗し、島の南西にある江ノ浦に帰る。常一は、「五、六〇人あまりも乗ったであろう。船が江ノ浦へつくまでの間しゃべりふざけ、少しもじっとしていなかった。……人間にとって、もっとも大切な素朴さが一人一人の中に生き生きとしているのを見た」と書いている。『私の日本地図９　瀬戸内海Ⅲ　周防大島』より。昭和30年代　撮影・宮本常一。

昭和46年（1971）１月15日、新潟県山古志村梶金の雪洞で、子どもたちの遊びを見る宮本常一。右端は同行した佐藤健一郎。村から観光開発の調査をして欲しいという打診があって、その下調べに訪れた。この少し前から須藤功は梶金に通い、生活を写真で記録することを始めていた。撮影・須藤　功。

雪の降る中、ベレー帽を取って神代神楽を見る宮本常一。昭和48年（1973）３月５日　撮影・須藤　功。

群馬県榛名町の榛名神社に伝わる、36座の神代神楽のうちの一番。昭和48年（1973）３月５日　撮影・須藤　功。

都丸十九一（右端）と並んで朝食をとる宮本常一。昭和48年（1973）３月６日　撮影・須藤　功。

須藤君はそこで都丸さんというすばらしい人に出逢った。群馬県の民俗のことについては実によく知っている上に、親切でゆき届いた助言もして下さる。これは須藤君のカメラ眼を深くたしかなものにしていくのに大きく役立った。同時に群馬は東京にも近いので度々出かけることも可能であった。須藤君は都丸さんに県下のいろいろの行事について教えられ、それを現地に出かけていって撮影した。そしてそれがかなりの量になったとき、都丸さんから本にして見てはとの相談をうけた。地元の煥乎堂が出版をひきうけようとの話で、私はこの上ないことだと思った。

「ちょっとひとこと」

写真・須藤功／文・都丸十九一『上州のくらしとまつり』

ボタ雪の降る榛名神社参道を下る。宮本常一、西山妙、田村善次郎、写っていないが田村の右に宮本千晴、神崎宣武がいる。昭和48年（1973）３月５日　撮影・須藤　功。

昭和48年（1973）7月の佐渡・外海府の調査のとき立寄った家。集落名は不明。同月15日～22日の調査の間に宮本常一は三回の講演を行った。撮影・谷沢　明。

三六年は佐渡へゆかなかった。ところが、三七年の秋、小木町の林道明氏から佐渡へ講演に来てくれとの手紙があって遊意が動き一一月二九日東京をたって佐渡にわたった。そして三〇日の午后羽茂町の公民館で話したが、人もあつまらず、いささか落胆した。その翌日小木の新潟交通の二階で話をさせられたが、調査ではなく別のルートでやって来て見ると接する人がまるで違って来る。ここでは話がはずんで午后もはなす。すると赤泊の人たちが是非とも赤泊へも来てくれというので、その夜は赤泊へゆき、翌日佐渡開発について村の有志にはなし、夕方のバスで真野へ出て畑野の本間君の家にとめてもらった。そこでは若い青年諸君と徹夜ではなした。三日は朝新穂の公民館で佐渡開発の問題についてはなしたが、あつまる人も少なく、反響もなかった。午后は畑野の農業高校で生徒にはなした。本間君のつとめている学校である。その夜本間君の家で、青年たちと話していると、羽茂の農業改良事務所長の信田敬氏がどうしても明朝もう一度羽茂へ来て話してくれという。

『私の日本地図7　佐渡』

佐渡・小木町宿根木の林家で歓談しながら食事をとる宮本常一（右）。時宗・称光寺の住職である林道明（中）とは昭和37年（1962）秋からのつきあい。昭和55年（1980）５月　提供・真島俊一。

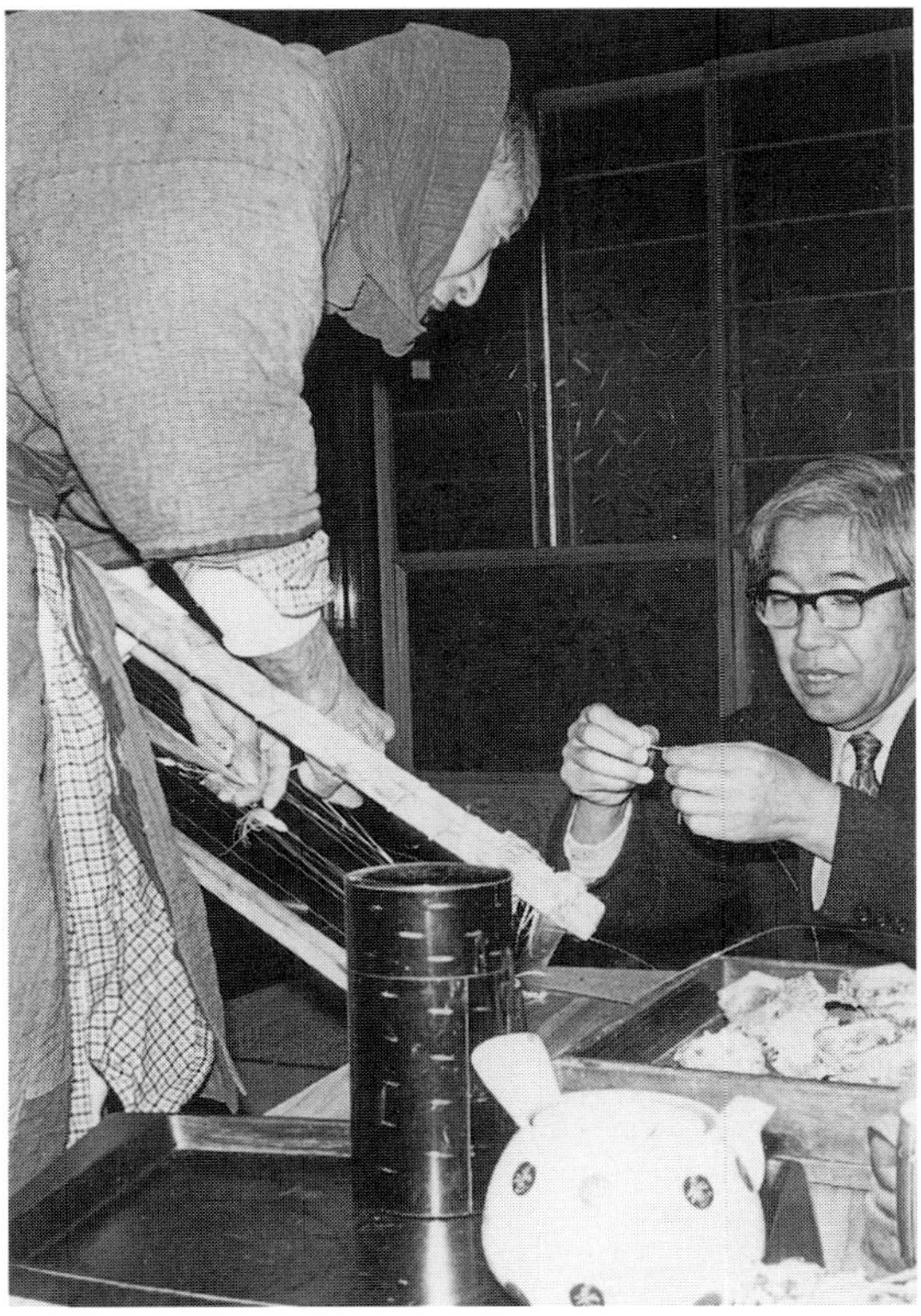

佐渡・小木町田野浦の漁師・有田末吉から釣針の説明を受ける宮本常一（右）。昭和50年（1975）２月５日　撮影・林　道明。

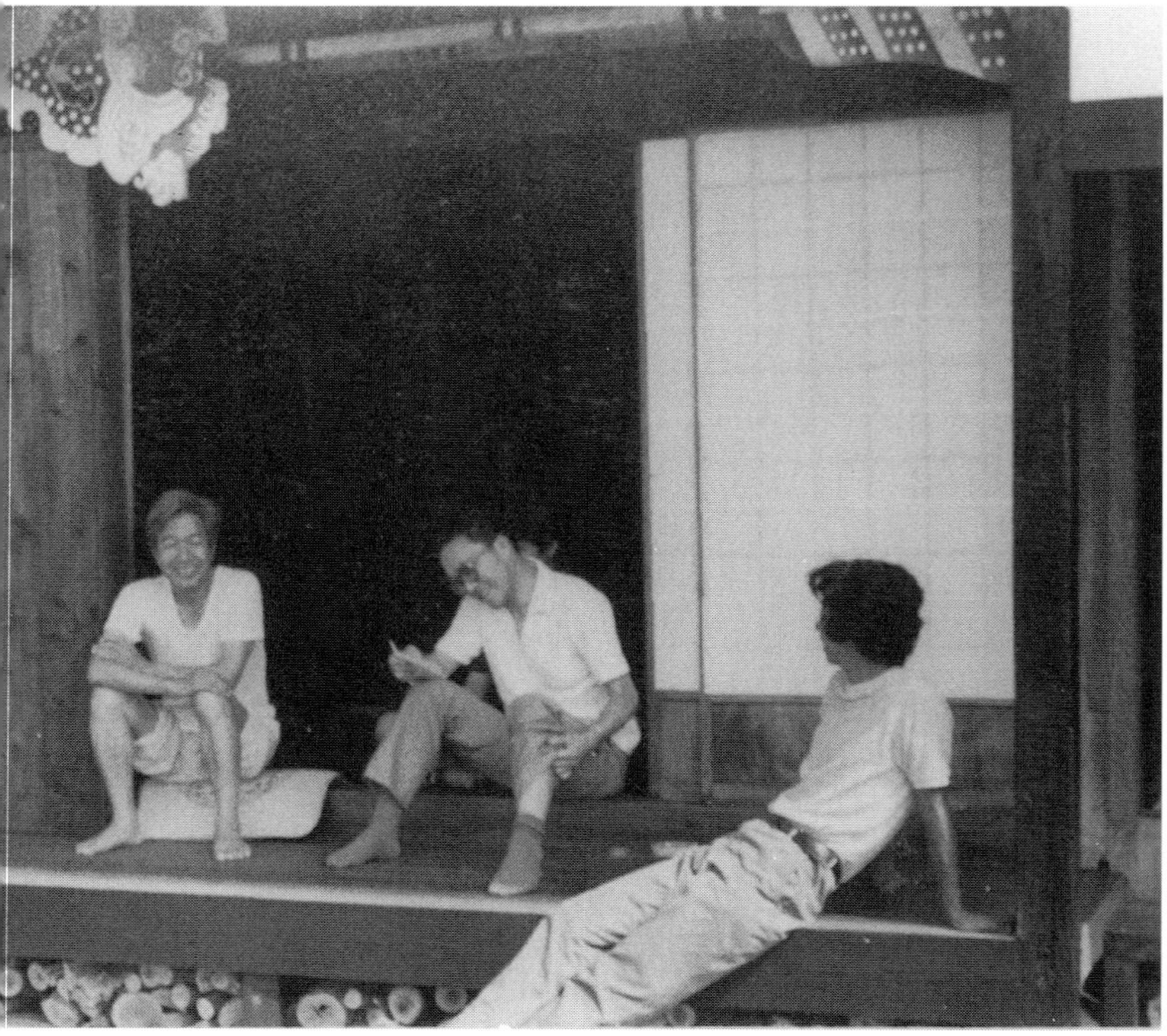

佐渡・小木町で開催された第一回日本海大学のとき、宿の民家で夕涼みする宮本常一（左）。中は真島俊一。右は宿根木の青年。昭和48年（1973）７月　提供・TEM研究所。

調査の合間。山口県美和町にて。昭和48年（1973）８月。撮影・谷沢明。

山口県久賀町の「周防久賀の諸職調査」のとき、同町大崎の牛神社の下の海岸で、おにぎりを食べる宮本常一。岩に腰をおろす、左は印南敏秀、右は藤井（印南）悠子。昭和54年（1979）９月　撮影・福田英至。

長野県奈川村・安曇村の峯越林道の調査のとき、写真を撮る宮本常一。前にいるのは竹中久二雄と神保教子。昭和40年（1965）７月　提供・大見重雄。

宮本常一
夏の旅姿

江戸時代の宿場の姿を残す福島県下郷町大内を歩く。昭和44年（1969）８月４日　撮影・須藤　功。

大きな握飯をほおばる。長野県にて。昭和30年代。

石畳の坂道を上る。長野県奈川村・安曇村の峯越林道の調査のときと思われる。昭和40年（1965）７月。

昭和50年（1975）７月18日、午後２時羽田発の飛行機でアフリカへ。翌８月30日、午後１時羽田着にて帰国。宮本常一には44日間にわたる初めての外国の旅であった。撮影・伊藤幸司。

理由はいろいろある。しかし直接の動機は息子から「親父も年をとったから一度外国へ出てみておくのもいい。死土産にエンマ様にも話ができる」といわれて「それもそうだ」と思った。これまで外国へ出てみる機会は度々ありつつ、一つは外国語が十分話せないことと胃腸の弱いことが気になった。ところが今度は探検旅行のベテラン伊藤幸司君が同行してくれるという。

そして行ってみるのならアフリカだと思った。アフリカのそれも東アフリカに一番心をひかれたのは、ここには大して大きな戦争のおこなわれたことがなかった。人間が武力や経済の力によって他人を支配したりされたりすることが比較的少なかったこと。そういう社会での人間と人間との関係、人間と土との関係はどういうものであろうか。それについてすでに成長しきっている国よりも、これから国民として成長していく民族の方に多く心をひかれる。そこにはまた学ぶべき多くのものがある。

「東アフリカをあるく」

ケニアの首都ナイロビから海の玄関口へ行く途中、広大なツァボ国立公園を縦貫する。公園では象が保護されていて、大群を自由に見ることができた。その道筋の集落では、都市に供給する炭を焼いていて、宮本常一は急激な森林破壊につながるのを心配していた。８月21日　撮影・伊藤幸司。

８月21日、モンバサの古城の中にある博物館へ行き、江戸時代の有田焼に対面した。「17世紀に入ると日本の有田の磁器もこの地におくられている。日本は鎖国であった。人間は出国をゆるされなかったが、商品の方は風波をこえてここまで来ているのである」（「東アフリカをあるく」)。撮影・伊藤幸司。

８月３日、ダルエスサラームの民家博物館で民具の写真を撮る。撮影・伊藤幸司。

８月４日、ホテルのないマクユニで借りたバーの裏部屋、ランプの明かりでメモをとる。燈火にわずらわされることなく見上げる満天の星の輝きは、どれもがダイヤモンドのようだった。宮本常一はここで子どものころを思い出す。たいていの家はカンテラで「ランプがあれば金持だった。本を読むこともむつかしく、夜になると暇があれば村人は寄って話しこんでいった」（伊藤幸司「宮本先生とあるいた四四日間」）。

もう一つ大切なことがある。この国の人々は実に親切で人なつっこいのである。あるいていると手をふってくれるものが多い。そして「ジャンボ（今日は）」と挨拶する。こちらが声をかけたとき、知らぬ顔をして通りすぎる人は一人もいない。「今から四〇年前の日本の村もこうであったが——」とふと懐旧の情にひたることがある。

その私生活についても日本人よりははるかに素直に話してくれる。もし私にこの人たちの言葉を十分にわかる力があったら、どんなに肩をたたきあい、手をにぎりあって話すことができるであろうと、しばしば思ったのである。そしてそれは私一人の思いではなく、私たちの仲間一三人が等しく体験したことでもあった。心に屈折を持つことの少ない人びととの話しあいはたのしい。

「東アフリカをあるく」

宮本常一は、この旅のリーダーで案内役の伊藤幸司の運転するピキピキ（オートバイ）に乗ってまわったところもある。バックからカメラを取り出す常一のすぐうしろを、この日はじめて出会う車（バス）が通りすぎて行った。撮影・伊藤幸司。

ケニア山西麓、ニエリから南へ30キロメートルのキクユ族の農村、オサヤの市場にはさまざまな農産物か持ちこまれ売られている。宮本常一はいくつかの果実を興味深げに試食した。８月14日　撮影・伊藤幸司。

フラミンゴで有名なナクルから北へ、乾燥地帯との境界となるトムソンズ・フォールズへ向かうバスの中で会ったキユク族の25歳の青年。中学校の教師から空軍の技師となり、実家に帰るところだといった。キユク族はケニアの有力な農耕民族で、土地所有や農業経営について詳しい話が聞けそうだったのでホテルの部屋に招いた。８月19日　撮影・伊藤幸司。

広島県の三原市史の民俗調査のとき、同市小泉町付近で土地の人に話を聞く宮本常一。小泉町付近は、山の麓に家が一列に並び、その前に水田が拓かれている。常一はこの景観を見て、「ここは近世の高持百姓の家が並ぶ集落だ」と同行の調査員に話した。昭和50年（1975）10月　撮影・谷沢　明。

山口県久賀町の「周防久賀の諸職調査」で、石積みのことを同町宗光の宗長佐平に聞く宮本常一（右）。昭和55年（1980）７月31日　撮影・印南敏秀。

農を育て島を思う

——農業と離島の振興——

戦争のために多くの人びとは傷つき、疲れはてていた。しかし絶望してはいなかった。私の逢った人たちの中で「このさきどうなるだろう」と不安がった農民はほとんどいなかった。これからほんとに腰をすえてやらねばならぬ、というのがほとんどの声であった。ただし、農民の間にはもう一つの動きがあった。小作人たちを中心とした農民運動がそれである。この方はいつも新聞その他で大きく取り扱われた。そしてそれは農地解放へとつながっていくものであり、戦後農民の動きはそのことのみのように取り扱っている学者が多い。が、実は米を作り、イモを作り、農協を組織し、さらには農業の近代化を目ざした人びとの動きの方がはるかに根強いものであった。この二つの動きは交わることもあったが、並行している場合が多かった。

『村の崩壊』

四国の印象として語られた段々畑。宮本常一が、昭和38年（1963）３月４日に訪れた当時は宇和海村だった戸島（現愛媛県宇和島市）の段々畑。主に甘藷が植えられていた。現在の人口は一番多かった昭和25年（1950）の約６分の１になっている。撮影・宮本常一

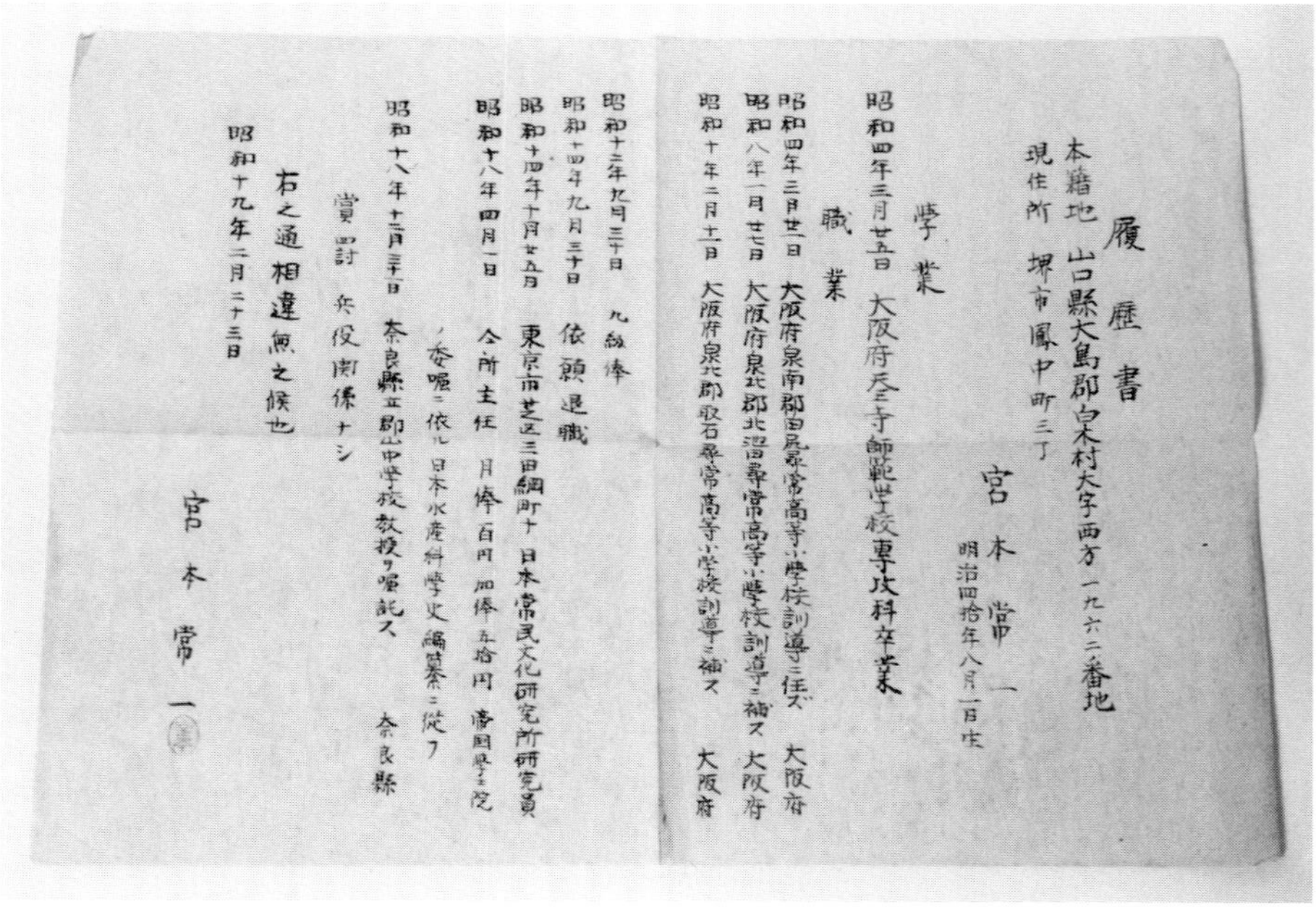
履歴書

本籍地　山口縣大島郡白木村大字西方一九六二番地
現住所　堺市鳳中町三丁
宮本常一
明治四拾年八月一日生

學業
昭和四年三月十五日　大阪府天王寺師範學校専攻科卒業

職業
昭和四年三月廿一日　大阪府泉南郡田尻尋常高等小學校訓導ニ任ズ　大阪府
昭和八年一月廿七日　大阪府泉北郡北池田尋常高等小學校訓導ニ補ス　大阪府
昭和十年二月十二日　大阪府泉北郡取石尋常高等小學校訓導ニ補ス　大阪府
昭和十二年九月三十日　九級俸
昭和十四年九月三十日　依願退職
昭和十四年十月廿五日　東京市芝区三田綱町十　日本常民文化研究所研究員
昭和十八年四月一日　仝所主任　月俸百円　加俸五拾円　帝国學士院ノ委嘱ニ依リ日本水産科學史編纂ニ従フ
昭和十八年十二月三十日　奈良縣立郡山中學校教授ヲ囑託ス　奈良縣
賞罰　兵役関係ナシ
右之通相違無之候也
昭和十九年二月二十三日
宮本常一

宮本常一の履歴書。昭和19年（1944）２月23日の日付から、嘱託として採用された奈良県立郡山中学校に提出したものだろう。日本常民文化研究所主任として月俸100円、加俸50円と記している。

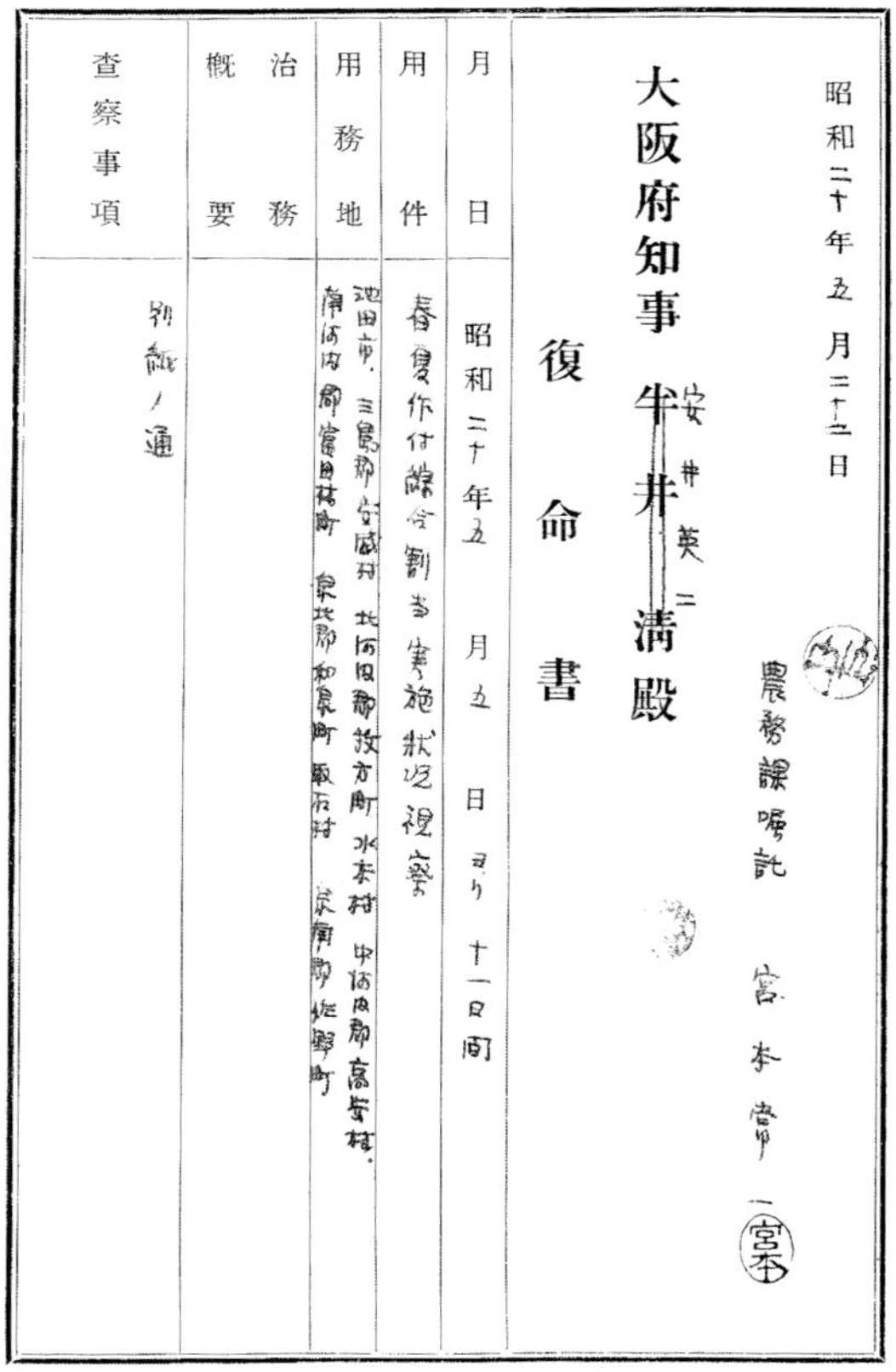
昭和二十年五月二十二日
農務課囑託　宮本常一
大阪府知事　安井英二（牛井清 殿）
復命書

月日	用件	用務地	治務概要	査察事項
昭和二十年五月五日ヨリ十一日間	春夏作付総合割当実施状況視察	池田市、三島郡安威村　北河内郡枚方町　水本村　中河内郡高安村　南河内郡富田林町　泉北郡和泉町　取石村　泉南郡佐野町		別紙ノ通

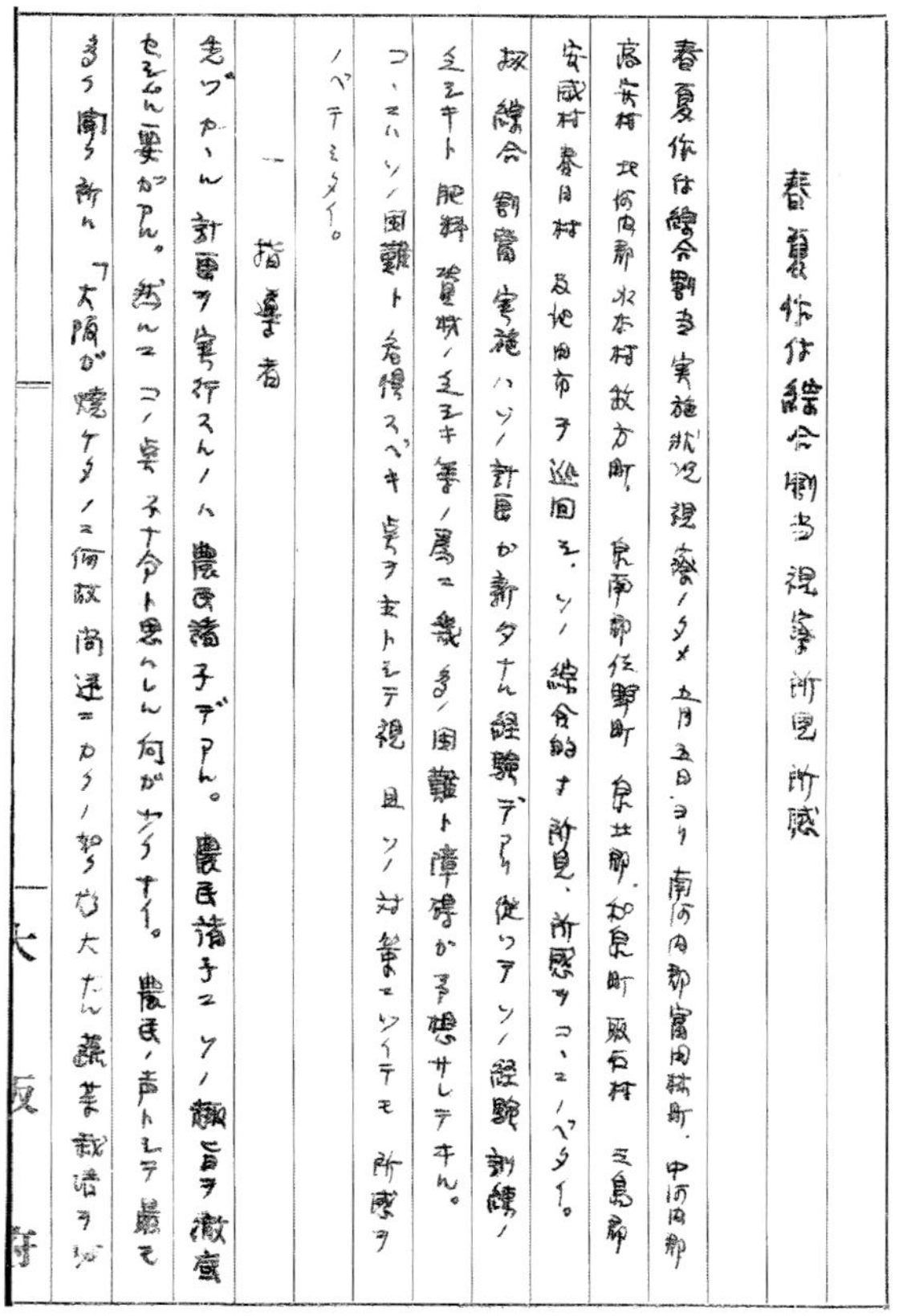
春夏作付総合割当視察所見所感

春夏作付総合割当実施状況視察ノタメ　五月五日ヨリ　南河内郡富田林町、中河内郡高安村　北河内郡水本村　枚方町、泉南郡佐野町　泉北郡、和泉町　取石村　三島郡安威村　春日村　及池田市ヲ巡回シ、ソノ綜合的ナ所見、所感ヲコヽニノベタイ。
抑綜合割当実施ハソノ計画ガ新タナル経験デアリ、従ツテソノ経験訓練ノ乏シキト肥料資材ノ乏シキ等ノ爲ニ幾多ノ困難ト障碍ガ予想サレテキル。
コヽニハソノ困難ト看做スベキ点ヲ主トシテ視　且ソノ対策ニツイテモ所感ヲノベテミタイ。

一　指導者

先ヅカヽル計画ヲ実行スルノハ農民諸子デアル。農民諸子ニソノ趣旨ヲ徹底セシムル要ガアル。然ルニコノ点未ダ十分ト思ハレル向ガ少ナイ。農民ノ声トシテ最モ多ク聞ク所ハ「大阪ガ焼ケタノニ何故尚速ニカクノ如キ大なる蔬菜栽培ヲ

奈良県の郡山中学校で教鞭をとっていた宮本常一は、昭和20年（1945）４月５日、大阪府知事から電報で呼び出しを受ける。戦争によって悪化した食料事情に対処するため、協力してほしいという。断ったが再び懇願されて承諾、同年４月23日から大阪府の農務課嘱託となった。農村をまわって作付を調べ、農家に供出のお願いをするのが仕事だった。最初の復命書は昭和20年５月22日に提出、役人として最初のものと思われる。そうして大阪の農村をまわったことが、農村指導と併せて常一のその後の学問に役立つことになる。

二一年のはじめ、新自治協会に入り、地主を中心にした土地制度、とくに近世初期の開墾によって大きくなった地主の、村内における有機的な結びつきを調査することにした。そのような地主は村の制度の一部でさえある場合が多い。戦後、農地解放によって地主は土地を手ばなさなければならなくなった。それとともに村内の組織制度が一変しようとしている。それは時勢のしからしむところであるが、忘れられ滅びゆこうとするものに対しても、われわれは目を向けなければならない。それは過去に対する単純な愛着からではない。歴史的過程のあらわれとして見なければならない。新たにおこるものに対して目を向け筆をとる者は多い。しかし滅びゆくものに対しては忘れがちになる。けれども新たなる社会は現在の社会より生れるものであって、けっして突如として湧き出るものではない。

「あるいて来た道」

新自治協会職員。後列左から二人目が写真提供者の遠藤庄吉。昭和21年（1946）８月。

二列目の右から三人目に宮本常一のいるこの写真も、新自治協会と思われ、その確認のため遠藤庄吉に会うことになっていた。ところがその直前の平成15年（2003）５月26日に急逝され、推測にとどめざるを得なくなった。

横浜の純真学園を借りて開いた農閑期大学の稲作の講義で、黒板に米の品種とその掛合わせの品種を書く宮本常一。
受講生は畳に正座して話を聞く。昭和22年（1947）２月　提供・高松圭吉。

そんな仲間があつまって横浜の純真学園をかりて農閑期大学をひらいたのは、昭和二二年二月のことで、講師の謝礼もろくに出せないので、結局若い先生たちが主になってはなしたのだが、私は講習予定日数七日のうち半分を話しさせられた上に、若い人たちから、もう二日日のべしてほしいとの要求に、あと二日は私一人の講義ということにして九日間の講習をやってのけた。火の気のない板張の教室で、朝九時から昼まで、午後一時から四時まで、夜六時から九時まで、一日九時間の講義を二日もつづけたときはさすが私も相当にまいったが、若い人たちはみんな元気だった。

「先生手がかじかんで書けませんから、ちょっとまって下さい」

　講義の途中でそういう声がかかる。すると一〇分の間、手をこすったり身体をうごかしたりして暖をとる。そのあとまた話をつづける。延長した二日は持って来たコメがなくなったので、近所の農家から買って来たイモですました。まる二日イモばかりで、最後の夜イモの懇親会をした。

それでもみんな元気だった。みんな希望を持っていた。

『日本の離島』第1集

宮本常一（前列左から二人目）と農閑期大学受講の青年たち。看板に「農閑期大学会場　期間日　２月14日至２月21日　主催　全国農村自治連盟」とある。全国農村自治連盟は新自治協会が三つに分かれたうちの一つ。看板の向かって左にいる写真の提供者でもある高松圭吉は、連盟で青年の指導にあたっていた。

宮本常一（左）と純真学園の原口教授。

八学会連合の対馬共同調査で古文書に目を通す宮本常一。島民に求められると、常一は古文書を読んでその内容を説明した。昭和25年（1950）７月21日　撮影・朝日新聞西部本社　提供・牧田　茂。

対馬へはじめて渡ったのは、昭和二五年七月六日であった。九学会連合（当時八学会）の綜合調査が行なわれることになり、その調査員の一人として渡島することになった。その少しまえ朝鮮半島では北鮮軍が南鮮に侵入し、戦線は次第に拡大しつつ北鮮軍は南下をつづけていた。そして朝鮮海峡にはソ連の潜水艦が出没しつつあるという噂もしきりにとんでいた。そんなことからこの調査は中止すべきではないかという意見もあったが、支障のない限りは続けようということになり、私はひとまず郷里へかえって待機することにした。

『離島の旅』

対馬共同調査の宮本常一。戦時中のカーキ色の国民服を着ている。撮影・朝日新聞西部本社　提供・牧田　茂。

上野の国立博物館講堂で行われた、対馬共同調査報告会記念写真。左から前列、小浜基次（人類）、小口偉一（宗教）、泉靖一（本部、民族）、直江廣治（民俗）、戸田義雄（宗教）、二人おいて、安中正哉（人類）。後列、石田英一郎（民族）、宮本常一（民族）、鈴木二郎（本部、民族）、牧田茂（民俗）、一人おいて、右端、木内信蔵（地理）。昭和26年（1951）３月。

昭和37年（1962）８月４日
撮影・宮本常一

対馬の峰町佐賀の浜で煮干しにする鰯を干す。佐賀は対馬の東岸の漁港でもっとも活気があった。昭和38年（1963）11月11日　撮影・宮本常一。

昭和27年（1952）８月８日から５日間、国会議員や県庁の職員ら20数名が対馬の各地をまわった対馬総合開発視察団の一行。豊玉町仁位を行く、先頭の馬に乗るのが代表の参議院議員石黒忠篤。視察は離島振興法制定とも関わっていた。所蔵・早川孝太郎。

対馬には筏船が多く見られた。丸太を筏のように組んで櫓をつけたもので、主に藻刈や四張網を引くときに用いた。佐護川（長崎県上県町）ではその筏船を橋にしていた。宮本常一は、日本でここだけ筏を橋にしている、と書いている。昭和38年（1963）11月11日　撮影・宮本常一。

対馬の北端部の狭い谷間にある鰐浦。昔はここから韓国への連絡船が出ていた。

八月一一日私は対馬をたったのであるが私の心は重かった。八月二四日に東京へついて、渋沢先生に対馬調査に際して私にはどうにもならない問題をどうすればよいかについて訴えると、先生は「石黒忠篤先生にいちど渡島してもらおう」といわれた。石黒先生の渡島は二七年であったかと思う。この一行には藤永博士も同行して漁業問題について見て下さることになった。一方対馬の調査が一つのきっかけになって離島振興法制定への歩みがおこされて来るのだが、それには地理学班に属して対馬調査に参加した山階（後に浅野）芳正氏の努力も大きかった。

『私の日本地図15　壱岐・対馬紀行』

昭和28年（1953）11月21日、長崎県東京分室で行われた、離島振興協議会の座談会「振興法をめぐって」で司会をする宮本常一（左端）。右に山階（浅野）芳正、岡地大樹、大村肇、竹田旦。座談会の記録は『しま』2号（昭和29年3月号）に掲載された。

昭和30年（1955）11月21日、東京の日本青年館・浴恩館で開催された第一回全国離島青年会議の出席者。離島振興協議会事務局長だった宮本常一（前列右端）は、この第一回の会議を「ただ会議に終ってしまった」と述べている。しかし会を重ねるうちに島の振興のための具体的な話がなされるとともに、青年たちの連携も生まれる。

昭和41年（1966）８月、東京都島嶼青年大会に出席のために渡った八丈島の桟橋で手を振る宮本常一（中央）。大会が終って青ヶ島に渡る太平洋上で、常一は声を張り上げて「夕焼けこやけ」を歌った。

ただ、青年会議を外に向って離島の惨苦を訴えるものにするか、内に向ってお互いの目ざめの機会を持つことにするかということについて、われわれは後者をえらぶことにした。

離島をどのように見、どのようにもり育ててゆかねばならぬかということを考えることの方がより根本的な問題であったから……。

もとより離島の惨状をうったえて政府の補助金を獲得するように仕向けることも一つの方法であろうが、補助金には限界がある。補助金を多く得ることよりも、その補助金がもっとも適切にその島に生かされる方がもっと大切なのである。そのためには、そういう体制がとられていなければならない。

そういう方向や、そうした意図を、諸君の言動の中に汲みとることから、この会議は出発しなければならないと思った。そしてその目的は達し得たと思う。

『日本の離島』第１集

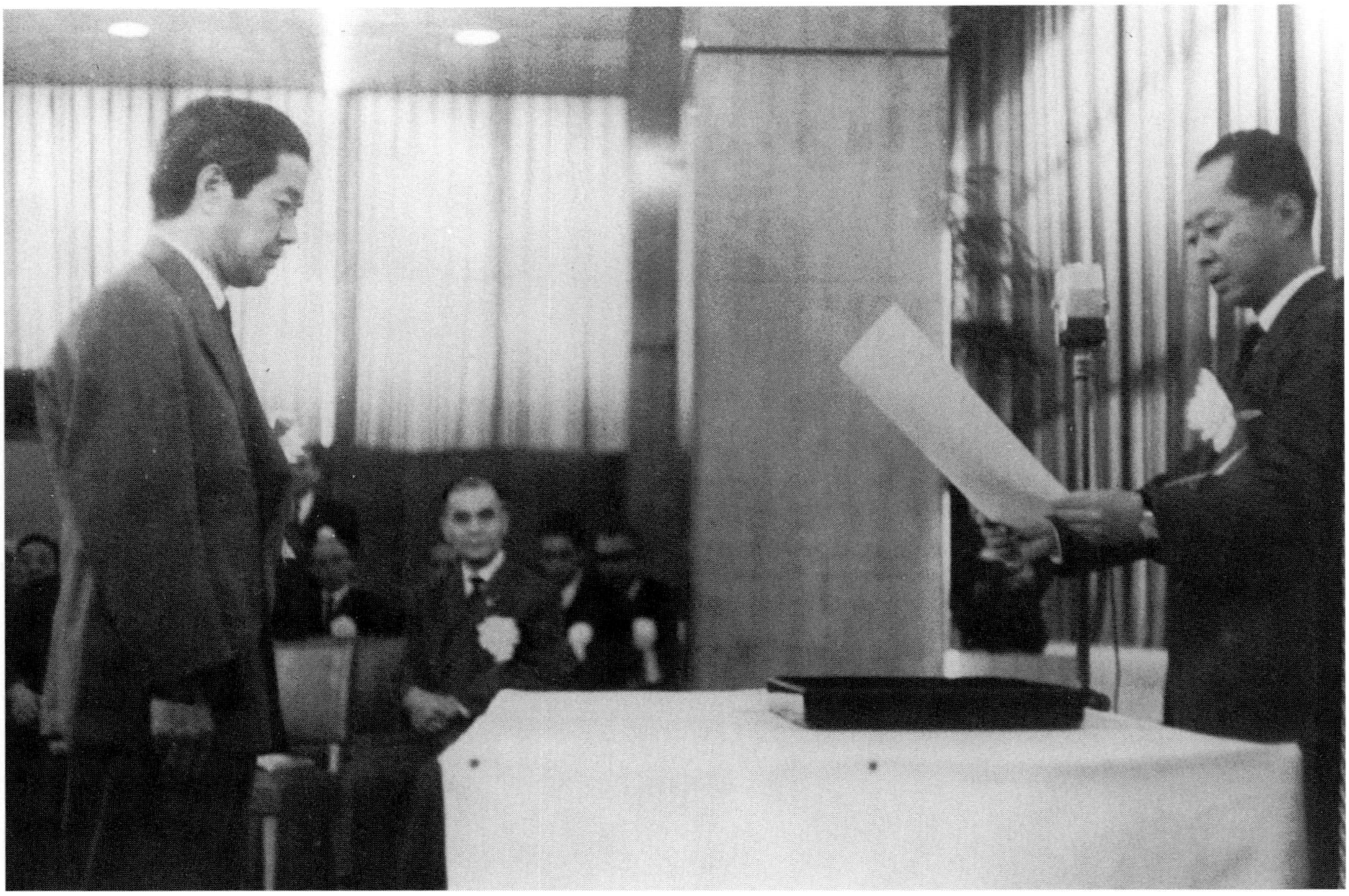

日比谷の日活ホテルで行われた離島振興10周年記念式典において、宮本常一は離島振興功労者の一人として、当時の宮沢喜一経済企画庁長官から感謝状と記念品が贈られる。昭和38年（1963）10月31日　提供・大見重雄。

記念品を手にする宮本常一。この６日前、昭和38年（1963）10月25日に澁澤敬三が死去。常一は澁澤の代わりに頂戴したものだといった。提供・大見重雄。

離島振興10周年記念式典で感謝状を送られた離島振興功労者。左から宮本常一、山下元一郎、浅野芳正、山岸公平。昭和38年（1963）10月31日　提供・大見重雄。

対馬のある村で村人たちと座談会をしたことがあった。人びとのはなしによると、そこは食うものはあり、イカ釣りによってスルメをつくり、何一つ不足なくくらしており、ただ一つの欠点は交通不便だということであった。そこで、一日にどれくらいはたらき、それによってムギが一反にいくらとれるか、サツマイモがいくらとれるか、というようなことから金銭収入についてまずきいてみると、労働時間は内地農村の一・五倍で、土地生産力は内地の三分の一であった。つまり内地の五分の一程度の生産しかあげていないのである。それではなるほど、どうやら食ってはいけるだろうが、漁船にモーターをすえるほどの蓄積はおこって来ない。それでどうしたら無理をしなくても蓄積がおこってくるだろうかということについて話しあったのだが、みんな所自慢のために一ばん大事な問題を見忘れていると思った。

『日本の離島』第1集

五島列島の宇久島（長崎県宇久町）で、80歳を越えてまだ海にもぐって生計を立てていた岩本五郎。唄も上手だった。昭和37年（1962）８月11日　撮影・宮本常一。

一口に五島というけれども、もと一島で一村以上をなしていた島が、八つある。そのほかに人の住んでいる島が二〇ほどある。それに海岸の出入りが複雑で、西海国立公園の指定をうけてからその風光が人の関心をよびはじめている。だが、この島は西日本の漁民にとっては漁場の島としてつよく印象づけられていた。そして各地からの漁民が集って来た。

まずこの島では、鯨がよくとれた。その捕鯨のもっとも大きな根拠地は、有川であった。それから北端の宇久島、その南の小値賀島、南端の福江島でもとれた。次に昔はマグロがよくとれた。それを船につんで西風を利用して下関から瀬戸内海をぬけて熊野灘へ出、江戸まで七日で突ききって、江戸の市民に生マグロを食べさせた。全く冒険ずきの連中が住んでいたものである。

マグロについでブリがとれた。

『離島の旅』

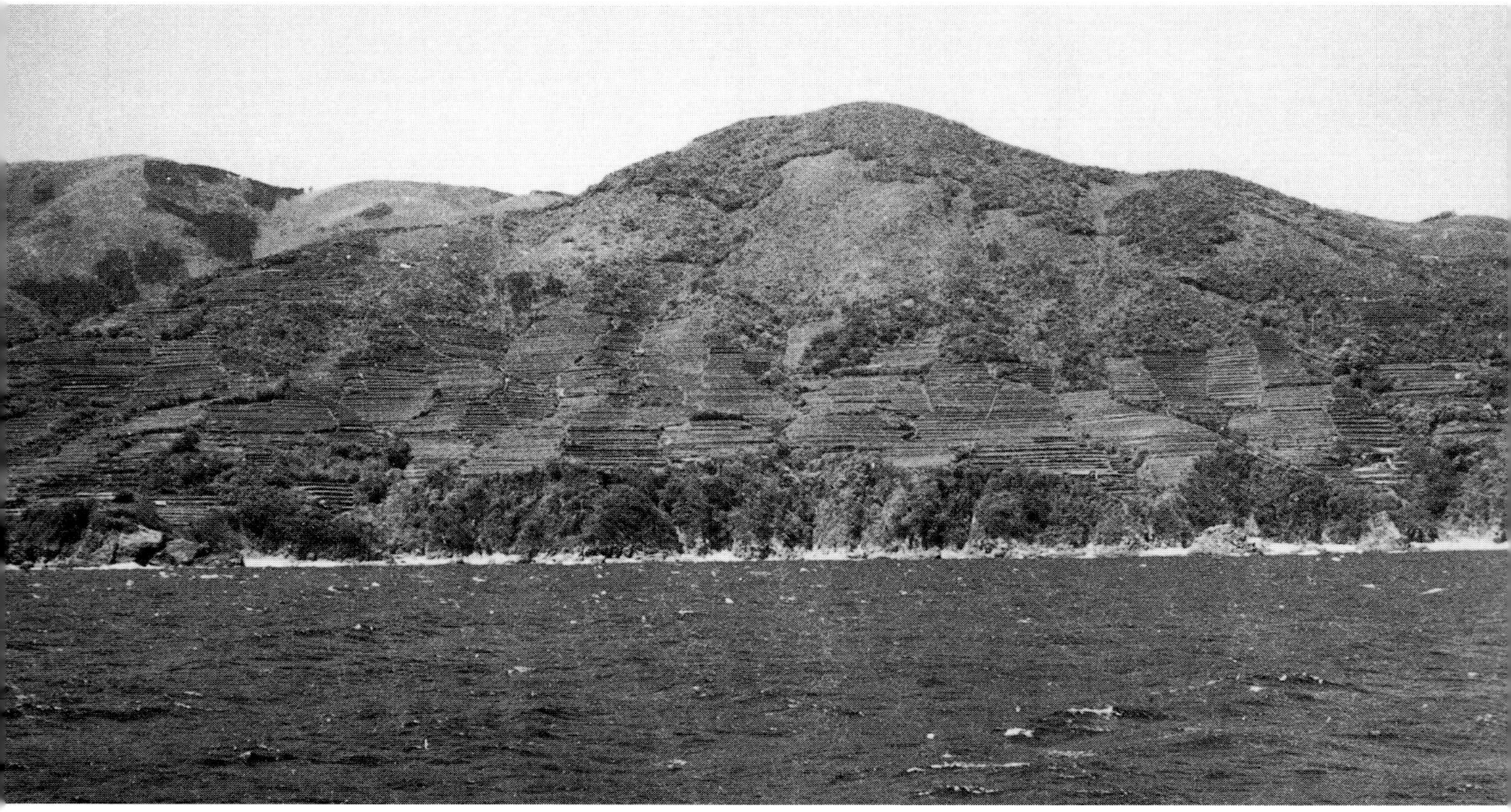

中通島（長崎県新魚目町）の山の斜面の畑。江戸時代に郷士などから土地を借りて開墾したもので、その人たちを居付きといった。居付きには隠れキリシタンが多かった。昭和27年（1952）６月12日　撮影・宮本常一。

かつては日本一の捕鯨基地といわれた、中通島・有川（長崎県新魚目町）の鯨の骨の鳥居。昭和37年（1962）８月12日　撮影・宮本常一。

紋付を仕事着にしていた六島（長崎県小値賀町）の老人。昭和36年（1961）４月23日　撮影・宮本常一。

昭和52年（1977）８月15日、長崎県福江市の堂崎天主堂前の宮本常一夫妻。二人は当時、富江町に住んでいた田橋弘行家を予告もなく訪れ、三泊して島内をくまなく歩いた。田橋は常一の信頼が厚かった島の青年で、常一の三男はこの田橋家で一年半にわたり農業の研修をした。提供・田橋弘行。

天草下島北部の二江漁港（熊本県五和町）。明治時代の中ごろまではモグリ（潜水漁）による鮑や伊勢海老漁で暮らしを立てることができた。しかし豊かだったわけではない。昭和37年（1962）10月　撮影・宮本常一。

私は二江という所で、老人たちから話をきいたことがある。男二人女二人、いずれも八〇歳近い人たちだったが、若い日の思い出が私の心にもしみるように思えた。

「天草はお金の乏しいところであった。食うていくには甘藷や麦のようなもので我慢すれば、ひもじい思いをすることはなかったが、何といっても金が乏しかった。そこで金を手に入れるためには、どうしても島の外へ稼ぎにいくよりほかに方法がなかった。わたしたちの若いとき一〇〇円札というものを見た者はこの村に一人もいなかったが、一〇〇円の借銭を持っている者は村人の半分以上であった。何としても金をもうけたい……」

『離島の旅』

二江（熊本県五和町）の半農半漁の家。モグリが盛んだったころには、もぐる者に限って麦に米を入れた飯が食べられた。昭和37年（1962）10月　撮影・宮本常一。

天草下島北部の二江と通詞島の間の海を往復していた渡船。その距離約100メートル、和船にはない洋船の技術を取入れた頑丈な造りの船である。海の上に昭和50年（1975）に橋が架かり、渡船はいまは昔の話になっている。昭和37年（1962）10月６日　撮影・宮本常一。

昭和38年（1963）７月27日から31日にかけて、伊豆新島で行われた「東京都島嶼青年教育研究発表大会」に出席のとき、新島で通りすがりの漁師に話を聞く宮本常一。撮影・神保教子。

「東京都島嶼青年教育研究発表大会」では二日目（７月28日）に島内見学が組まれていた。宮本常一は理にかなっていると記している。見たことを話題にすることができるからである。写真はその日の午後、時間を見計って式根島に渡り、島を一周したときの一枚。撮影・神保教子。

新島には流人にまつわる話がいくつか伝わっている。無実の罪で処刑された者の恨みで生えたというこの榎もその一つ。昭和38年（1963）7月　撮影・宮本常一。

中には島民に深い感銘を与え長く記憶にとどまるような流人もいた。飛騨爺などはその一人であった。島人が飛騨爺とよんでいる流人は飛騨高山三ノ町の名主、上木甚兵衛のことである。甚兵衛は安永年間（一七七二―八一）打ち続く不作のために農民の窮状を見るにしのびず、年貢米減免を歎願してかえって捕らえられ新島に流されたのである。その時すでに六二歳であった。今日の六二歳ならばまだいたって若々しいが、その労働のはげしさと栄養の悪さから早老の風が見られた。その上甚兵衛は眼をわずらって失明していた。長子の勘左衛門はこの父を一人島におくにしのびず、幕府に願い出て、志願流人になり、この島に来た。流罪人が老人や病弱人の場合には、介抱人の名のもとに一緒に渡島が許されていたのである。勘左衛門はこの盲目の父に仕えて、島にいること七年に及んだ。そして父の死を看取ったのである。

『離島の旅』

飛騨爺こと上木甚兵衛の墓と、新島に流された父の最期を看取り、そばで父を見守りつづける勘左衛門の石像。昭和38年（1963）7月　撮影・宮本常一。

小佐渡の東南岸、豊岡（佐渡・両津市）で出会った身代わり地蔵。一つ一つ表情が少しずつ違っている。写真を撮りながら宮本常一は、彫る人の気分の差が、表情の差を生み出したかと思う。昭和34年（1959）8月12日。

文化というものは支線の末端へは浸透しにくい性質を持っている。

さきへ行くほど交通量も生産量もおちるからである。そのためには支線交通を循環交通にきりかえることが生産全体の力を高めて行く上に何としても急務であるが、佐渡では国中開発にそそぐ情熱の何十分の一も支線のさきにそそがれていない感をふかくする。つまり離島振興法の期限がきれても、小木岬や海府のさきの方に車の通る道路はできそうにないのである。

とくに外海府の岩谷口から内海府の虫崎に至る間と、西南の小木岬の海岸の道はひどい。それこそ神武以来の道がそのままになっている。そのことが島全体の生産力を著るしく低下させている。

『日本の離島』第1集

小佐渡の西南岸に多いタライ船。底が平らで吃水が浅いので遠浅の海で使える。安くて軽く、操作が容易なので女も老人もこれを漕いで海草や烏賊、蛸などを獲った。昭和30年代　撮影・宮本常一。

小佐渡の東南岸、松ヶ崎（佐渡・畑野町）の北では道路工事用の砂を背負箱で背負い、女たちが黙々と歩いていた。宮本常一は工事責任者の無神経さがひどく気になった。昭和34年（1959）８月13日。撮影・宮本常一。

佐渡・小木町の小学校の廃校に集められた民具。昭和45年（1970）に始めて一年後には一万点近くになった。地元の人々の熱意と、宮本常一の大学の教え子たちの調査への協力によるものだった。撮影・相沢韶男。

飛島（山形県酒田市）は日本海に浮かぶ低平な島で、江戸時代には風雨を避けて多くの帆船が島かげに碇泊した。写真はまだ茅葺屋根の漁家が並んでいたころの島の中心地、勝浦。昭和６年（1931）６月　撮影・高橋文太郎。

島は低い台状をなしていてそこに畑がひらけており、一番高いところでも六九メートルしかないのだが、周囲は海蝕崖をなしており、人家はその海蝕崖の下のわずかばかりの平地にあるので、畑を耕すためにはいちいちこの海蝕台地の上にのぼらなければならない。この畑を耕すのは女の仕事であるが、その畑一枚一枚の面積がきわめて狭い。島では比較的耕地を広く持っている斎藤太郎右衛門さんの家は四一筆の畑をもっており、その中で一番広い畑は九畝一三歩、一番狭いのは五歩というのがある。どうしてこうも畑を小さく区画したのだろうと思うのだが、古くはみんなで一緒に拓いた畑を不公平のないように一戸一戸にわけたことが、小さい耕地を分散させた原因になっているようである。しかもこの小さい畑が、風よけの松林の間にある。

もともとこの島は漁業を主業にして生計をたてて来たのである。漁業の中でもイカとワカメがたくさんとれた。そのイカは乾したり塩づけにしたりして、庄内平野まで持っていって農家に売ったり、また米などと交換もして来たのである。

『離島の旅』

昭和35年（1960）ころに宮本常一が撮った飛島の勝浦。前頁に見る茅葺屋根の漁家が一軒、丘の上の松も残っている。昭和32年（1957）に3500万円かけて造った飛島丸（80ｔ）が、酒田港との間を往復していた。

飛島の女消防団。海に出る男たちに代わり明治34年（1901）に創設された。装備は旧式の手押しポンプ一台だけだったが、その働きは島の誰もが認めていた。県内務部長視察の予行演習に、そろいの学校髷を結った。大正14年（1925）6月　撮影・早川孝太郎。

飛島の西南に浮かぶ右は、飛島の守護神を祀る洞窟のある御積島。海猫の繁殖地でもある。左は烏島と鵜島だが、以前は別の島名で呼ばれていた。撮影・宮本常一。

たゆまぬ向学心

―調査と講演―

民俗学には、おのずからなる限界があるが、野を歩き、現実にものを見ようとする者にとっては、一つの学問の法則にくくられなければならぬということはない。要は追究しようとするものの実態をつかめばよいのであって、一人一人の生き方がみんな違っているように、一人一人で自らに適した方法で対象と四つに組むべきである。そうしないと、大事な問題を見おとしてしまう。

珍しい習俗を見つけだすのがこの学問ではなくて、むしろ、なぜ珍しいものが残ったのか、また、なぜ珍しいと思うようになったのか、ということが問題なのである。

そこに、生きている現実の社会をとらえて行こうとするものの心構えがなくてはならぬと思っている。

そして、ものを見きわめて行く方法と考え方は、たえず、自分で新しくして行かねばならない。

『民俗学への道』

昭和12年（1937）10月17日に行われた「大阪史談會」の第81回行事、「泉北史蹟めぐり」の記念写真。宮本常一（右から四人目）は指導をかねて案内役となり、上野芝駅から家原寺、日部神社などをまわった。

立像の阿弥陀如来を見る宮本常一。永仁３年（1295）の銘がある。熊本県須恵村茂原にある青蓮寺の、茅葺の阿弥陀堂の中に傍侍の観音、勢至とともに安置されている。「衣紋は重たい感じがするが、美しい仏像である。建物も当時のもので、いかにも簡素だが、すべてが直線で構成されていて見る眼に快い」と、常一は記している。（『私の日本地図11　阿蘇・球磨』）昭和37年（1962）６月18日　撮影・芳賀日出男。

熊本県須恵村茂原の青蓮寺で阿弥陀如来を見る写真は、昭和53年（1978）12月18日の「宮本常一ファンの集い」で披露された。撮影・須藤　功。

郡山中学の付近には薬師寺、唐招提寺、菅原寺、西大寺、法隆寺、法起寺、法輪寺などの寺々があり、郡山の西には史蹟の多い生駒谷がある。私は学校の帰りにはそれらの寺や史蹟を足にまかせてあるいた。そして生駒谷の集落は一年あまりの間にその八割方をあるいた。寺々もよく訪れた。寺へいって大てい郡山中学の歴史の先生というと大てい鍵を貸してくれて、勝手に金堂や講堂へ入ることを許してくれた。その頃これらの寺へまいる者はほとんどなかった。そこで仏像もほとんど須弥壇の上に上って拝んだ。

『民俗学の旅』

16年ぶりに対面した写真は、芳賀日出男に代わり長男の芳賀日向より宮本常一に贈られた。昭和53年（1978）12月18日　撮影・須藤　功。

林業金融調査会と全国離島振興協議会の有志を中心とした『デクノボウ』同人の集い。左より、前列、町田恭一郎、高松圭吉、宮本常一、三須亮一、佃暢裕、山本守喜。二列目、田村善次郎、中村裕、川添藤三、藤田清彦、中島龍美、神保教子、潮田鉄雄、大見重雄。後列、伊藤碩男、姫田忠義、谷内明夫。昭和40年（1965）6月12日。

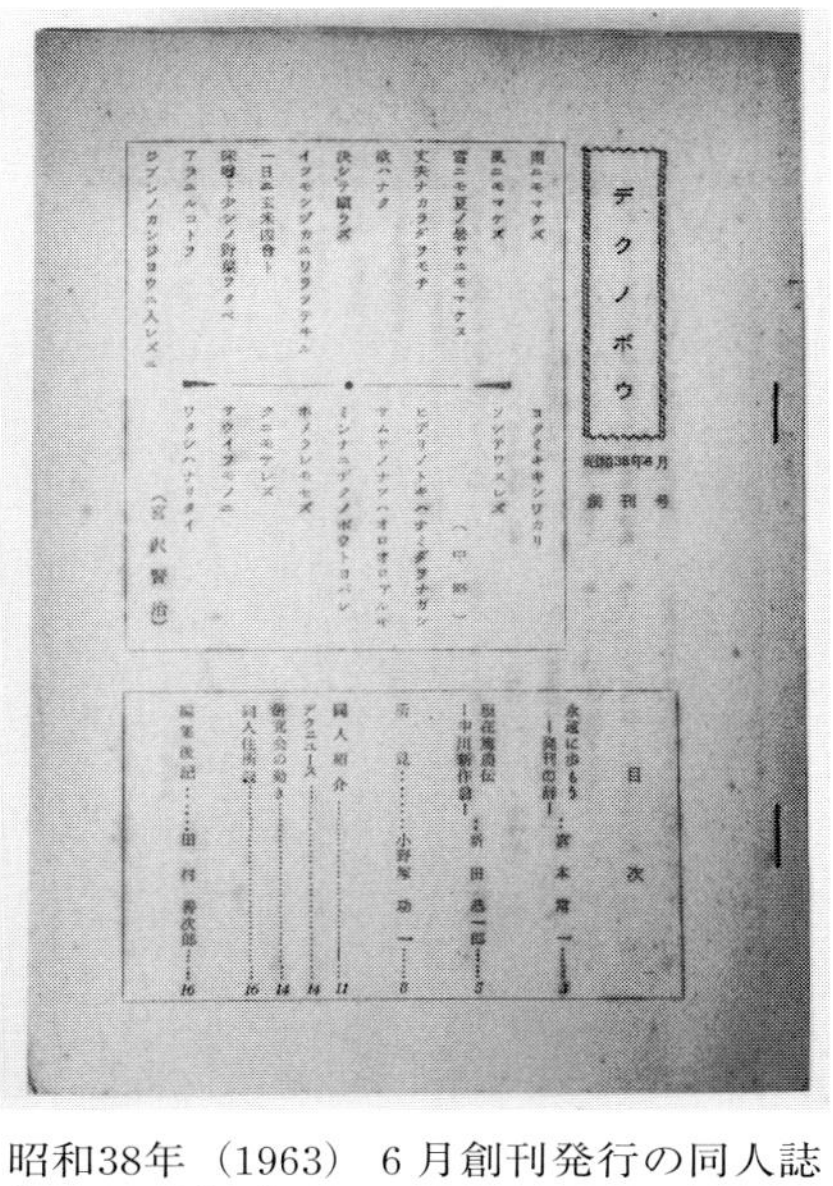

昭和38年（1963）6月創刊発行の同人誌『デクノボウ』。

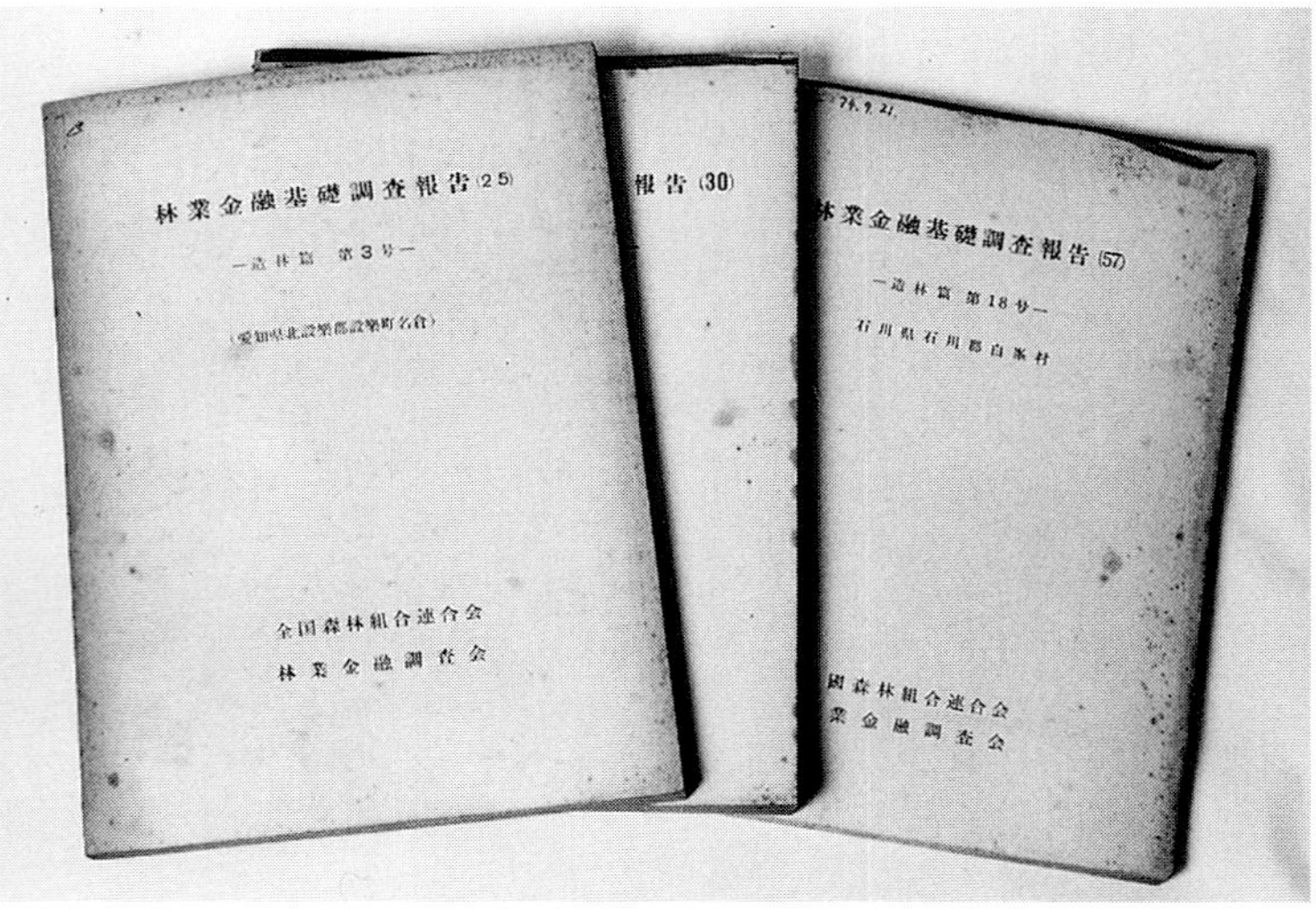

昭和29年（1954）12月、前東京営林局長の平野勝二らと設立した林業金融調査会の調査報告書の一部。同会は全国200余所を調査して昭和43年（1968）3月に解散した。

外務省依頼の「大島郡移民調査」のとき、沖家室の波止場で調査員と写す。宮本常一は後列右端。昭和30年（1955）４月５日朝の撮影。前日４日には中間発表会があった。常一は団長の泉靖一とともに３月27日に来島し、調査に加わっていた。提供・河本勢一。

ある大学の調査団が、私の郷里の島を調査することになった。そのまえに外務省の後援で、海外移民の調査をしたことがある。私もこれに参加したが、そのときは島をあげて協力した。おそらく地元の人が、組織的にこれほど協力した調査はめずらしいことと思う。島の人はその結果に期待していたが、レポートはついに出なかった。そしてもう永遠に出ないのではないかと思う。そうしたあとに、大学の調査団が調査したいといってきた。しかも調査費の一部を負担せよと。島の町長たちは大変な怒りようであった。調査団員は立派な学者たちで、そういう反対があっても調査はやめなかった。そしてひっそりと誰も知らぬ間に調査をすすめて、すぐれたレポートが出された。寄付せよといってきたのは団長の意思ではなく、大学の事務当局であったということを、あとになって団員の一人から聞いたことがあった。とにかく、このような思いあがりのなかに、調査と名付けられた行為のいやらしさを見ることは少なくない。

「調査地被害」

昭和40年（1965）８月４日、専売公社仙台支社の保養所で開かれた「日本塩業研究会」の第六回総会の翌日、松島湾を望むレストランで撮影。左より、宮本常一、近藤義郎、松岡利夫、河手龍海、重見之雄。「日本塩業研究会」は昭和31年（1956）８月に結成され、常一は同39年（1964）に会長となった。提供・重見之雄。

しかし買うといっても山中の民は貨幣を持つことはほとんどなかったから現物で交換することが多かった。昭和一五年一二月筆者は岩手県遠野の北奥の早池峯の登山口である大出という所まで行ったことがある。この辺りは人家の少ないさびしいところであるが、その途中一人の老婆に会った。老婆は二斗入の稗俵を背負って杖をついていた。行きずりの挨拶をしてしばらく立話をした。老婆は稗を背負って遠野の町へ行き、塩を買って来るとのことである。稗二斗で塩二斗俵が買えるとのことであった。この山中の人たちは漬物の時期になると、雪の来ない前に皆遠野まで塩を買いに行くとのことであった。筆者はまたそこから奥へ歩いたのだが、ふりかえると茅原の中の道を遠ざかりゆく老婆の姿が見えた。筆者はその夜大出の農家にとめてもらい、その翌日遠野へ帰って一泊し、三陸海岸の方へ出ていったのだが、その日は大雪で海岸まで出るのに苦労した思い出をもっている。そしてあの老婆は雪の前に塩を買って帰ってホッとしているであろうと思った。

「塩市・塩商」『日本塩業大系　特論　民俗』

昭和41年（1966）４月30日、京都で開催された「日本塩業研究会」の第七回総会のとき、専売公社京都宿泊所の碧光園前にて。宮本常一は、座って靴の中にはいった小石を取った後、話を始めた。撮影・渡辺則文。

昭和46年（1971）４月29日、香川県高松市で開催された「日本塩業研究会」の出席者。宮本常一は前列左から三人目。撮影・村上節太郎。

昭和44年（1969）11月16日、自身の古稀の祝いで挨拶する澤田四郎作。澤田は小児科医をつとめながら、民俗学の研究にも心血を注いだ。医者としての澤田には息子が、学問上では宮本常一自身が陰に陽にお世話になった。撮影・三村幸一。

沢田先生がなくなられて、もう一年近い。沢田先生の思い出は限りないものがあるが、そのどれもがみな先生に対して申しわけないような思い出ばかりで、すまない気持ちで一ぱいである。先生が戦争にゆかれたあと、家には志都子さん昭さんがのこされていた。先生もずいぶん御心配だろうと思い、留守宅へおたずねしなければと思いつつ、そのことも十分はたせなかった。お嬢さんの方は戦中戦後の生活の無理がたたって病気でたおれ、やがてなくなられた。その頃私は郷里にひきあげていて、お葬式にもゆけなかった。

先生がかえられてからも、先生はずいぶん御不自由な生活をしておられた。それこそたまたまおたずねする程度であったが、先生はいつも喜んで迎えて下さった。私には娘が一人あり、婚期が来て家内がやきもきしていろいろの方に娘のことを話していたら、沢田先生が奔走して、先生のお近くで、先生の知人の方にりっぱな息子さんがあり、そこへどうかとお話し下さった。話は順調に進んで娘は嫁にゆき、幸福に暮らしている。娘が大阪にいるのだから、沢田先生のお宅へも度々寄る機会ができたと喜んでいたが、旅の途中で大阪へ寄るのだから時間はそんなにあるわけでなく、娘のところへ寄っていると、いつも駅へあわててかけつけねばならぬようなことになる。結局、それ以前よりも先生のお宅へうかがう機会が少なくなってしまった。　「沢田先生の思い出」

昭和54年（1979）11月18日開催の第９回・近畿民俗学会年次研究大会の翌日、近畿民俗学会ゆかりの親しい人たちと歓談。宮本常一はここでもよくしゃべった。

その夜ミナミの我々の行きつけの小料理屋で、先生ゆかりの極く親しい人たちと酒をくみかわした。写真でごらんのように、どの表情を見ても実に楽しそうである。

先生の御指名などで集まっていただいたのは、岸田定雄、高谷重夫、小谷方明、岩井宏實、原泰根の各氏、それに私の合わせて七名である。

酒席は、夕方の六時頃から始まり、初めから佳境に入り続けであった。

以下はその中からの抜粋である。

〈フィールドワークについて〉

宮本「なぜならねえ、理論を越える理論というのはね、生まれては来はしないんだ。フィールドの中から、新しいものを見つけ出さなければならないんでねえ——」

小谷「せや、せや、フィールドの中からなあ」

岩井「ボクは、思うのにね、先生のおっしゃるフィールドっていうのはね、ある一地域のフィールドやなしにね、全体的なフィールドでね——」

宮本「しかし、これはね、うーん、なんでしょッ、ぼくはそう思うんだがね、みんな何かやり始めるとね、人がつき始める。僕の場合、いちばんいけなかったことは、国内のことは、俺にまかせておけっていう言い方、考え方——こりゃね、そうでなくて、たとえば、私自身が問題を持つと、問題をそこだけにとどめておけないで、あのォ、きのうも話しましたように、書物を読んだだけではしょうがないんだってこと。自分で、確かめなければいけない、確かめるには、そこへいかなければならない——」

鈴木正義「宮本先生の遺されたもの」

国立京都国際会館で開催された、日本ペンクラブ主催による「日本文化研究国際会議」の分科会「フォークアートと近代」の議長をつとめた宮本常一。会議は昭和47年（1972）11月18日の開会式で始まり、23日までつづいた。常一が議長をつとめた分科会は22日にもたれ、午後に京都の壬生狂言と奥三河の花祭が演じられた。

フォークアートと近代1
文学の背景としての民俗

議長　只今から開催したいと思います。

この部会をフォークアートと名づけております。フォークアートという概念がたいへんあいまいでありまして、日本には民俗芸術ということばがあり、その民俗芸術ということばを使う場合には、普通芸能的なことだけを言っていたのです。ところが、それ以外に民芸ということばがありまして、民芸ということばは、主として一般民衆のつくり出した芸術的なものという、造形文化をさして言ったのでありますが、ここではその両方をひとつにした概念として皆さんにご了承いただきたいと思います。今まで、日本の国の中で使っているよりはもう少し幅の広いもの、たとえば、お茶のことは、普通はフォークロアの中に入れて考えなかったのですが、今のようなことから申しますと、お茶は武士だとか、貴族の間でも尊ばれていますが、一般民衆もこれを楽しんでいます。午後に茶道のフィルムを見ていただきます。それはりっぱなプロフェッショナルなものなのですが、それでは一般民衆はどうしていたかということを、最後にスライドでお目にかけて、やはりそれが民衆のものであったということを皆さんに訴えたいと思うのです。

『日本文化研究国際会議　議事録2』

宮本常一氏　*Miyamoto Tsuneichi*

須藤功氏　*Sudō Isao*

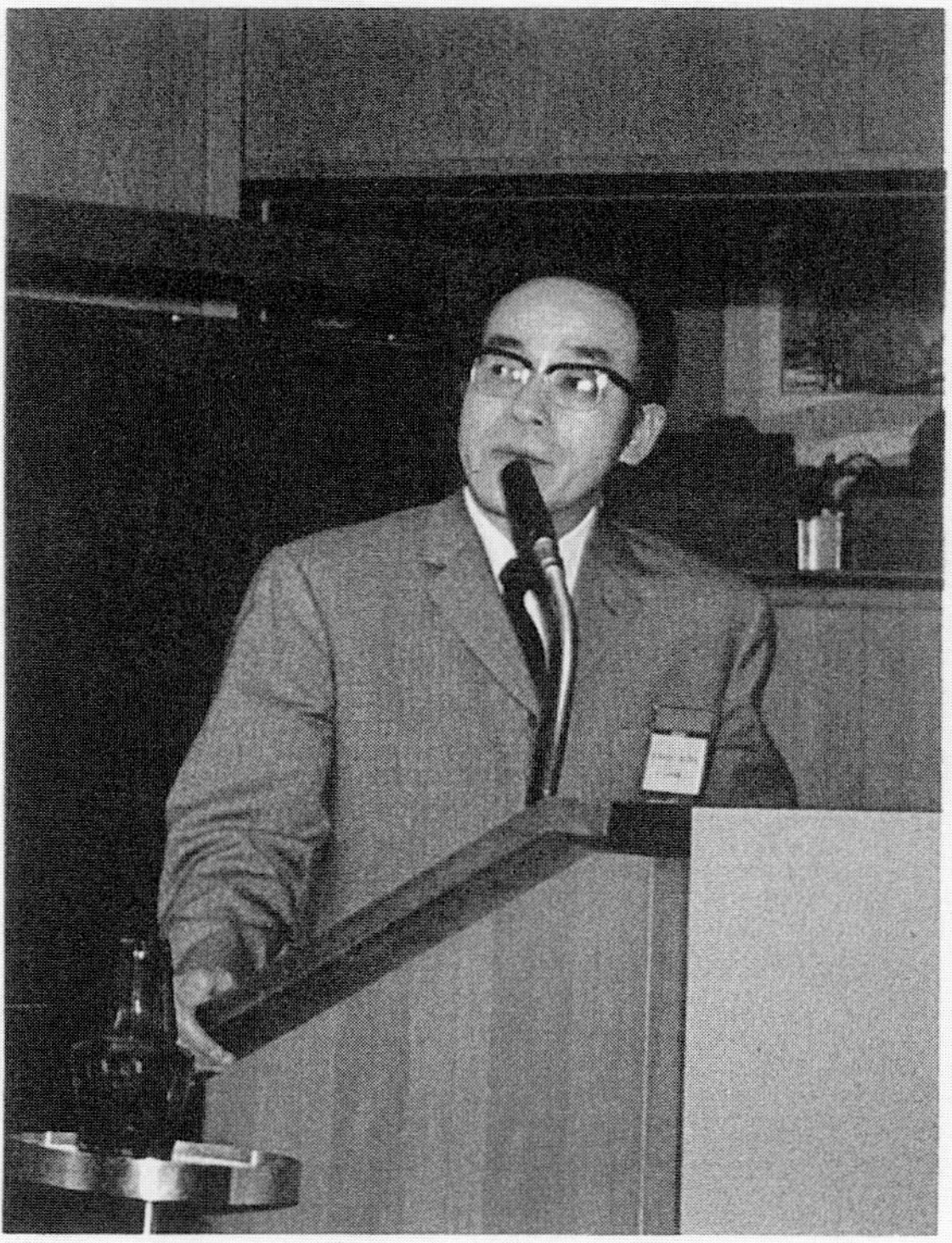

水尾比呂志氏　*Mizuo Hiroshi*

姫田忠義氏　*Himeda Tadayoshi*

分科会の午前は「文学の背景としての民俗」というテーマで、姫田忠義は「奥日向（米良）のまつり」について解説の後、同名の映画を上映。須藤功はスライドで「『雪国』の背景」を話し、水尾比呂志はスライドを使って「生活の中の民芸」という題で話した。午後は民俗芸能の後にパネルディスカッションがあった。写真は『日本文化研究国際会議・議事録２』の口絵より転載。

宮本常一は昭和33年（1958）６月に広島県、同46年（1971）10月に山口県の文化財専門委員に就任している。民俗芸能の研究が芸能史の視点のみであることに疑問を持っていた常一は、そのあたりについても安心して話しあえる島根県の牛尾三千夫の登用を進言し、ともに民俗芸能の調査にあたった。写真は昭和47年（1972）12月、山口県岩国市に伝わる行波神楽を県文化財に指定するための打合せ。左から、美和町の生見八幡宮宮司・西村巖、牛尾三千夫、宮本常一、行波公民館長・金森光行、山口県文化課・財前司一。

山口県玖珂《くが》郡高根村の向峠《むかだお》という所は、広島・島根の二県に接した、いちばん山奥の村であるが、川の高い急崖の上にあって、もとは、ことにきびしく住みついていた。畑ばかりの在所で、しばしばおそう飢饉と、そのうえ不便な地であるから、生活はいたって困難で、食うことにばかり追われて、踊ってたのしもうというゆとりはなかった。それを山田勝次郎という立派な庄屋が出て、幕末から明治にかけて、一里半ばかり奥の金山谷という所から水をひき、畑を全部水田にした。そして米の食える村にしたのである。ところがこの家の下男に、広島県の山中から来た者があって、それが神楽を知っていたことから、師匠にして村人に習わせ衣裳を買って与えて神楽を新たに起した。それが村の空気をどんなに明るくしたことか。秋になれば、この神楽を楽しみに心待ちして仕事にはげんだのである。のちには、島根の方の神楽が調子がよいとてそれを習って改めているが、山の単調な生活は、こうした行事を一つの目安にしてうちたてられ、これがまた、なによりの労働の励ましにもなっているのである。

「あるいて来た道」

山口県岩国市の行波神楽は、七年ごとに願舞といって錦川畔に神殿を新設し、古式に則り行われる。その日は古くは初冬であったが現在は４月、神を迎える前夜祭で始まる。昭和58年（1983）４月２日　撮影・須藤　功。

行波神楽の「荒霊豊鎮」で滑稽を演ずるもどき。見る人の笑いを誘う。見にくるみんなが心待ちにしているのは神楽の最後の方にある「松登り」。高さ13間半（約25メートル）の松の柱の梢から地上に張った綱を滑り下る。スリルに満ちた一番が見物人を誘う。昭和58年（1983）４月３日　撮影・須藤　功。

山口県美和町二ツ野地区の民俗資料緊急調査で、集落景観を見る宮本常一。同地区は標高約500メートルの台地にある農村で、第一次調査では48戸が調査の対象になった。常一は調査員に「水路のあり方に注目すると、開拓の歴史が見えてくる」といった。昭和47年（1972）12月22日　撮影・谷沢　明。

第一次調査のとき地区の人と記念写真。宮本常一は後列左から３人目、その右に牛尾三千夫。前列左から、香月洋一郎、吉田（香月）節子、町井（赤井）夕美子、神保教子。いずれも武蔵野美術大学民俗学研究室（宮本研究室）から参加。もう一人の参加者、谷沢明がこの写真を撮った。昭和47年（1972）12月22日。

茅葺の農家の庭先でノートを取る宮本常一。山口県美和町は山口県東北部の広島県境にあって、交易は広島県大竹市、生活習慣は岩国市、言葉には広島県、島根県の方言があるなど三県の文化の接点にある。それが将来どのように変化するのか、その基礎資料を得るための緊急調査で、翌48年（1973）８月６日から10日まで第二次調査を行った。昭和47年（1972）12月22日　撮影・谷沢　明。

民具への関心は戦前にもあったが、宮本常一が民具の研究に本格的に取組むのは、昭和40年（1965）からである。ダム建設によって住み慣れた土地を離れなければならない人々の生活を調査し記録することを通じて、民具の重要性にあらためて気がつく。写真は背中当を手にする常一。昭和30年代。

宮本常一は群馬県史編纂委員会の民俗部会参与として、同県片品村花咲の調査に参加。並べられた民具にカメラを向ける。昭和52年（1975）10月31日　撮影・広瀬　鎮。

民具を資料化していくにはまず写真にとることが大切で、われわれの手もとには五万枚近い民具の写真台帳とカードがある。われわれはこれを民具の戸籍とよんでいる。そして、台帳を見ればその民具がどこにあるかがわかるようにしてある。しかし現状では死蔵の状態になっている。しかも調査地域に甚しい片寄りがあるばかりでなく、写真のとり方も決してすぐれていない。調査にあたって時間が少ないために光線も背景も十分考慮することなくどんどんとっていくためである。その上、写真というのはどうしてもごまかしが多くなる。どうしてかというと大きなものが小さく、小さいものが大きく写される。だから写真を見たイメージでは大きさがわからなくなる。それだけではない、陰の部分がどうしても不鮮明になる。

『民具学の提唱』

斧（はつりの一種か）を手にする若い日の宮本常一。

阿武川ダム（山口県）建設で水没する福栄村、川上村の緊急民俗調査のとき、舟大工の道具を調べる。正面が宮本常一、左の鉢巻き姿は写真提供者の波多放彩。その手前は原宏、川舟大工の岡崎清治。昭和43年（1973）８月11日　撮影・橋詰隆康。

宮本常一の指導のもとに民具を蒐集し展示した佐渡の小木民俗博物館は、昭和46年（1971）6月に開館した。作った人、見学にきた人もともに喜びあう。撮影・相沢韶男。

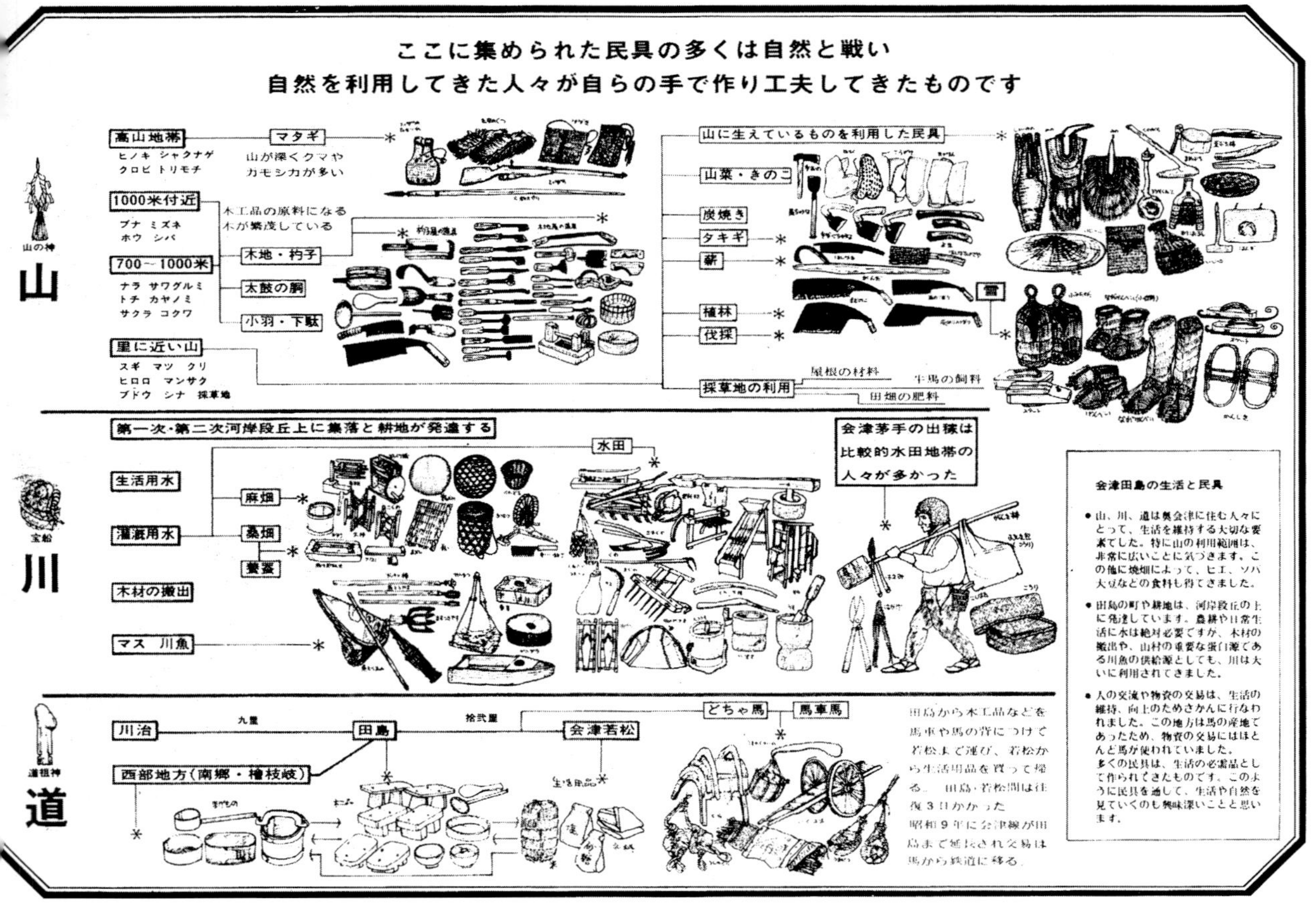

昭和47年（1975）5月、福島県田島町の旧郡役所の建物を再利用して開館した、奥会津地方歴史民俗資料館のパンフレット。民具の調査・蒐集に中心になって協力した武蔵野美術大学民俗学研究室（宮本研究室）の須藤護が制作した。同資料館は平成7年（1995）6月に旧郡役所から別の建物に移転した。

日本民具学会は、昭和50年（1975）11月23日〜24日、國學院大学久我山高校での第二回民具研究講座において創立が決定された。演壇下に並ぶのは選出された幹事と委員。代表幹事となった有賀喜左衞門（白髪の人）の右側で語りかけるのは会誌編集と研究会の委員になった宮本常一。撮影・青柳正一。

民俗学では「個人の名は出なくてもいい、民衆の学である」といい、また「年代がない」というけれど、習俗を伝承しているのは一人一人の人間であり、一つ一つの小村である。この反省はさきにもいったようにたいへん大切なことであって、一つの地域にあって一つの伝承がその地域の人すべてに共通しているかというと、決してそうではなくて、一人一人でみな違っている。習俗の伝承のようなものは、その中にある自分の求めているような伝承を抽き出して、それを自分の論理にあわせて組みたてていっている場合が多いが、技術の場合は個人個人が持っている決定的なものである。きわめて具体的なものである。漠然としたものではなく、どこの誰から伝承し、そして、製作された民具がどの範囲に分布し使用されているかもはっきりしているのである。抽象した形では出てこない。『民具学の提唱』

昭和30年代半ばからの高度経済成長期以後、それまでの生活用具、いわゆる民具は過去のものとして忘れ去られる。一方、それらは庶民の生活史を語るものとして博物館や資料館では民具を展示するようになる。その蒐集は決して容易なものではなく、そこに住む人々の協力がなければできない。山口県久賀町でその協力の様子をカメラに収めようとする宮本常一。昭和47年（1972）３月29日　提供・武蔵野美術大学・生活文化研究会。

昭和四十年から学校へ勤めることになり、夏・冬・春の休み以外は旅がほとんどできなくなった。がかえって計画的に時間をとることができるようになった。久賀で民具蒐集をはじめることに動きはじめたのは中年の人びとであった。これに呼応して老人クラブがたち上った。老人クラブにはまえからその動きがあった。若い者も婦人会も参加し、まず家々に保存されている民具のすべてを調査させてもらうことにした。調査が進んでいくにつれて、町家の人びとは不要なものは差上げてもよいというので、もらいうけることにした。そして何千点というほどのものが集ったのである。集ってみるとそこに久賀という町の性格がはっきり出て来る。昔は勘場（代官所）がおかれて島の中心地であったが、問屋町ではなく職人の町であった。そして家々にはそれぞれの性格があった。この町の人たちが過去どのような道をあるき、それが今の生活にどのように結びついているかがはっきりわかるのである。

『民俗学の旅』

山口県の久賀町歴史民俗資料館は、昭和の初めころ産業組合が建てた醤油倉に手を加えて民具類を展示、昭和51年（1976）６月21日に開館した。台帳作りと測図には、武蔵野美術大学の小林淳の協力が大きかった。昭和57年（1982）６月21日　撮影・須藤　功。

昭和51年（1976）６月21日、久賀町歴史民俗資料館の開館の日、久賀小学校校長室で写真提供者の河村保郎と話す宮本常一（左より二人目）。左端は同資料館の展示の設計図を描いた武蔵野美術大学の相沢韶男。

東京の日本青年館中講堂で開催された、日本常民文化研究所主催の第一回民具研究講座の第一日目に、「民具とは」という演題で話をする宮本常一。司会者から「あと10分あります」といわれてから話す時間の方が長かった。昭和49年（1974）10月26日　撮影・勝部正郊。

一般に技術史というと製作技術が主になっているが、民具の場合はそれを使用する技術が重要である。

民具の使用の仕方で、生産の場や規模がきまって来る。犂耕のおこなわれているところとそうでないところでは田畑の一枚ごとの面積に差があったし、道が広くなって牛馬や車の通ずる山地では植林が進んでいた。農家に下刈鎌のある家はかならずスギの植林をおこなっている。民具の使用技術の調査もまた重要で、それは具体的には動画のフィルムにおさめなければならないであろう。その点の見落しは実に大きい。たとえばある地帯では実にたくさんの籠を所有している。その籠がどのように使いわけられているか、またなぜそれほど多くのものを必要とするのかということについて報告された記録は私の読んだ書物の中には一例もない。

『民具学の提唱』

佐渡の小木町公民館で開催された、第６回民具研究講座で佐渡の民具について話をする宮本常一。昭和54年（1979）９月23日　撮影・神田三亀男。

昭和54年（1979）11月20日、鳥取県倉吉市の教育委員会主催の文化講演会で、「鉄の文化と倉吉」という演題で話をする宮本常一。倉吉では武蔵野美術大学の生活文化研究会で常一に学んだ田辺（石野）律子が、倉吉の鋳物師の調査をしていた。撮影・石野律子。

日本きもの綜合学院（東京都三鷹市）で講演する宮本常一。武蔵野美術大学で宮本常一の教えを受けて染織物について研究し、各地の民俗調査にも加わっていた町井（赤井）夕美子は、常一が大学を退いたあと同学院に勤めた。願いに応じて常一はそこに三回も講演にきてくれたという。それは赤井がうまくやっているかどうか、様子を見るためでもあったらしい。昭和53年（1978）11月１日　撮影・赤井夕美子。

佐渡小木町の廃校になった宿根木小学校にかなりの民具が集まり、その調査も進んで、民俗博物館の体制が整ったころ、協力者に話をする宮本常一。提供・真島俊一。

真島俊一君のグループは一戸一戸の間取りをとったとき、一つ一つの部屋におかれているものすべてをスケッチした。佐渡の場合にはどの部屋にも衣類や民具が一見雑然とおかれていた。雑然としているように見えるが、使用するときにはその方が便利なのである。それは最近の若い人たちの部屋の中の雑然としているのと相通ずるものがある。自分の居室は自分の肉体の一部として利用されているのである。しかし民家の部屋の雑然としているのはもっと別の事情があるのかもわからない。一般の古い民家をしらべていると、江戸の中頃まては母屋造りといって下屋を持たない家が多く、屋内には間仕切りのあるものもあり、ないものもあり、まして押入れのようなものはなかった。部屋の一つを納戸とし、その中に着物や道具類を納めておき、主人夫婦もその部屋に寝ることが多かったようである。ところが下屋をつけて家のまわりに縁をつけたり、家の中に床の間や押入れをつくるようになって、そこへいろいろなものをしまい、また箪笥や戸棚などを備えて、その中に道具類などをしまいこみ部屋の中を整頓するようになった。しかしそれはきわめて新しいことであった。

『民具学の提唱』

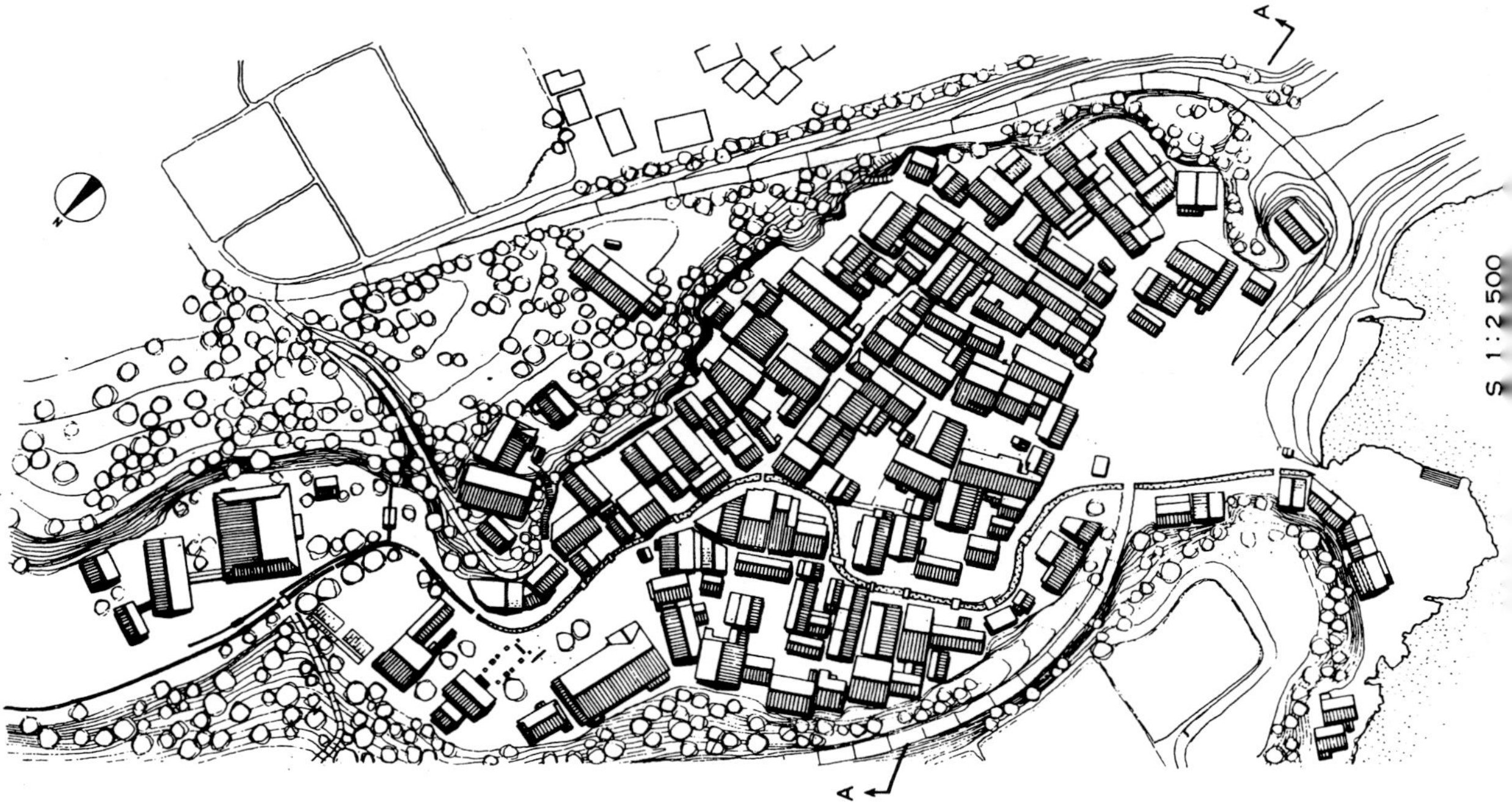

昭和50年（1975）５月１日、テム研究所発行の『南佐渡の漁村と漁業』挿図。小木町宿根木。小木半島で一番大きな集落。江戸時代には廻船業によって栄えた。千石船の船主や廻船業にかかわる船頭や船大工が多かった。

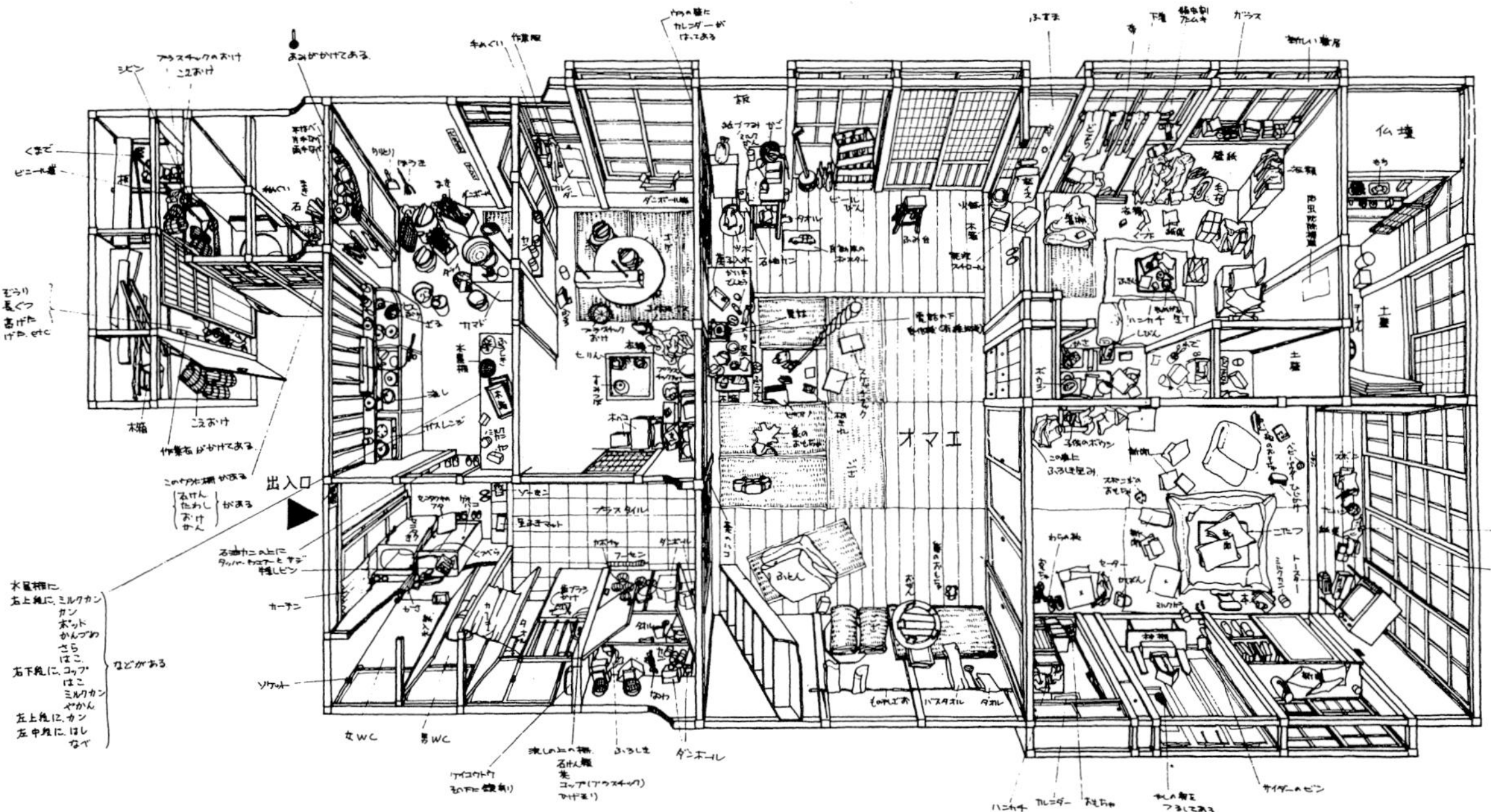

昭和50年（1975）５月１日、テム研究所発行の『南佐渡の漁村と漁業』挿図。千石船の船主の家だった宿根木の清九郎家（現在は公開）の一階。生活をありのままスケッチしている。

昭和51年（1976）７月、日本生活学会の佐渡見学会の宮本常一。その右は学会理事長の川添登。佐渡国小木民俗博物館前で町長の挨拶を聞く。撮影・林　道明。

五年前に、早稲田大学の吉阪先生をはじめとしまして、川添登さん、あるいは京都大学の人びとと、日本生活学会というものをつくりました。これは、今和次郎先生がまだ御存命の時に計画したもので、ぜひともそういう学会をつくろうではないかという集まりをしたのですが、なかなかうまくいかないでそれに至らなかった。先生が亡くなられてからのちに、ようやくスタートをきることができたのです。小さな、ささやかな学会ですけれども、大変いい方がたくさん会員になっておって、しだいにその動きが活発になってきつつあります。このグループへ武蔵野美術大学で育った諸君が入っていて、はじめて研究発表をやった。そして、この学会の今和次郎賞の第一回を真島君のグループがもらったのです。私にとって、これぐらいうれしいことはなかったのです。つまり、武蔵野美術大学という大学のしかもその専門課程ではなくて教養課程の民俗学、そのグループが、第一回の今和次郎賞をもらってくれたということは、少なくともそこへ集まって来ておる三〇〇人近い会員が、りっぱな学問的業績であるということを認めてくれたのです。これは、私にとって大変うれしいことであったのです。

「生活と文化と民俗学」

昭和52年（1976）12月、大阪の民族学博物館で開催した日本生活学会の第四回総会で、宮本常一は第三回今和次郎賞を受賞。吉坂隆生理事長より楯を授与される。右は米山俊直。

今和次郎賞受賞の挨拶で宮本常一は、「飯を食うために書いた」といい、「腹にたまっている糞をなめているようなものだから、読まないで欲しい」というようなことをいった。

今和次郎賞にふさわしいと評価された、『宮本常一著作集』第一期の25巻。

実は相川の町などは、外海府の人びとによってその生活を支えられて来ていると言ってよかった。相川は長い間全く労働者の町であり、商人の町であった。はなやかに生きている者のかげに貧しく暮している者が夥しかった。そして貧乏人には子供が多かった。その子をもらって育てたのが海府の人たちである。飛島とおなじように海府の人たちは磯でアワビ、ワカメをとり、沖でイカを釣り、また田畑を耕して暮しをたてていた。冬は雪にとじこめられてしまうので、夏場の稼ぎだけで一年間の食生活費をもうけねばならぬので、村人たちは殊のほか、はげしく働かねばならず、そのため人手はいくらあっても足らなかった。そこで海府の人たちは相川の貧家から子供をもらって来ては育てたのである。

『離島の旅』

昭和52年（1976）3月19日、佐渡・相川町の公民館で相川町史編集（民俗）のための座談会で話をする宮本常一。隣で筆記するのは真島俊一。撮影・佐藤利夫。

「熱海の観光政策を考える」で話をする宮本常一。客の減少をくいとめるために開催されたシンポジュウムで、常一は具体例をあげて試案を示した。昭和53年（1985） 5月20日　提供・濱田義一。

それは最初に周囲の村とどう結びついておったかということにあったと思うのでございます。熱海の場合も周囲の村々とどう結びつくか、沖の伊豆大島とどう結びつくか、いろいろな結びつき方があるだろうと思うのでございます。物産をこちらへ送ってもらうということもあるだろう、あるいはこちらと向こうと手をつなぐということもある。そういういろいろな手のつなぎ方をもとにしてやっておゆきになるというと、熱海は熱海だけで考えない考え方というのが起こってくると思うのでございます。先ほどの国際会館を持ってこいというのも、それであって、熱海は熱海だけで考えない、熱海はその周囲の村とのレベル、あるいは関東とのレベル、さらには日本全体とのレベル、さらには国際的にどういうようにここを結びつけていくか、いろいろな発想があると思うのです。それを結ぶものは何か、何が結ぶ梃子になるだろうかということになると、私はやはり何といってもいま申しましたような文化的なものが大事になってくるのではなかろうか。

「熱海の観光政策を考える」

自宅の書斎で調べものをする宮本常一。夕食後、家族としばしテレビを見ることがあったが、見ながら執筆する論考を頭の中でまとめていて、立ち上がって一つ二つ本を広げて確認すると、あとは机に向かって滑るようにペンを走らせて原稿を仕上げた。

生活誌をつづる
―執筆・放送・芸能―

実は私は昭和三十年頃から民俗学という学問に一つの疑問を持ちはじめていた。ということは日常生活の中からいわゆる民俗的な事象をひき出してそれを整理してならべることで民俗誌というのは事足りるのだろうか。神様は空から山を目じるしにおりて来る。そういうことをしらべるだけでよいのだろうか。なぜ山を目じるしにおりて来るようになったのだろうか。海の彼方からやって来る神もある。土地そのものにひそんでいる精霊もある。それらはわれわれとどのようなかかわりあいをもっているのであろうか。さらにまたいろいろの伝承を伝えて来た人たちは何故それを持ち伝えなければならなかったのか。それには人びとの日々いとなまれている生活をもっとつぶさに見るべきではなかろうか。民俗誌ではなく、生活誌の方がもっと大事にとりあげられるべきであり、また生活を向上させる梃子《てこ》になった技術についてはもっとキメこまかにこれを構造的にとらえて見ることが大切ではないかと考えるようになった。

『民俗学の旅』

昭和41年（1966）11月20日、テレビ番組「日本の詩情」の収録で、愛知県豊橋市に住む川合健二（右）と対談する宮本常一（中央）。川合はそれまでに例を見ない、波状鉄板で土台のない家を造った技術者。収録は番組の最後となった「人と住まい」のタイトルで、同年12月25日に放映された。撮影・須藤　功。

中国風土記（1）

宮本常一
武永槙雄え

抜け参り（一）

家のすぐ裏は石垣で、潮がみちるとその石垣を波が洗った。海の向うには中国地の山々がつらなって海を限っていた。

家の南には白木山という四百米たらずの山がそびえていて、その上にあがると南には四国、西には九州の山々ものぞまれた。海には島が多かった。

見はらしがきくということは人びとに遠い世界へいろいろの思いをはせさせるものであった。

私は百姓の子で、小さい時から田畑ではたらいた。冬になると白木山へ父や母とたきぎをとりにいった。そこへ仕事にゆくのはたのしかった。たくさんの島が見えるからである。昼べんとうをたべるときなど、父からその島の一つ一つの名をきき、またその島の様子をはなしてもらった。父はその知識をどこから得たものか、学校へ行ったこともないのに実によく知っていた。

島にはみんな名があった。名のない島というものはなかった。そしてそれぞれ何か話題なるものをもっているのである。

そういうはなしをきいていると自分も一つ一つの島へわたって見たいと思った。また中国や、四国や九州の山々を見つめていると、その山の向うに何があるだろう、どんな世界があるだろうと、山の彼方の世界に心をひかれた。

そんな思いを持つものは、私一人ではなくて、島に住むほどのものなら、みんな持っていたのではないかと思われる。

夕方、山から、田畑から、仕事をおえてかえって来た人たちは言いあわせたように浜へ出るか、石垣の上にあつまって沖の方を見ながら世間ばなしをはじめる。

はじめは稲の出来、麦の出来、村のうちの出来ごとなどをはなしているが、そのうちきっと旅のはなしがでる。

ある秋の日だった。海がないで風はなし、空はすみきっていて、いかにも静かだった。浜へ出てはなしていた四、五人の男が、こんなにいい日に船に乗ってどこかへ行って見たらどんなに気持がいいだろうと思って、急にどこかへ行って見ることにした。はなしている仲間に小さい漁船を持っているのが一人いる。その船へのって出かけようとはなしがきまった。

女房どもをおどろかしてやるといいだろうということになって、家へは内しょで、そのままの姿で船にのった。沖へ出ると南風が吹いているので帆をまいた。とにかく宮島まで行って見ようと話がきまって船をまっすぐに向けた。宮島は真北にあたって十里あまりである。

小さい船だから沖へ出ると波のゆれも大きかったが、苦にもせず日が暮れてからは、女房どもがオヤジがいないと言ってさわぎまわっているだろうと、みんなでなんとなく痛快な思いを味わいながら話しあった。

その夜が月夜であったかどうかききおとしたが、きっと月夜だったに違いない。それでなければ小さい船で夜の海をのるのは危険だから。

とにかく一晩中はしりつづけてあくる朝宮島へついた。宮島へまいるとそのままかえるのがおしくなって、広島までいった。広島の町を見物すると、ついでに出雲まで行こうとはなしがきまった。

宮本常一氏

筆者のことば

私はいままでに多くの旅をした。その大半は全くの乞食旅行であったが人々はみんな親切であった。そしてみな精一ぱい生きていた。考え方のせまさや生き方のまずさはあっても、最低のところを生きている人たちは、すこしでも世の中をよくしようとするつよい意欲をもって働いていた。私はそういうことを大ぜいの人々にうったえ、はなしあい、そしてこれからどうすればいいかをみんなで考えてみたいと思って、中国地方という地域社会をとりあげて私の目で見、耳できき、書物でよんだものを、ししとしてはたらいて来た過去の人々に焦点をあてて書いて見た。これは私個人の問題であるばかりでなく、みんなの問題でもあると思っている。

【略歴】明治四十年（一九〇七年）山口県大島の白木村（現在大島町）に生れ、大阪の天王寺師範卒、しばらく教職にあったのち日本常民文化研究所に入り柳田国男、渋沢敬三両氏に師事して日本全国に民俗採訪の旅をつづけ、新著「民俗学への道」をはじめ「日本の村」「ふるさとの生活」など二十数種の著書がある。ことに近著「海をひらいた人びと」は漁業権開放について水産庁の委嘱で同氏らが行った漁村の基礎調査の副産物に当るもので、小学生むきの読みものだが、その調査内容はこれまでの日本史学の方法で解明し得なかった近世庶民史の盲点を照し出したものとして民俗学方面だけでなく歴史学者にも高く評価されている。現在も中国地方の民俗を中心としての系統的な比較研究のため全国に旅するかたわら、全国離島振興協議会事務局長、林業金融調査会理事などを兼ねてへき地の人びとの生活向上に努力を惜しまず、視野が広いに加えて話題の豊富なこと驚くばかり、とは会う人ごとの定評である。「中国風土記」は昨秋本社が同氏を囲んで聞いた座談会が直接動機となっている。

昭和31年（1956）５月１日から同年11月10日まで、161回にわたり『中國新聞』の夕刊に執筆した「中国風土記」の最初の掲載。後に広島農村人文協会が一冊の本として刊行。この執筆は宮本常一の研究軌跡をたどる上で重要とされる。映画館の看板を描いていた武永槙雄もまた、この挿絵を描いたことがきっかけで広くみとめられ、やがて広島画壇の重鎮となる。提供・中國新聞社。

「中国風土記」を執筆する一年前　当時、平凡社にいた谷川健一（写真）が訪ねてきた。そして宮本常一が情熱を注いだ『風土記日本』と『日本残酷物語』が生まれる。谷川は平凡社の雑誌『太陽』の創刊に関わり、常一もそのブレーンの一人になっていたが、谷川が病気で編集長を退いたため、『太陽』での常一の大きな展開はなかった。

昭和32年（1957）5月に第一巻が刊行された『風土記日本』の普及版。増刷を重ねた。宮本常一は「買い取り稿料じゃなく印税で受け取っていたら、いまごろ蔵が七つも建っていたな」といっていた。

『風土記日本』につづいて、昭和34年（1957）11月に刊行の始まった『日本残酷物語』。第一巻に「土佐源氏」をおいたことが反響を呼んだと谷川健一は述べている。

宮本常一は，昭和33年（1958）10月に創刊された月刊誌『民話』の編集委員に加わった。写真は昭和41年（1966）12月４日、創業15周年を記念し、未来社の西谷社長が浅草の料亭金田に招待。左から、野間宏、宮本常一、丸山眞男、松本昌次、西谷和歌子、西谷能雄、内田義彦、木下順二。下記の早川孝太郎宛の手紙は、「民話の會」が編集し、未来社から刊行を予定していた講座「民話の世界」への執筆依頼。

御ぶさたいたしています。

お願いの件

民話の会の吉沢さんたちが民話についての講座を出されるようです。ここでいう民話は伝説や昔話ばかりでなく世間話などもひろく含めているもののようですが、そういう伝承者のことについて尊台にも御執筆願えますなら甚だ幸甚に存じます。くわしい事は吉沢さんのお手紙にあると思います。まじめに民話を研究し、且、教育にも生かそうとしている人たちです。

よろしくおねがいいたします。

なお折がありましたら、この会にも出席していただいてお話を願えると大へんありがたいと思います。

五月十七日　　宮本常一

早川孝太郎様

［昭和三一年五月二一日消印
東京都文京区駒込片町八番地　未来社気付　民話の會
吉沢和夫より早川孝太郎へ差出しの封書に同封］

「日本民話の会」10周年記念の「明日の民話を語るつどい」。宮本常一は前列右より三人目、それより左へ、吉沢和夫、米屋陽一、松本新八郎、西郷竹彦、小沢重雄、中村博。中村の後は大川悦生。後列右から四人目の下を向いているのは今村泰子、二人おいて水谷章三、さらに二人おいて（吉沢の斜め左）松谷みよ子。昭和53年（1978）11月24日　ホテルニュージャパン　提供・吉沢和夫。

昭和33年（1958）10月に創刊され、同35年（1960）９月の24号をもって休刊となった『民話』。宮本常一は隔月一回「年寄りたち」を書いた。その一篇に、俳優の坂本長利が出前の独芝居として公演を重ねることになる「土佐源氏」がある。

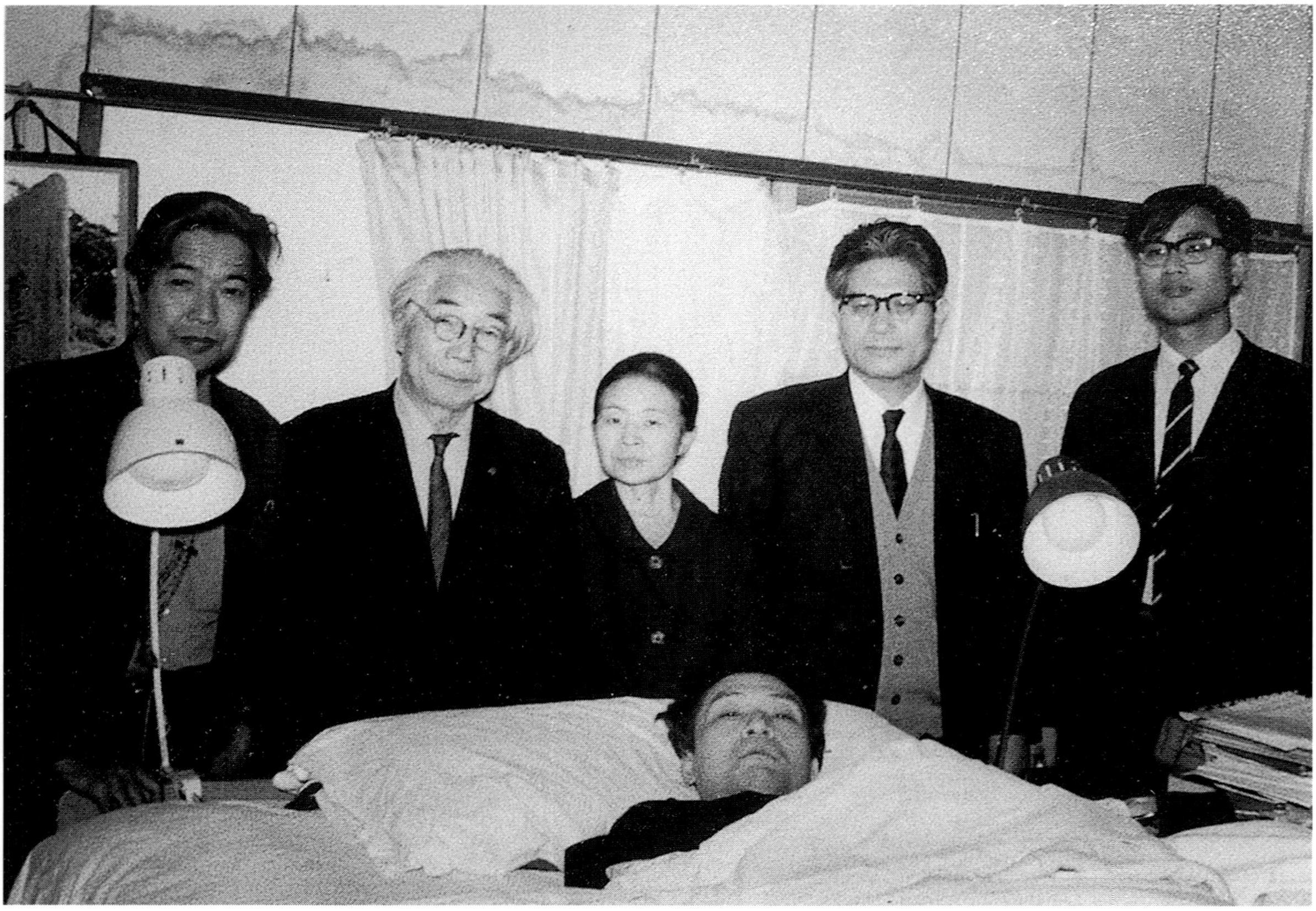

宮本常一は未来社にいくつかの全集、著作集の刊行を推している。特に強く奨めたのは『菅江眞澄全集』と『早川孝太郎全集』である。『菅江眞澄全集』の編集は常一も引受けたが、主力となったのは内田武志である。内田は血友病のため病床にあって、妹ハチの助けを借りて編集を完了させた。写真はその打合せのために、ベッドに仰臥する内田武志を訪れたとき。左から、宮本常一、奈良環之助、内田ハチ、西谷能雄、小箕俊介。

昭和46年（1971）3月25日に刊行した『菅江眞澄全集』第一巻。菅江眞澄は宝暦4年（1754）に三河国（愛知県）に生まれたのは確かだが、生地の村名は定かでない。

菅江眞澄は東北を歩きつづけ、故郷に帰ることなく秋田県角館町で76歳で没した。秋田市寺内に立つ墓碑。昭和57年（1982）6月1日撮影・須藤　功。

宮本常一（右）と打合せをする、民俗学関係の編集を担当していた未来社の小箕俊介。小箕は社長を勤めていた平成元年（1989）７月29日、交通事故で亡くなった。昭和48年（1973）11月　撮影・須藤　功。

未来社の小箕俊介が担当した宮本常一の著書と編著の一部。左から手前、民族文化双書１『民具学の提唱』、旅人たちの歴史１『野田泉光院』、日本民衆史１『開拓の歴史』。奥の左端と右端は編著。中央は学位論文の『瀬戸内海の研究（一）　島嶼の開発とその社会形成―海人の定住を中心に』。

愛知県豊橋市の川合健二家で、テレビ番組「日本の詩情」の収録をする宮本常一（左）。川合は丸の内にあった東京都庁の空調設備を、丹下健三の要請で引き受けている。豊橋にいてテレックスで外国の仕事を受けていた。同様の技術者に川合は少なからぬ影響を与えたようである。昭和41年（1966）11月20日　撮影・須藤　功。

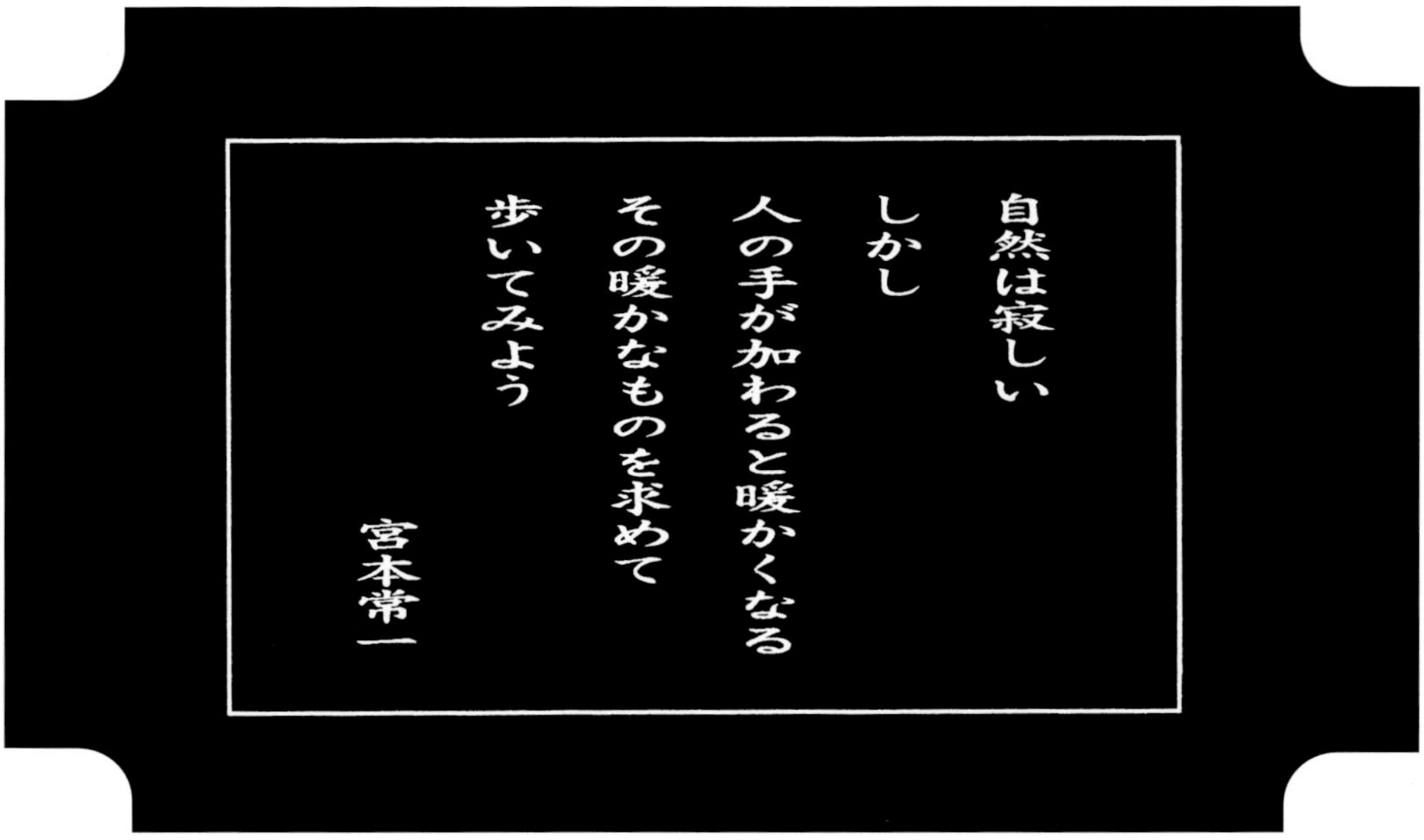
自然は寂しい
しかし
人の手が加わると暖かくなる
その暖かなものを求めて
歩いてみよう
宮本常一

「日本の詩情」の初めに流されていた宮本常一のメッセージ。昭和39年（1964）の打合せのとき、制作にあたる姫田忠義の目の前でつづった。だが思想そのものは昭和32年（1957）にすでにあった。同年11月に刊行された『風土記日本』第二巻の月報に「人手の加わらない自然は、それがどれほど雄大であってもさびしいものである。しかし人手が加わった自然には、どこかあたたかさがありなつかしさがある」と記している。常一がつづった原稿は姫田が所持していたが、どこにしまったかわからなくなったのと、この部分はフィルムには残っていないので、想像で仕立てた。

宮崎県西都市銀鏡で映画「山に生きるまつり」を自主制作する伊藤碩男（カメラをまわす）と姫田忠義。手前横向きは銀鏡山中を案内してくれた銀鏡神社の浜砂正衛宮司。この映画は下記にある「猪狩りと神楽を撮影したもので」、昭和51年（1976）７月14日に創立した民族文化映像研究所の作品総覧の最初の作品にあげられている。宮本常一はこうした映像記録への支援も惜しまなかった。昭和44年（1969）12月10日　撮影・須藤　功。

茶の湯と民俗芸能は映画で、そのほかに壬生狂言と三河の花祭りを実演で示した。このうち民俗芸能は日向山中の猪狩りと神楽を撮影したものであった。

これを撮影した姫田忠義、伊藤碩男の両君は貧しい生活の中から自費でこの映画をとった。したがって他のドキュメンタリー映画のようにバックに音楽を流したり、女のナレーターをつけたりするようなことも十分にできなかった。バックにはこの地方にいまもうたわれている木おろし唄を流し、また土地の人たちの会話を中心に画面を展開させていった。

ところがそれに対する外人の批評は「日本のドキュメンタリー映画というのは多く外国の音楽がながされる。しかし映し出されるのは日本の文化で大変チグハグな感じがする。その上多く女のナレーションがつく。それを見ているとこれがほんとのノンフィクションであろうかとうたがわれて来る」ということであった。

『民具学の提唱』

昭和51年（1976）７月14日、東京・銀座ガスホールで民族文化映像研究所の発会式が行われた。左から国岡宣行（平成３年（1991）４月、取材中のナミビア砂漠で車が横転して死亡）、宮本常一、小泉修吉、宮本千晴。撮影・須藤　功。

上と同じ民族文化映像研究所の発会式の日。左から林光、姫田忠義、宮本常一。この日は新潟県津南町から滝沢秀一も樹皮布のアンギンを持って駆けつけた。撮影・須藤　功。

北海道平取町二風谷でアイヌ文化の集成に取組んできた萱野茂（前列左から三人目。左は妻。右は山田秀三）が、日常生活を叙事詩風に語った『ウェペケレ集大成』で第23回菊池寛賞を受賞。東京で開かれたその祝いに駆けつけた面々。昭和50年（1975）11月13日。

そうすると今度は真澄の書いた文章というのが、もっと軽い気持で読めるようになるんです。アイヌの世界へ入って行く、その中で言葉も通じないでたいへんだったろう、そういうことになるんですが、真澄はずいぶんたくさんのアイヌの言葉を集録しております。収録したのは、おそらくこれは日本人から習ったのか、どうなのかということですが、アイヌから直接習ったのか、どうなのでしょう。日本人から習ってあらましの言葉は通じるようになって、そして向うへ行ったと見てよいと思うのです。一方こちらに古河古松軒がアイヌの言葉をたくさん記録しているが、それはアイヌ人に接してアイヌ人から習ったんじゃない。ですから当時の、少なくとも北海道にいる日本人というのは、今の日本人よりは、もう少し、何ていうか大らかな心を持ってアイヌ語にもかなり通じていたのではないか。今の日本人というのは英語とかフランス語というのはよく勉強するのですが、海を越えた向うに朝鮮があるが、朝鮮語を使える日本人はほとんどいないんです。

『菅江真澄』

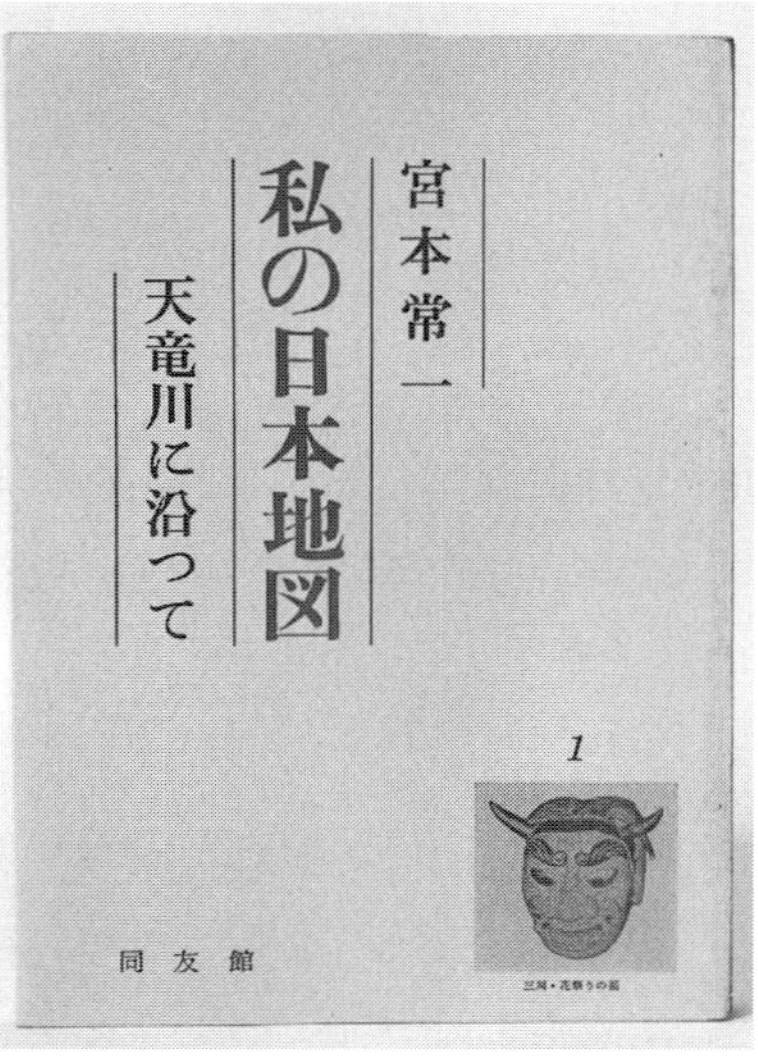

昭和42年（1967）２月20日、同友館より刊行された『私の日本地図１ 天竜川に沿って』。宮本流で撮ってたまった写真を生かし、壱岐・対馬紀行まで15冊を出した。

首からアサヒフレックスを下げた宮本常一。右は妻アサ子。淡路島へ渡る船の中で。昭和30年代。

久しく旅をつづけて来た。その旅で経験したことをもう思い出せないものが多くなった。旅をはじめたころ友達からコダックのベスト判のカメラをもらって写真をとることにしたがフィルム一本で八枚しかとれないので大してとることもなかった。その後弟がウェルターのブローニー判のものを買ってくれた。これも八枚どりである。

昭和一五年から一九年まで主につかった。一九年に友の一人がシックス判のカメラを貸してくれて昭和二〇年までつかったが、戦災にあう前にかえした。そしてとった写真も一〇〇〇枚ほどあったのを大半は焼いた。

それから昭和三〇年だったかアサヒフレックスの一眼レフを買うまで、またウェルターをつかったが写真はたいしてとっていない。アサヒフレックスを買ってからできるだけたくさんとるようにしたが、眼につき心にとまるものを思うにまかせてとりはじめたのは昭和三五年にオリンパスペンSを買ってからである。別に上手にとろうとも思わないし、まったくメモがわりのつもりでとってあるくことにした。それを名刺判にやきつけてうつした順にアルバムに貼った。そのアルバムが一〇〇冊近く、そして写真も三万枚ほどになった。

『私の日本地図1　天竜川に沿って』

宮本常一最後の旅の写真帖「中国の船」。『あるくみるきく』宮本常一追悼特集号に掲載された。昭和56年（1981）８月号。

武蔵野美術大学の民俗学研究室で、自分が撮った写真を見る宮本常一。昭和42年（1967）10月５日　撮影・須藤　功。

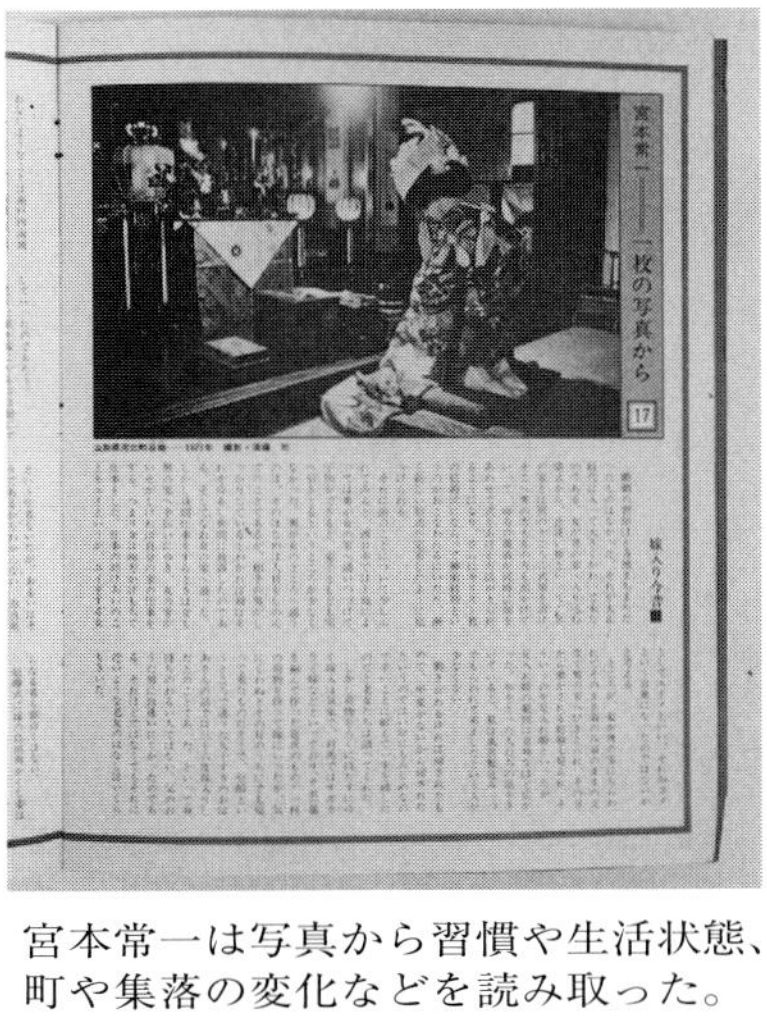

宮本常一は写真から習慣や生活状態、町や集落の変化などを読み取った。常一独自の世界だった。昭和55年（1980）１月号。

宮本常一が写真を読み語る「一枚の写真から」は、『あるくみるきく』に20回にわたり執筆。昭和54年（1979）５月号。

昭和52年（1977）４月、山口県光市の村崎修二が宮本常一の周防大島の家を訪ね、猿まわしの話をして行ったのをきっかけに、常一は猿まわしの復活に動く。猿を二本足で歩かせることから始まる調教と芸の仕込みは、人と猿の根くらべであった。村崎義正がついに成功する。常一はその様子を映像で記録する手配もする。山口県熊毛町のドライブイン老松で２歳の猿ツネキチの調教を試みる常一。昭和53年（1978）８月１日　撮影・小林　淳　提供・周防猿まわしの会。

小沢さんが大道芸の調査をしていることは新聞その他で知っていたし、小沢さんの活動には深い敬意を表していた。私自身も関心を持ちつつ、進んで全国各地を調査してまわるまでにはいたらなかった。それを小沢さんは独力で調査していった。

その小沢さんにすすめられて村崎君と詩人の丸岡忠雄氏が周防各地の猿まわしについての聞取をおこない、小沢さんの主宰する「芸能東西」という雑誌に連載した。これは実にすぐれたレポートである。これほどの調査があるのなら、猿まわしをもう一度復活できないだろうかと話した。それから間もなく村崎君から、もと猿をまわして歩いた五月三郎という人にめぐり逢ったと知らせて来た。その人にお願いして是非もう一度訓練してもらえないだろうかと話すと、それも可能であるという。それには訓練の状況をつぶさに記録にとっておく必要があると考え、民族文化映像研究所の姫田忠義君に録画してもらい、小林淳君にスナップをとってもらうことに話をきめた。

『民俗学の旅』

俳優の坂本長利は、宮本常一の「土佐源氏」を独芝居として昭和42年（1967）から演じつづける。「出前芝居」ともいい、求められればどんなところにも出向いて舞台を作り、平成８年（1996）１月23日に公演回数1000回を越えた。提供・坂本長利。

「土佐源氏」は宮本常一が昭和16年（1941）に高知県檮原村で聞いた、男女の秘めごともつつみかくさぬ馬喰の一代記。初めて公演を見たとき、常一は「何十年振りかにあの爺さんに逢ってる気がしてなつかしかった」と坂本にいった。また最後の病床で「元気になったら坂本君と一緒に諸国を歩いてまわってみたい」と何度もいった。提供・坂本長利。

昭和34、５年ごろに訪ねてきたあと音なしだった田耕（右）が、再び府中の宮本家にやってきたのは昭和44年（1969）11月、佐渡の真野町に鬼太鼓座を作るので協力して欲しいということだった。常一は協力してくれそうな人の名を挙げて教えた。昭和48年（1973）７月撮影・谷沢　明。

その田君がいま佐渡にいる。「佐渡は観光ブームで島の人が観光客に眼をうばわれている。この島におこなわれている鬼太鼓《おんでこ》はもとすぐれたものであったが、今は衣裳もよくなり、太鼓を打つ所作もはなやかになっているが、太鼓を打つのに力がはいらず迫力のないものになっている。もとの素朴な力強いものにしたいために鬼太鼓座を作ることにしたので協力してほしい」という。地方に住む若者たちが自信を失ってきつつあるときであったから協力を約した。そこで田君は四十五年八月に佐渡でおんでこ（鬼太鼓）学校をひらくことにした。私はその講師として出かけていって若い人たちと四日ほど行動を共にした。七日ほどの夏季学校だったのだが、参加した者の何人かがおんでこ座に入座し、この集団は活気をもって来た。私の願いは「佐渡という日本の片隅にいてもその芸能がすぐれたものであれば、正しく評価されるであろう。都会だからすぐれている、田舎だから劣るという概念を、こうした運動を通じて破ることができたらどんなに地方の人びとを勇気づけるであろう」ということであった。

『民俗学の旅』

鬼太鼓座の若い人と話す宮本常一。常一は自己を見つめながらひとつのことに挑戦する者を受入れ励ました。放浪生活をしていた田耕へも同様だった。常一が名を挙げてくれたなかの著名な作家を田耕が訪ねると、届いたばかりの印税の小切手を渡してくれた。かなりの高額だった。昭和30年代　提供・真島俊一。

昭和56年（1981）５月１日、東京・渋谷東横劇場で行われた、宮本常一追悼公演「祭はええもんじゃ」に出演した鬼太鼓座。この追悼公演には「土佐源氏」の坂本長利、周防猿まわしの会、星野正吉＝街の演歌師、黒坂正文＝現代吟遊詩人も出演した。撮影・須藤　功。

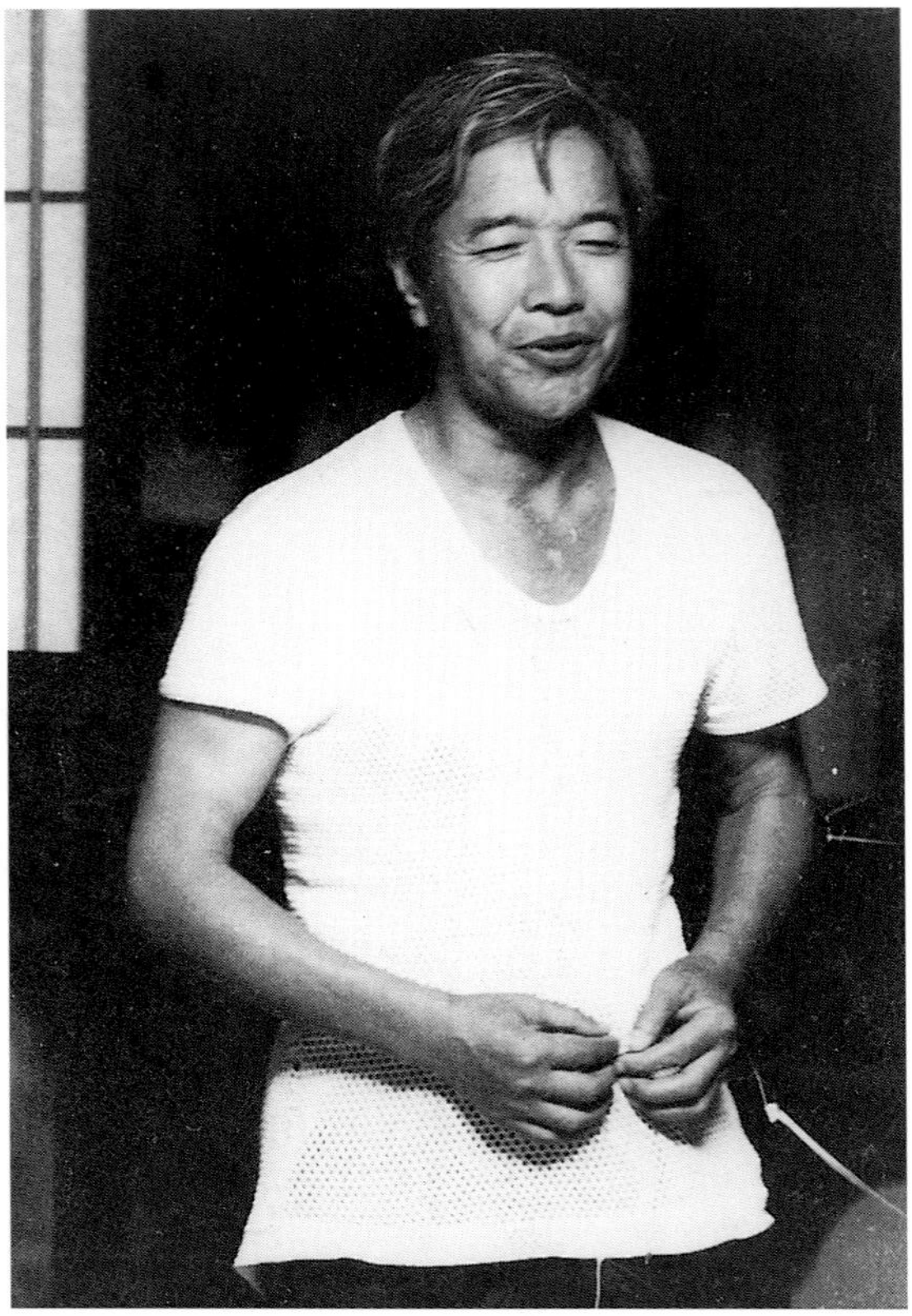

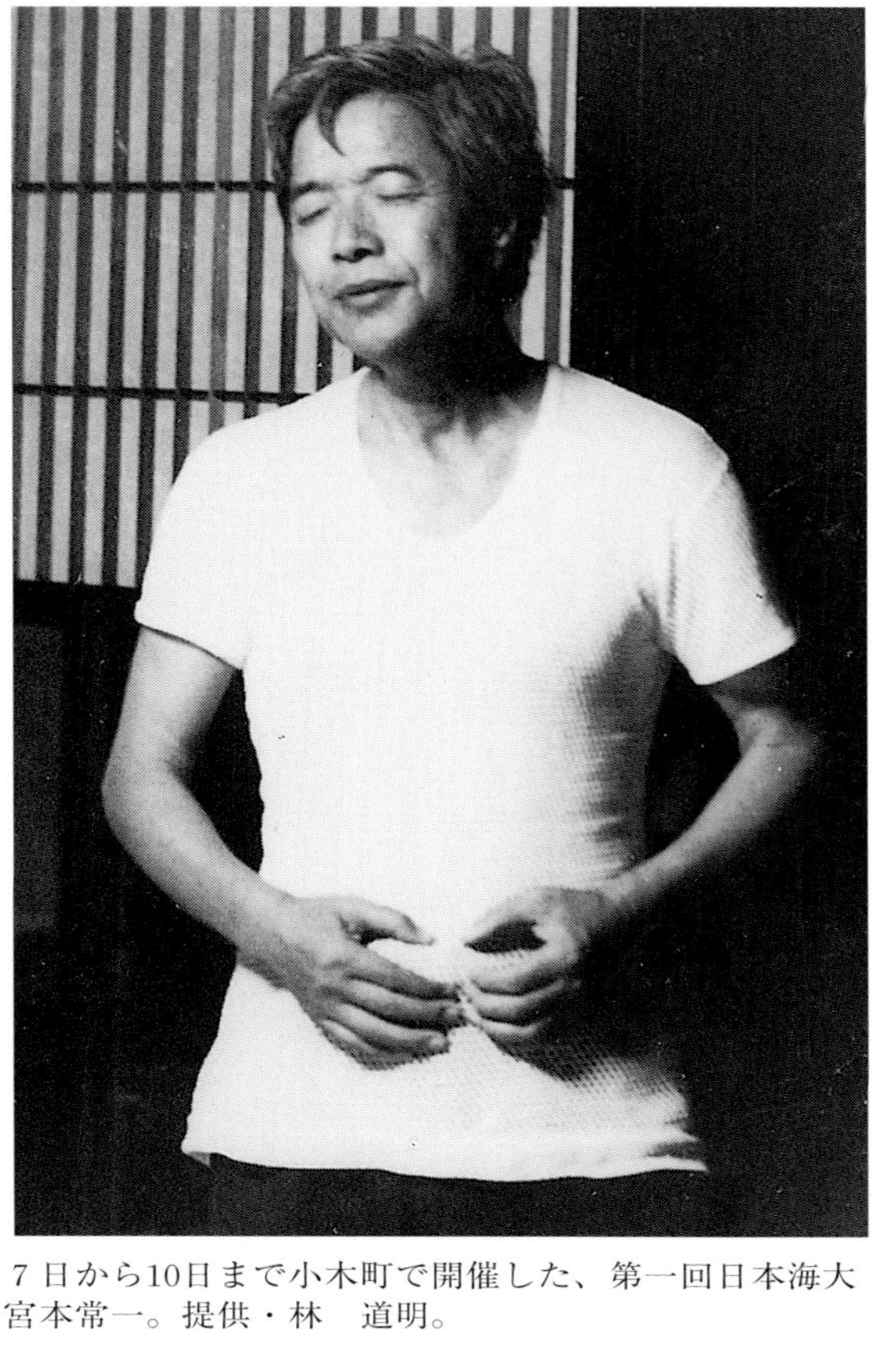

佐渡国小木民俗博物館が企画し、昭和49年（1974）９月７日から10日まで小木町で開催した、第一回日本海大学の打上げの夕、宿根木の会場で「よばいの唄」を歌う宮本常一。提供・林　道明。

奥三河と呼ばれる愛知県東部の山里に伝わる花祭は、11月から正月にかけて17ヵ所で行われ、神事舞が一夜二日にわたって途切れることなくつづく。宮本常一の師である澁澤敬三も昭和初期にほぼ毎年、足を運んだ。前にも訪れたことのある常一は、舞を真似ていかにも楽しそうだった。昭和48年（1973）11月23日　東栄町月にて。撮影・須藤　功。

私はさっそく朝五時、まだ夜が明けない中でした。先生ってどんな方かしら、お会いするのを楽しみに車で出かけました。信子さんは私を見つけとんできて、ご免なさいあの方なの。見ると、コートのエリを立て庭のかがり火に手をかざし、祭りを真剣に見ておいでででした。私はさっそく、お早うございますお迎えに来ましたどうぞ。先生はにっこりされまして、お早うございますよろしくって。今までずーと知人だったみたいに、私はほっとしました。

時間も無いので車に乗って頂きました。信子さんが後の席で、先生が助手席でした。この車小さくて安物だからヒーターが無くて御免なさい。先生は、いいえ本当にありがとう助かりました。寒い朝でしたので、本当に悪いなと思いました。まだ夜も白々明けの五時半、先生は国鉄飯田線で、また東京へも遊びに来てくださいと言い残して帰って行かれました。帰りに、信子さんから先生のお話を聞いてるうちに、なんだか昭和の水戸の御老公にお会いしたような気がして、言葉使いを知らない私は失礼なことを言わなかったかな、と心配しながらも暖かい気持になりました。

伊藤きよみ「出会い・ふれあい・お別れ」

『著者に聞くⅡ　人文科学への道』（未来社、昭和47年（1972）５月）用に矢田金一郎が宮本家で撮影。

開け放たれた教授室

—武蔵野美術大学—

先生がなくなられて二年の後、私は武蔵野美術大学で講義をするようになった。当時大学の校舎は吉祥寺と小平市小川町にあって、両方とも家から一時間ほどのところにあり、小川町の校舎は畑の中にあった。小川町というところはもと小川新田とよばれ、江戸初期の開墾部落で屋敷割、畑割、ケヤキの並木、雑木林などに昔の俤を とどめていた。私はその学校で多くのよい学生たちにあうことができた。私は教養としての民俗学や民族学、生活史などについて講義することになったが、そういうことを面白がり、追究して見ようとする意欲を持つ者がきわめて多かった。

『民俗学の旅』

武蔵野美術大学の民俗資料室。宮本常一が同大学の教壇に立っている間に、生活文化研究会の活動として蒐集した民具。二万余点になる。モノを通して教えるということからも必要としたが、すすけた道具に学生たちが造形的な美しさを見出すことに、常一自身、心動かされるものがあった。

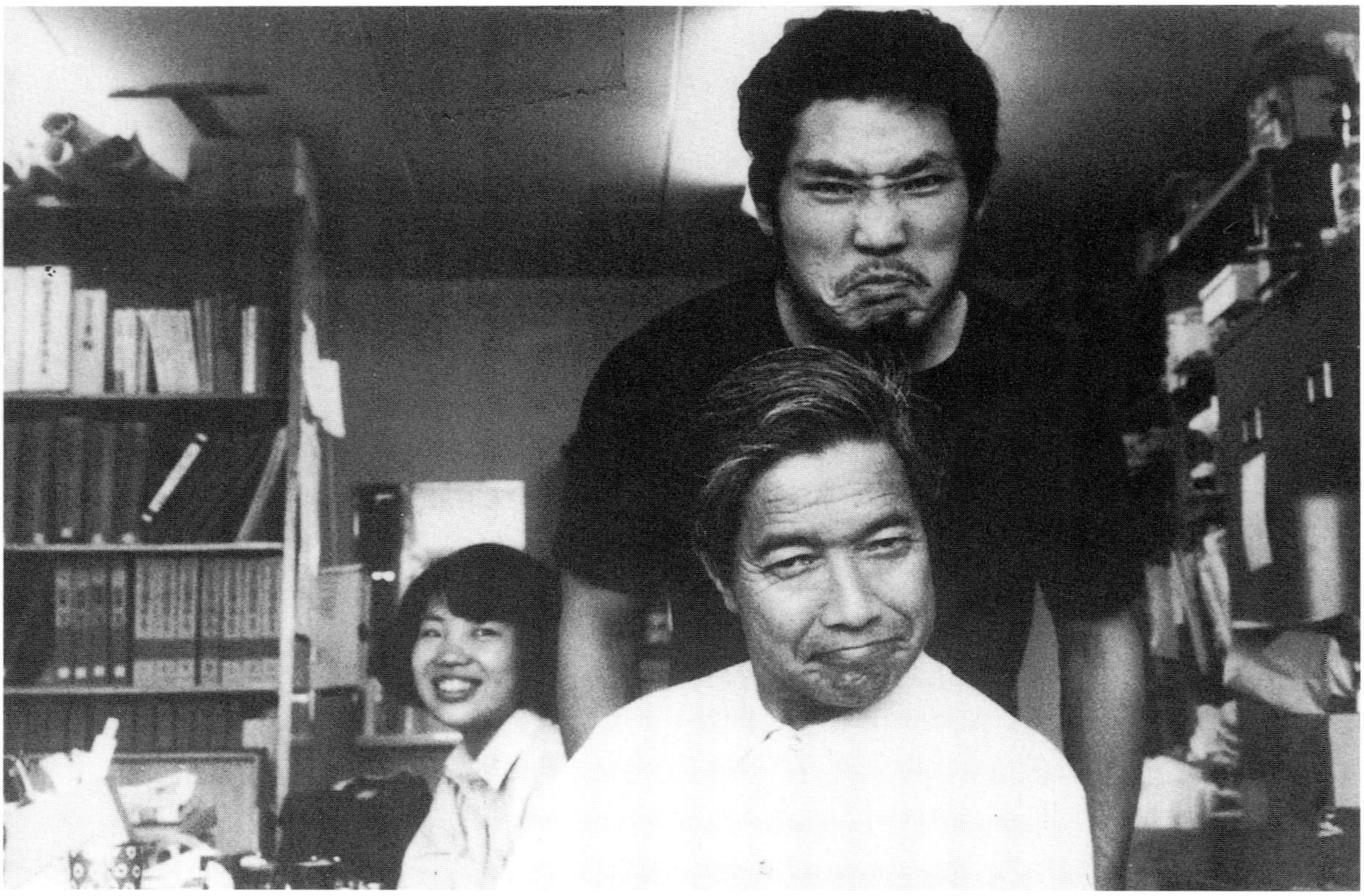

武蔵野美術大学民俗学研究室（宮本研究室）で本江（広瀬）信子の向けるカメラに面相を作る宮本常一と工藤員功。笑っているのは町井（赤井）夕美子。研究室には生活文化研究会の会員（教官も学生も）たちがいつもたむろしていた。昭和45年（1970）６月　提供・野村　陽。

武蔵野美術大学の民俗学研究室（宮本研究室）で本江（広瀬）信子が撮影。左より、鈴木（野村）陽、宮本常一、町井（赤井）夕美子、吉田（香月）節子、神保教子。昭和45年（1970）６月　提供・野村　陽。

宮本常一は昭和39年（1964）４月に武蔵野美術大学に迎えられ、定年前の昭和52年（1977）３月に退職、名誉教授となる。国立大学などからの誘いを断って美術大学に勤めることにしたのは、美術大学なら権力者もでないだろう、というのも理由だった。武蔵野美術大学にて、昭和45年（1970）６月　撮影・本江（広瀬）信子　提供・野村　陽。

鎌倉市内を歩きながら、ところどころで中世の町の成り立ちやたたずまいを武蔵野美術大学の学生たちに話し聞かせる宮本常一。昭和45年（1970）２月11日　撮影・神保教子。

江戸時代の宿場の面影をよく残す、福島県下郷町大内の総合調査をする武蔵野美術大学の学生たちと写す。宮本常一は前列の左から六人目。この大内だけではなく、学生たちは奥能登の火宮、奥会津の針生、佐渡・宿根木、土佐・豊永なども調査。常一は指導と支援を惜しまなかった。昭和44年（1969）８月４日　撮影・須藤　功。

週一回、放課後に宮本常一の民俗学研究室で開かれた生活文化研究会。常一（正面右端）は学生の発表を熱心に聞いた。美術大学にくる者は視覚が大変発達している。造形物を通して文化を理解する能力を持っている。その才能をのばすことこそ重要ではないか、と常一は考えていた。昭和43年（1968）５月　提供・生活文化研究会。

美大の短期大学の方に生活デザイン科というのがあった。女の子がほとんどであったのだが、昭和四十年にその学生たちに生活史の講義をした。ところがその中の何人かがもう一年講義が聞きたいといって専攻科へ残った。それではみんなで具体的な研究もし話しあいをするような会を作ろうということになって、四十一年四月に生活文化研究会を作った。そして週一回放課後に集ってゼミをはじめた。すると仲間に入れてほしいという仲間がふえ他の学科からも参加があった。学外から講義を盗聴に来る者はかなりの数にのぼったようで、中にはさり気ない顔をして聞いてゆく者があり、中には名乗り出て、研究会へ出席する者もあった。

講義というのは一方的なもので大ぜいの学生に話しかけるだけで名をおぼえることもほとんどない。しかしいろいろの問題をもって研究室へ来る者があり、その学生たちと話すのはたのしかった。私はどうも学生たちが大学を出て大きな会社に勤めたり、官庁へ勤めたりしていわゆる立身出世するような将来を持つ学校へ勤める気がなかった。自分の力を出しきって生きてゆくような仲間ともっとも親しくしたかった。美術大学にひかれたのは、そこが全く実力の世界であったからである。

『民俗学の旅』

宮本常一（二列目左より四人目）の教えを受ける生活文化研究会は、武蔵野美術大学の芸術祭で、民具を新たな視点で見直す展示をした。意図を示す看板には「生活への創意　生きるための必要から生み出された造形はいつも創意と合理にみちている」と書いた。昭和43年（1968）11月　提供・生活文化研究会。

物の本質のわかるということはすばらしいことであった。彼らは古いすすけた道具など見てもそれを汚いものとは見ないで、その中にひそむ造形的な美しさに心をひかれた。

従来の民俗学は事象の上をなぜて通るような聞取が多かったのであるが、美術学生は絵や図にすることが巧みで、農家や漁家にしても一軒一軒を実に丹念に測図していく。たとえば一部屋一部屋におかれている物品まで、丁寧に測図していく。それによって部屋がどのように使われているかが具体的にわかる。部屋は生きており、部屋の利用の仕方の変遷もわかる。またそのような家が組みあわさって集落ができていることもわかって来る。石川県能登の火宮というところの調査では、このような測図をおこなうことによって中世から今日までの集落の変遷を明らかにすることができた。またきわめて丹念に見てゆけば田や畑の開拓の歴史すら明らかになってゆくのである。

彼らは地理とか歴史とか、さらにこまかく美術史とか生活史とか、学問をこまかく分類してそれを身につけていく、いわゆる論理的であることにはそれほど興味を示さず、どうしたら人間の本質を知ることができるか、人間のエネルギーとは何であるか、人間の英知とはどういうものであるかを知りたがった。ただ衝動的にではなく秩序をたて実践を通して知りたがった。こうした学生の群にぶつかったのははじめてであった。

『民俗学の旅』

武蔵野美術大学の生活文化研究会の忘年会。昭和43年（1968）12月　提供・生活文化研究会。

生活文化研究会の忘年会で唄を歌う宮本常一。昭和43年（1968）12月　提供・生活文化研究会。

武蔵野美術大学の生活文化研究会の川まつりで太鼓を叩く宮本常一。昭和45年（1970）6月　提供・生活文化研究会。

川まつりで三浦（葉山）登（右）の話を笑いながら聞く宮本常一。左隣は田村善次郎。
昭和45年（1970）６月　提供・生活文化研究会。

川まつりのあと先生や学生たちと歓談する宮本常一（手前左、後姿）。昭和45年（1970）６月　提供・生活文化研究会。

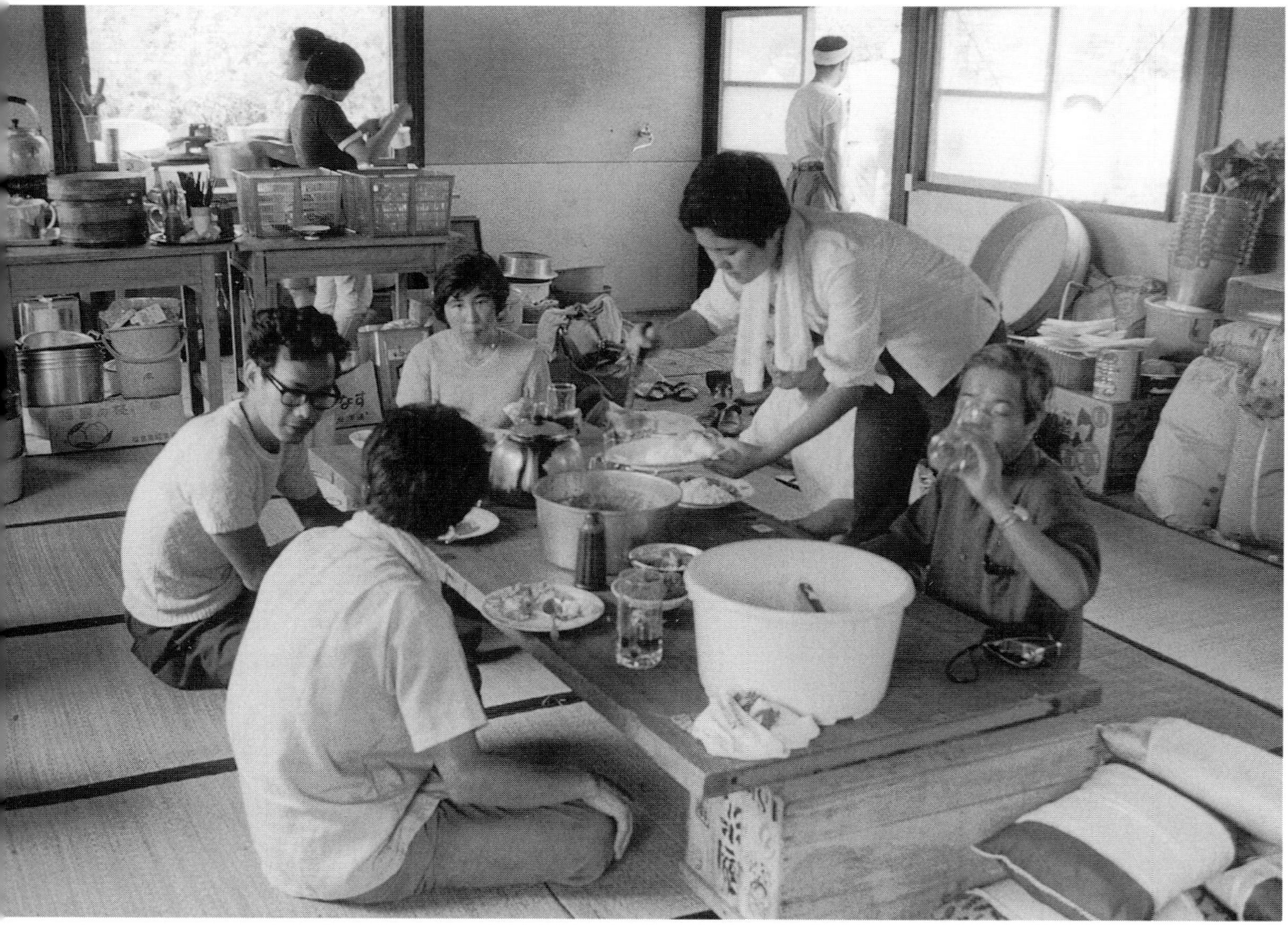

横浜市教育委員会の依頼による横浜市緑区霧ヶ丘の縄文遺跡の発掘調査は、宮本常一を調査団長に武蔵野美術大学と明星大学の学生が参加。三棟建てたプレハブの一棟を食堂にした。切り盛りは常一が懇意にしていた天平食堂の主人が引受けてくれた。その食堂で常一は麦茶を飲む。昭和45年（1970）7月　撮影・須藤　功。

さてこの発掘が進むにつれて、土器もそれほど出ないし住居址らしいものもあまり出て来ない。グリッドによってていねいに発掘していったのだが予想したようなものはあまり出て来ない。ところが、イノシシの陥し穴と思われるものをいくつか掘りあてた。ほとんどが楕円形である。それが何時の時代のものであるか明らかでない。まずそれをたしかめなければならぬ。それらの考証は本文にくわしいから省くとして、むしろ私はそのことに狂喜した。日本のきわめて古い時代に弓や槍を利用するだけでなく、陥穽による狩猟法が存在したという事実である。

縄文期の人たちは狩をおこないつつ移動して生活することが多かったのではないかと思っていたのだが陥し穴を作ってイノシシの落ちるのを待つ生活は、そこに定住度の高かったことも想像される。とにかく掘りすすむうちに13個の陥し穴を掘りあてた。しかもその様式が少しずつ違う。それが年代差にもつながるように思われる。中には表土から数メートル下になっているものもある。「序」『霧ヶ丘』

霧ヶ丘は多摩丘陵東南部にあって、発掘は昭和45年（1970）７月20日から翌46年４月24まで、三次にわたって行われた。宮本常一はほぼ毎日、現場を訪れた。昭和45年（1970）７月　撮影・須藤　功。

霧ヶ丘遺跡で発掘された陥し穴。この後、各地で同じような陥し穴が発掘された。発掘後ここは団地になった。昭和45年（1970）７月　撮影・須藤　功。

武蔵野美術大学の一室に積まれた宮本常一の資料。ないのは鼻紙ぐらいというほど、幼い日からのさまざまなものが残されていて、整理はいまもつづいている。平成15年（2003） 3 月28日　撮影・須藤　功。

新たな旅の模索
――日本観光文化研究所――

私は、ここをやめましても、実はもうひとつ小さな研究所を持っています。日本観光文化研究所という研究所ですが、これはごく小さいのです。小さいけれども、ここを拠点にしてもう、ボツボツこれから先、この学校で育った諸君の業績を書物などにして出していく仕事もやりたいと思っています。単に私の周囲におる人だけでなくて、諸君らの中に一人でもそういうことに関心を持ってやろうとする人がおるならば、私のほうはいつでも受けて立つ用意だけは持っておるわけです。それがこの学校の卒業生でなければ、あるいは学生でなければできないような価値の高いものにしていただきたい、それを念願してやまないのです。

「生活と文化と民俗学」

日本観光文化研究所の事務局長を勤めていた宮本千晴が、昭和45年（1970）８月、東海大学の学生たちとカナダ北極圏の旅に出ることになり、研究所のみなんで歓送会を開いた。当時の研究所の顔ぶれがほぼそろっている。

北里病院（東京都港区白金）の宮本常一の病室から見えた、工事中の首都高速２号線。昭和42年（1967）７月　撮影・須藤　功。

日本観光文化研究所の『あるくみるきく』が創刊された昭和42年（1967）３月、宮本常一は肺結核が再発して北里病院に入院した。同年７月　撮影・須藤　功。

北里病院の病室は宮本常一（中）の執筆室の感があった。昭和42年（1967）２月に第１巻を出し、全30巻の予定だった『私の日本地図』の初期の原稿はこの病室で執筆された。右で話すのは『私の日本地図』を編集した福永文雄。左は宮本千晴。昭和42年（1967）７月　撮影・須藤　功。

日本観光文化研究所の新年会、昭和45年（1970）１月13日、場所はキリン園。顔ぶれのそろった初めての集合写真。左から、前列、石山（倉田）正子、湯浅美也子、伊保由美子、町井（赤井）夕美子、志村（西山）妙、宮本常一、青木俊子、吉田（香月）節子、伊藤碩男。中列、藤川繁彦、稲垣尚友、田村善次郎、早川久雄。後列、相沢韶男、西山昭宣、須藤功、宮本千晴、山崎禅雄、渡部武、佐藤健一郎、神崎宣武、中島竜美、菅沼清美。

日本観光文化研究所の設立を勧めた近畿日本ツーリスト株式会社の馬場勇副社長。昭和49年（1974）1月11日逝去。『ひまわり』馬場勇追悼号より。

この研究所は私が大学へ勤めるようになった四十年に近畿日本ツーリストから研究費を出してもらって作ったものである。これはツーリストの創立十周年記念に日本の旅館の歴史を書いてほしいと、同社の旅館連盟から依頼をうけて、教養文庫の一冊として『日本の宿』を書いたことが動機になった。この書物を書いたとき、ツーリストの副社長馬場勇氏と二、三回逢う機会を持ち、日本を明るくはつらつとした国たらしめるためには、できるだけ太陽の下に出て、太陽の下で生活し、光の中にお互の生命の躍動を見るようにすることが何より大切なことではなかろうか、ということをいろいろの具体例をあげて論じたことがある。すると、そういうことについての研究活動を続けて見てはどうかということになり、爾来今日まで、ここに美大だけでなく方々の大学に学んだ多くの若者たちが集って、それぞれのテーマを持って研究活動をつづけている。研究員は四〇人をこえるほどいるけれども給料は払っていない。　『民俗学の旅』

東京・秋葉原の昭和通りに面して建つ近鉄ビル。近畿日本ツーリスト株式会社の本社があるこの7階に日本観光文化研究所は発足した。平成14年（2002）12月撮影・須藤　功。

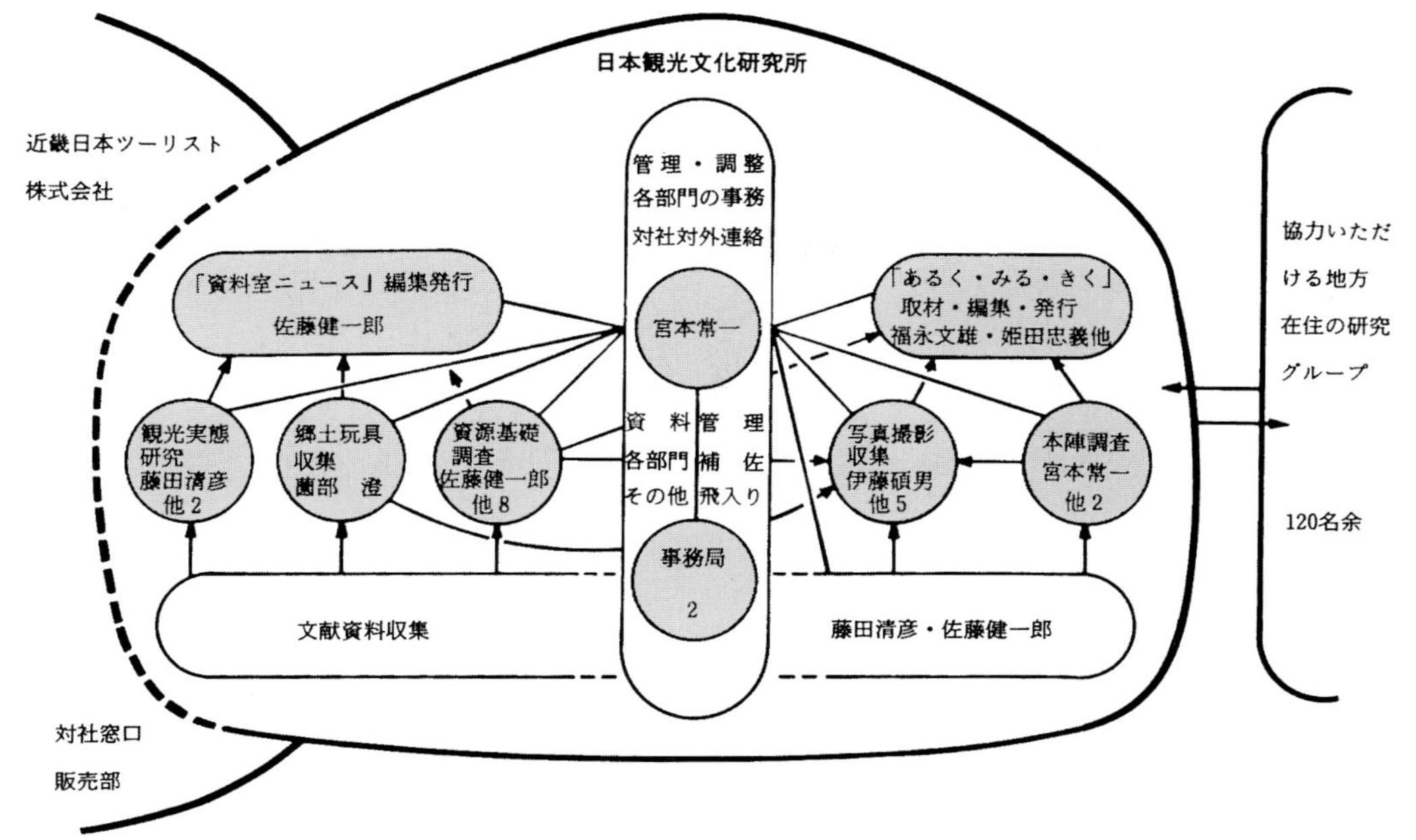

日本観光文化研究所の構成・現在進めている仕事（人名はリーダー、数字は携わっている人員、ただし重複する場合もある）

日本観光文化研究所出身の大学教授、助教授、講師は20余名いる。それは初めから約束されていたものではない。やってくるどこかうさんくさい、それでいて何か一つのことに夢中になる人材をどう組織し、どう活かすかということは、研究所の初めからの課題だった。『観文研・二十三年のあゆみ』。

宮本千晴（左奥、横向き）の起草した組織図を検討する。右から福永文雄、宮本常一、西山昭宣。左後向きは田村善次郎。昭和46年（1971）11月24日　撮影・須藤　功。

近鉄ビル７階の日本観光文化研究所から雪の台東区台東を見る。上部のビルは凸版印刷。下は首都高速１号線。昭和40年代　撮影・宮本千晴。

日本観光文化研究所の創設期の事務局は、庶務、経理はもとより雑誌・通信類の発送、電話や来客の応対など多様で大変だった。それを志村（西山）妙、湯浅美也子（写真）、山田まり子らは見事にこなした。昭和40年代　撮影・宮本千晴。

日本観光文化研究所の月刊誌『あるくみるきく』は、昭和42年（1967）３月に創刊された。ささやかな冊子ながら、一冊ごとにみんなで知恵を出しあって編集した。遅くまで編集作業をする宮本千晴（左）と清家（渡部）順子。昭和43年（1968）６月15日　撮影・須藤　功。

「あるく・みる・きく」もいつの間にか一〇〇号が出るまでになってしまった。それはまた観光文化研究所の歩みつづけて来た歳月でもあった。一〇〇号までたどりつくまでの歳月は長いようでもあり、また短くもあった。こういう雑誌は当時はほとんどどこにも見かけなかった。創始者ではないけれども他にならってこれを出したのではない。

「あるき、み、ききながら考えた一〇〇冊」

『あるくみるきく』は創刊から22号までは182×172、23号から200号までは182×230の変形、201号から最終巻の263号（別に臨時号２冊）までは定形のＢ５判だった。

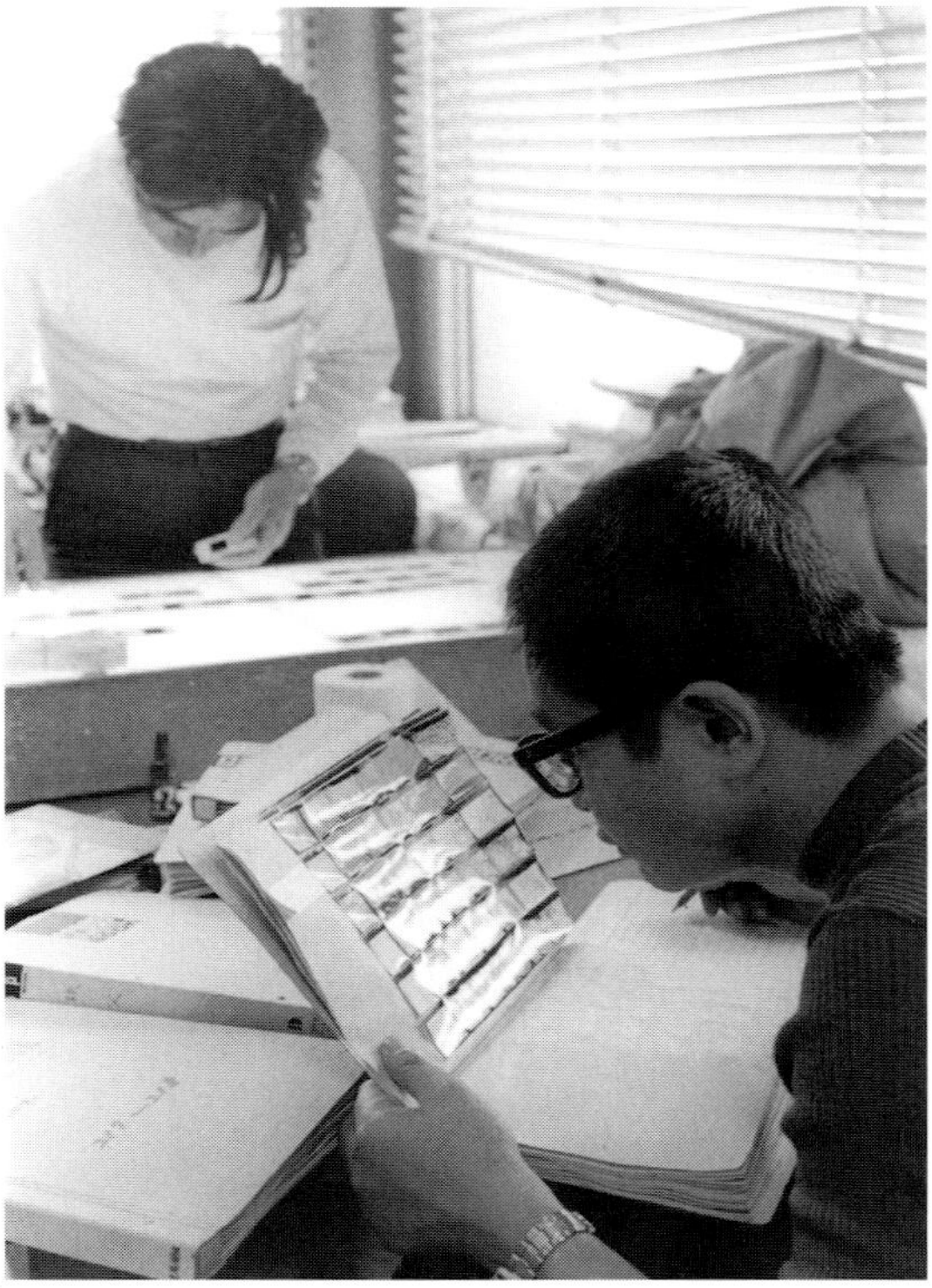

編集用の写真を選ぶ西山昭宣（右）と、撮ってきた写真を整理する姫田忠義。昭和49年（1974）6月14日　撮影・須藤　功。

撮ってきた写真を見る宮本常一（中）。ときには撮影者に厳しい注文をつけた。昭和43年（1968）6月　撮影・須藤　功。

日本観光文化研究所で資料の整理をする、武蔵野美術大学で宮本常一に教えを受けた、左から、佐々木真紀子、相沢韶男、北原（森本）真由美、須藤護、不明。撮影・宮本千晴。

『あるくみるきく』70号の特集「私たちの旅を語る」の座談会は、宮本常一（正面左寄り）ほか14名で行われ、食事をしながらなお話は途切れなかった。昭和47年（1972）10月19日　撮影・須藤　功。

調査と研究の経過を話す「みやげ話」。第一回は五百沢智也（右手を顎におく）が行った。毎月第二、第三月曜日が「みやげ話」の日になっていた。宮本常一は右端。左端は賀曽利隆。昭和48年（1973）５月21日　撮影・須藤　功。

日本観光文化研究所の活動の一環ではあったが、民族文化博物館開設のために、別枠の予算で民具が蒐集された。撮影・宮本千晴。

蒐集した民具は千葉県松戸市の民具収蔵庫に収納された。博物館の開設は昭和50年（1975）の予定だったが、馬場副社長の逝去によって延期となる。昭和55年（1980）までに蒐集した民具は、陶磁器約5300点、竹細工約1900点、木器約1100点、染織物資料約1400点、人形・玩具約2800点、竹細工以外の編組品約150点、藁製品約150点、紙製品約360点、その他約200点、あわせて約１万3000点。撮影・宮本千晴。

千葉県松戸市の近畿日本ツーリスト社員寮の敷地内においた、通称「民具収蔵庫」。建坪約70坪のプレハブで正式名は「民族文化博物館準備室」。撮影・宮本千晴。

民族文化博物館の開設は宮本常一の逝去で難しくなる。平成元年（1989）3月末日の日本観光文化研究所の活動停止にともなって、蒐集した民具は武蔵野美術大学に移管された。撮影・宮本千晴。

資料室に収蔵された資料の目録ができたので印刷に付することにした。蒐集された資料は陶器・郷土玩具・民間染織関係のもの・竹細工などを主とし、その他保存すべきものと思われるものを若干含んでいる。

これらのものの蒐集の始められたとき、陶器のうち下手物とよばれる雑器類、すなわち甕・壺・徳利・丼、湯たんぽなどのようなものに対して一般民衆はほとんど関心を示していなかった。そこでそういうものを今のうちに全国的に集めてみておくことによって日本民族の文化の一つの面、それをどのようにして作り出し、どのように利用し、またそういうものがどのように流通分布していったかを知りたいと思った。ところが途中万国博覧会がひらかれ、外人が陶器類につよい関心をよせていることから、そういう人たちへの売りつけを考えての蒐集が古物商たちによってすすめられてゆき、国内全体にブームをよびおこし、一般日本人自体もこれに関心を示すようになり、蒐集が困難になりはじめた。

「博物館資料目録序」『民具収蔵リスト』1

日本観光文化研究所設立のきっかけは、近畿日本ツーリスト協定旅館連盟の依頼で、宮本常一が『にっぽんのやど』（のちに『日本の宿』）を執筆したことだった。協定旅館連盟からの依頼はつづき、二冊目の『大名の旅』のとき、分担して執筆するために、かつての宿場や本陣の調査をしていた、当時、武蔵野美術大学の学生だった相沢韶男は、会津西街道で昔の姿をよく残す大内宿（福島県下郷町）を知り、昭和44年（1969）8月、常一を代表に研究所と武蔵野美術大学が合同で大内宿の総合調査を行った。畑で鎌を見せてもらう常一。8月3日　撮影・須藤　功。

大内宿の人々が残し伝えてきた家並みの重要性と保存への協力を話す宮本常一。しかし、このとき総合調査とは無関係にはいっていたテレビ局の報道姿勢に対する反発などがあったりして、「伝統的建造物群保存地区」の選定を受け入れるまで長い時間がかかった。昭和44年（1969）８月３日　撮影・須藤　功。

大内宿の総合調査は、夏につづいて年末にも行った。茅屋根に雪をおいた家並みはまた一段と美しかった。昭和44年（1969）12月27日　撮影・須藤　功。

宮本常一が新潟県でも特に雪の多い山古志村を訪れたのは、昭和45年（1970）9月13日。翌年1月27日付の『朝日新聞』に掲載の「村を歩いて」は、その村での見聞などから農政の不備を突いたもので、刺激を受けた村長はあらためて常一に村活性の指導を依頼する。常一（左端）は日本観光文化研究所の所員を伴って村を訪れ、当時の佐藤村長（右、手を上げる）の説明を梶金支所で聞く。昭和46年（1971）1月15日　撮影・須藤　功。

今回もまた村をひととおり見せていただきました。その中で多頭飼育の畜舎を見せてもらったのですが、あんな牛の飼い方をしていて採算がとれるだろうか、と思って心細くなりました。ここの人たちは牛の飼い方を知らないのではないかと思ったのです。

あのようにして牛を畜舎につないでおいて、濃厚飼料とワラだけ与えて、それで水ぶくれにして売る魂胆ならそれでいい。しかし水ぶくれにするまでには、相当お金がかかるんじゃないですか。

ここの山を見ますとね、クズがすごいほど繁っておる。私が昭和四十何年かに来たときは、クズはこんなになかった。クズをこれだけはびこらせておいて、そして牛の尻にしこたま糞をつけて、舎飼いをしておる。あんな牛の飼い方をしているようでは、山古志の人たちは牛飼いのうちに入らないと思った。

「活気ある村をつくるために—宮本先生の講演から」

屋根に積もった雪を下ろすことを村では雪掘りという。その雪掘りを毎日しなければならない大雪の年もある。雪雲が切れて陽が差す日は、心も晴ればれとする。昭和46年（1971）2月7日　撮影・須藤　功。

半年近く雪に埋もれて生活する心情を汲みながら、宮本常一（左）は山古志村の人々に、農業、産業、そして観光開発の視点などを話す。以後、須藤護、青柳正一、香月洋一郎、吉田（香月）節子、町井（赤井）夕美子らを実働部隊として民具資料館を作り、牛の角突きを国の重要無形民俗文化財にするまで協力がつづいた。昭和53年（1978）8月28日　撮影・青柳正一。

日本観光文化研究所所長（宮本常一）講義、通称「独演会」は昭和48年（1973）６月４日を初回（写真）に、８月は休んで毎月第一月曜日に行われた。誰でも聴講できた。撮影・須藤　功。

「旅人たちの歴史」の講義を六年、昭和54年（1979）７月６日からは「日本文化形成史」となった。最後となるのは昭和55年（1979）11月５日の「中国の旅」で、疲れのひどいのを見かねたまわりのものが終わりを告げ、七年間にわたる独演会は幕を閉じた。昭和48年（1973）９月３日　撮影・青柳正一。

日本観光文化研究所が近鉄ビルから第二コモダビルに引き移ったとき、多分昭和四九年の秋であったと思うが、研究所活動の一端として、幕末から明治へかけての紀行文を講読し、その中からどのように世情を理解できるか、つまり紀行文を通じて民衆社会の世相史をしらべて見ようということになり、いろいろの書物をテキストにして、昭和五四年春まで続けて来た。

書物の名をあげてみると『奥の細道随行日記』、『菅江真澄遊覧記』、『日本九峯修行日記』、『東遊雑記』、『筑紫紀行』、『塵壺』、『西遊草』、『江戸参府旅行日記』（ケンペル）、『江戸参府紀行』（シーボルト）、『日本奥地紀行』（イサベラ・バード）、『日本その日その日』（モース）などであった。

『野田泉光院』

所長講義では宮本常一が一人で三時間近くも話しつづけた。聞く方はときには手に酒、あるいは菓子をほおばりながらということもあった。昭和40年代　撮影・宮本千晴。

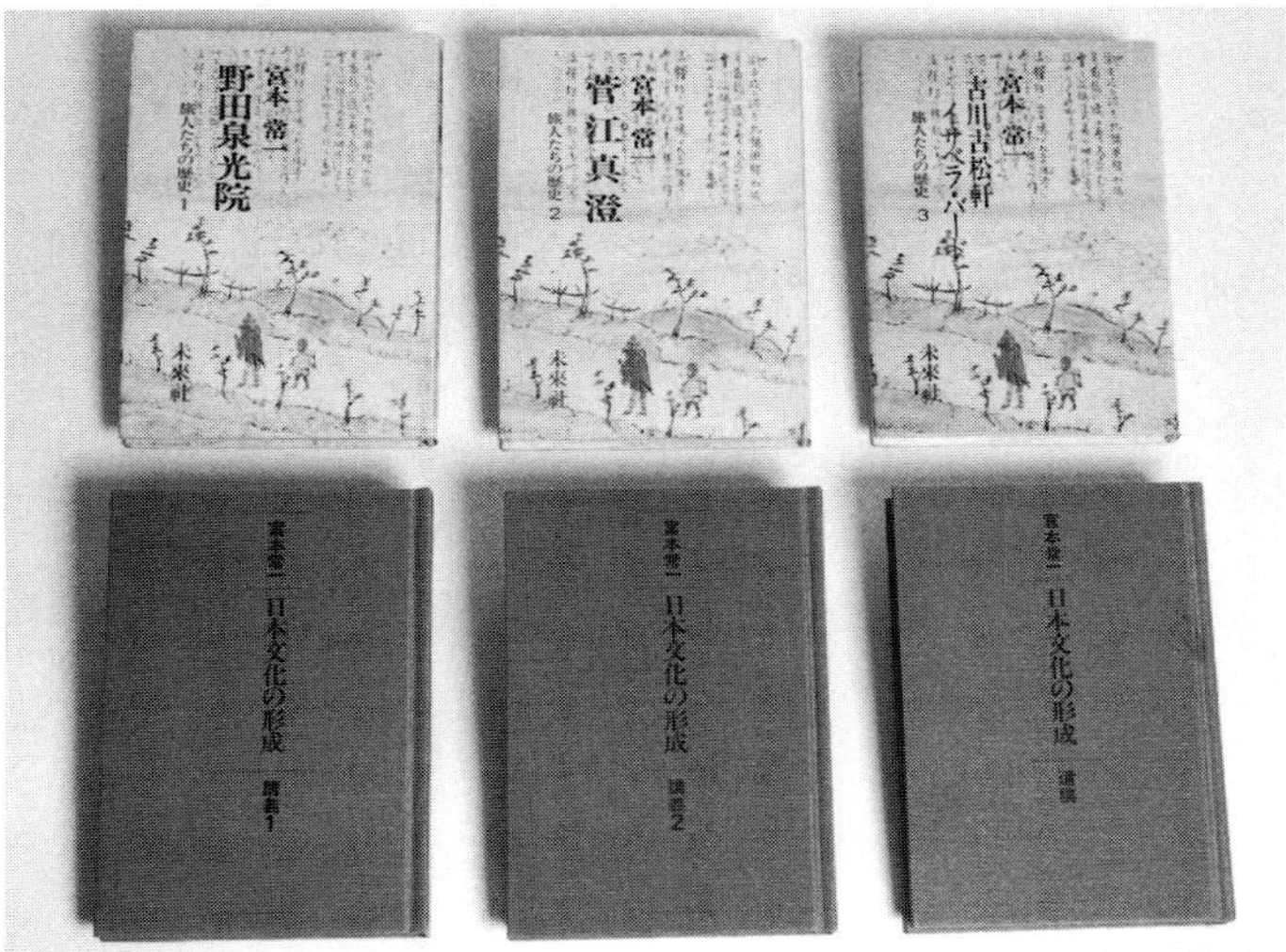

録音した所長講義のテープを所員が起こしてまとめた上の三冊は未来社から、下はそしえてから刊行された。最後の講義「中国の旅」は『あるくみるきく』174号に収録された。

昭和48年（1973）12月22日、日本観光文化研究所での忘年会。演題は何だったか、とにかく宮本常一の芸にみんな笑い転げた。撮影・須藤　功。

宮本常一が芸を見せたあと、相愛の二人が高い席に上げられて、みんなに祝福された。所員のこうしためでたい結びつきは結構あって、祝いの会も少なくなかったが、宮本常一はたいてい時間をつくって会の仲間になった。昭和48年（1973）12月22日　撮影・須藤　功。

昭和49年（1974）２月23日、森本夫妻、稲垣夫妻の結婚を祝う会。研究所の一室のテーブルや椅子を隣に移したにわか作りの会場に、旅を切り上げて馳せ参じる者もいた。宮本常一のユーモアあふれる“祝辞”に始まった会は、遅くまで笑い声が絶えなかった。撮影・須藤　功。

別に順番に芸を披露しなければならないわけではない。歌いたい者、踊りたい者が勝手にやる。宮本常一はいつもそれをニコニコしながら見ていた。昭和49年（1974）２月23日　提供・青柳正一。

昭和49年（1974）11月、日本観光文化研究所、近鉄ビルから台東区台東の第二コモダビル二階に移転。部屋は狭くなったが来客が減ることはなく、この日は日本民具学会会報の編集が行われた。左から、宮本常一、木下忠、縣敏夫、神崎宣武。昭和51年（1976）3月11日　撮影・須藤　功。

移転した第二コモダビルの一階はパン屋で、昼近くなるとおいしそうな匂いか漂ってきた。そのころになると宮本常一はよく「誰かパンを買ってこんか」といった。昭和50年（1975）6月2日　撮影・宮本千晴。

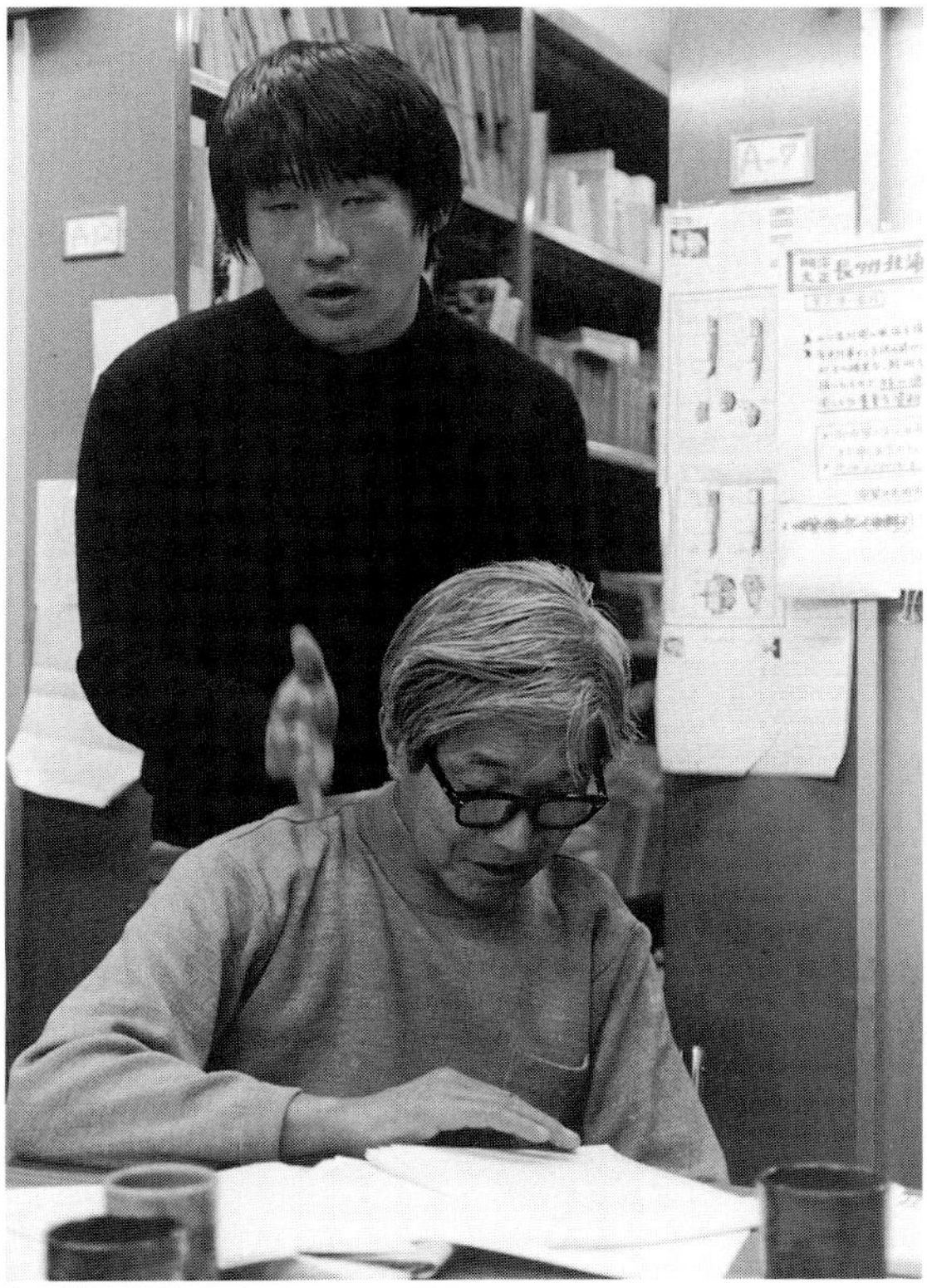

講義の準備をする宮本常一の肩を叩く北村誠一。武蔵野美術大学の教え子の一人。彫刻科の学生で遺跡の発掘をやり、石臼の調査をしていた。昭和51年（1976）11月　撮影・宮本千晴。

23年つづいた日本観光文化研究所、その事務局にもっとも長く勤め、やってくる者の事務にあたった山田まり子。昭和52年（1977）11月２日　撮影・宮本千晴。

第二コモダビル二階の、うなぎの寝床のような縦長の室のほぼ半分を書棚が占めていた。ときには書棚の間で来客の応対ということもあった。右から、三輪主彦、宮本千晴、小箕俊介、北村誠一、宮本常一。昭和51年（1976）　提供・宮本千晴。

近鉄ビルも第二コモダビルも最寄駅は秋葉原駅。電気街とともにその周辺には小料理屋も多く、何かしら理由をつけての宴がしばしばあった。この日は連れ合いを亡くした所員を励ます会。右は伊藤碩男、宮本常一の左には20名ほどが席を連ねている。昭和52年（1977）２月１日　撮影・宮本千晴。

新たな道へ進む山田まり子を囲む会。昭和54年（1979） 4 月 3 日　撮影・宮本千晴。

昭和49年（1974）12月23日、第二コモダビルの研究所での忘年会。初め宮本常一（右奥）は、大きな地図ケースをテーブルにしたその中央に座っていたが、いつの間にか書棚の間に引っこんで、所員の様子を楽しそうに眺めていた。左より、山崎禅雄、賀曽利（大熊）あけみ、一人おいて伊藤由紀子、山田まり子。撮影・須藤　功。

研究会をやるというので、それはいいだろう、研究に少しけじめをつけようではないかということだったもんだから、簡単に考えておりました。ところがほうぼうあるいておりましたら、「案内状をもらったんだけれども」という話をききまして、それは何の話だといったら、「先生の何か集いがある」というんできいてみますと、どうも大変なことになってきておる様子なので、「これは、これは……」と思ったんですけれども、いまさらもう断るわけにまいりません。それで「まあとにかくそれでは」と思いまして、ここへ立ったわけなのです。どうも皆さん方、無理に引っ張り出されて、大変ご迷惑をかけまして申しわけございません。くだらん話をきいていただくというんで、こちらは大変もったいないと思っておりますけれども。

「あるく・みる・きく・考える」

「祝う」などというと反対され、しかも大目玉を食う恐れがあったため、「宮本常一ファンの集い」と称して開いた古稀（満71歳ではあったが）の祝い。東京・青山の健保会館の会場には200余名が集い、常一とひとときを過ごした。昭和53年（1978）12月18日　撮影・須藤　功。

岩手県大迫町に伝わる大償神楽も駆けつけて、宮本常一と参会者一同がいつまでも元気であるように祓いの神楽を演じてくれた。撮影・須藤　功。

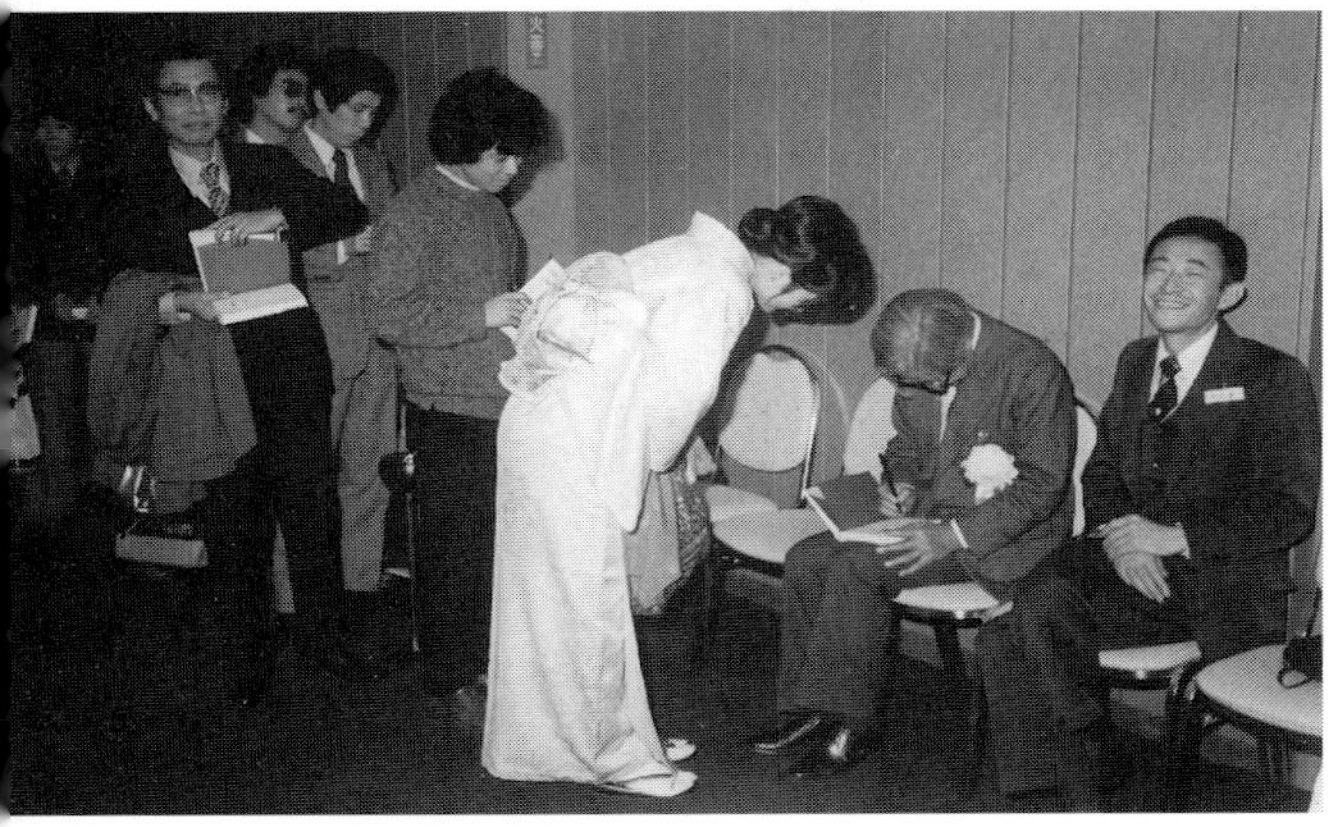

宮本常一はこの日に合わせて出した『民俗学の旅』を参会者へのお礼とした。その本にサインをねだるそれぞれの顔を見て常一は言葉を書いた。撮影・須藤　功。

西谷能雄未来社社長の祝いの言葉を、贈られた花束を抱いて聞く宮本常一。撮影・須藤　功。

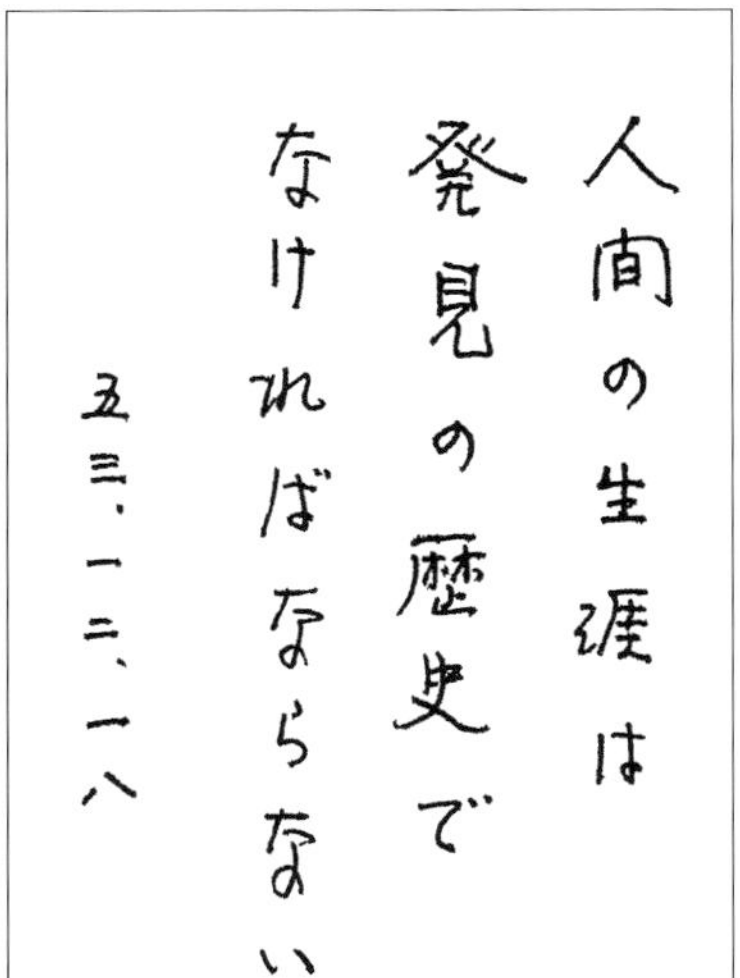
人間の生涯は
発見の歴史で
なければならない
五三、一二、一八
宮本常一

須藤功に書いてくれた言葉。

「宮本常一ファンの集い」の会場は、研究所、大学、出版、報道、常一の関わる研究会など多彩な人で埋まった。残念だったのは直前に怪我をされて、奥様がこられなかったことである。撮影・須藤　功。

日本観光文化研究所は昭和54年（1979）12月21日、近鉄ビル裏の不二ビルに移転。近畿日本ツーリストの研究所担当の多木忠雄（右）と打合せをする宮本常一。撮影・須藤　功。

移転した日本観光文化研究所の新室開所の挨拶をする宮本常一（後姿）。右手前に座るのは当時の近畿日本ツーリスト社長明石孝。昭和54年（1979）12月21日　撮影・須藤　功。

昭和55年（1980）7月17日、近畿日本鉄道の鳥羽・志摩線の鵜方駅前に開館した「志摩民俗資料館」は、近鉄興業株式会社の依頼を受け、日本観光文化研究所が資料収集、調査から展示まで一切の作業を行った。下見をしたのは同年2月、開館までわずか5ヵ月しかないという事業を、宮本常一の指導のもとに所員一同が協力しやりとげた。写真撮影・谷沢　明。

農具、漁具、生産用具などの民具（生活用具）蒐集に対する志摩五町、すなわち阿児町、志摩町、大王町、磯部町、浜島町の人々の協力は大きく、展示への準備は順調に進んだ。撮影・宮本千晴。

蒐集して収蔵庫に運びこまれた民具。これらを洗浄し、こわれているところがあれば直し、誰にでもわかるような説明をつけて展示する。人手を要する作業はこの後もつづく。撮影・宮本千晴。

近鉄興業が用意してくれた賢島の宿舎には、多いときには20人近くが寝泊まりして蒐集にあたった。宮本常一もしばしば訪れてともに家々をまわった。常一の口から思いがけない話も出る朝のひととき、左から、宮本常一、小島孝夫、田辺（石野）律子、松村牧子。撮影・谷沢　明。

一九八〇年五月下旬の一〇日間を、志摩半島民俗資料館設立準備委員会に参加させてもらった。その時に、宮本先生を車で御案内したことがある。それまでは、宮本先生と言えば雲の上の人のように思っていた。一度だけ観光文化研究所において直接話をうかがったことがある。私は百姓をやりたいが、日本の中で新たに百姓を始められる場所があるだろうか、という質問に対し、先生はていねいに話をして下さった。残念ながら詳しい内容は覚えていないのだが、私のような学生に対しても他と変わらぬていねいな詳しい話をして下さったことに対する感激は今も忘れない。

その先生を、図らずも自分の運転する車に乗せて走ることになった。この時の緊張感は、大変なものだった。安全運転、安全運転と心に念じながら車を走らせた。目的地は青峰山正福寺。山の上に建つ古い寺で、志摩の金毘羅さん的存在の寺だ。この山の登りもヘアピンカーブの連続で恐ろしい所なのだが、何かの拍子にもっと山奥の猪垣を見ていこうということになってしまった。ここには四方八方に遠々と続く大規模な猪垣があり、先生はえらく感激して下さって、専門的な話をなされたのだが、私は狭い道、切り立った崖の方に気をとられていたので、話は全く覚えていない。

山口清彦「宮本常一先生」

志摩民俗資料館開館の朝、館内をまわって最後の点検をする宮本常一（背広姿）。展示は常設の「海に生きる志摩」、「暮らしと道具」、「暮らしの中のやきもの」で構成された。撮影・宮本千晴。

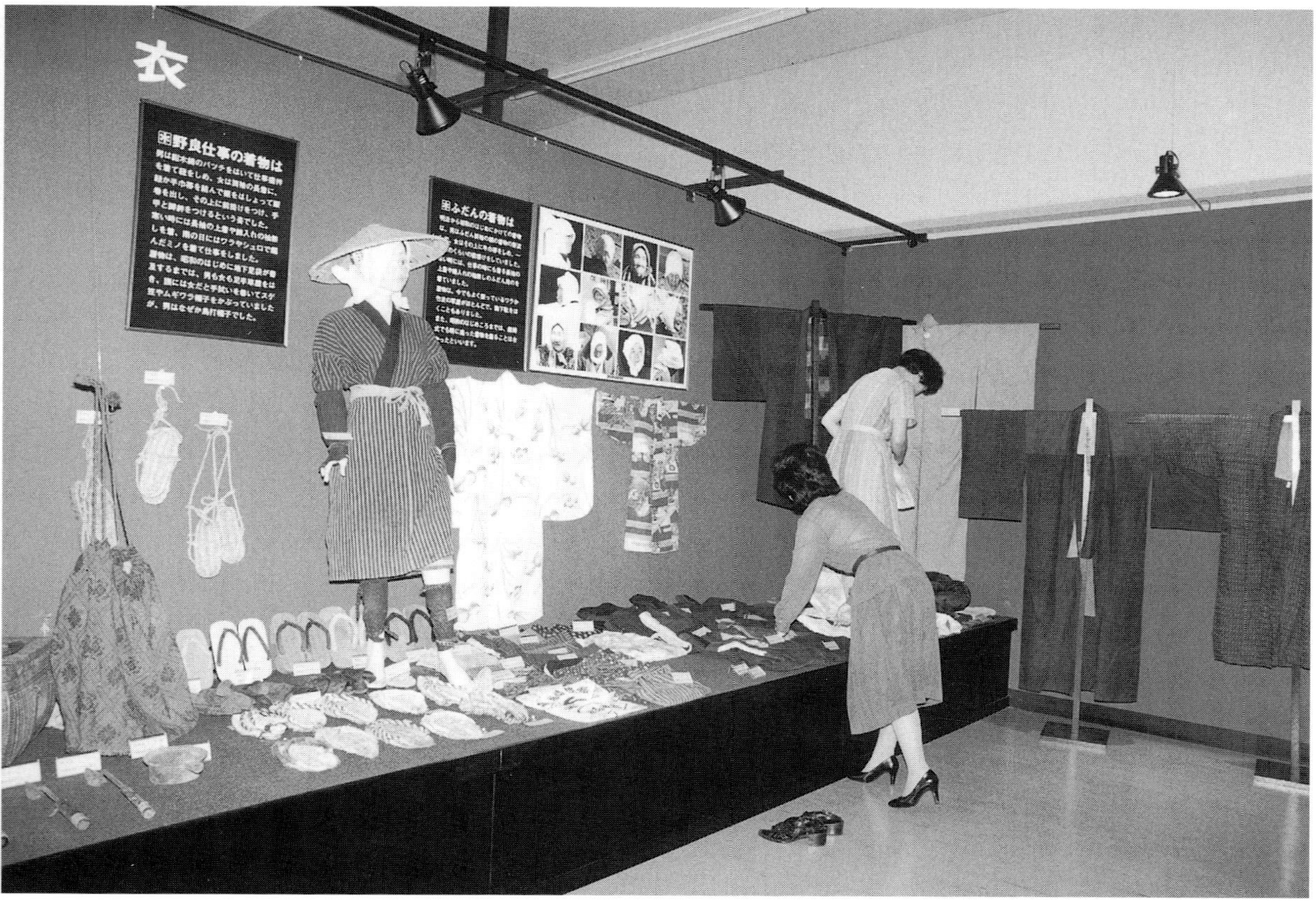

志摩民俗資料館開館の朝、「暮らしと民具」のコーナーの手直しをする。ほかに「写真展示」と「志摩のまつり」のコーナーがある。小劇場も設けられていて開館記念に阿児町安乗の文楽が公演された。撮影・宮本千晴。

開館のテープカットの後、近鉄興業株式会社の役員に展示品の説明をする宮本常一（右端）。蒐集した民具は約4000点、作業人員は延730人になった。撮影・須藤　功。

志摩民俗資料館開館式の後、この日きていた全員ではないが、これが宮本常一を囲む最後の記念写真となった。左から、前列の二人は森本孝、工藤員功。二列目、宮本千晴、森崎範行、藤井（印南）悠子、宮本常一、笠原昭二、岩井宏實、田辺（石野）律子、山田まり子。後列、佐々木真紀子、賀曽利隆、須藤護、印南敏秀、小島孝夫、谷沢明、松村牧子、神保教子、神崎宣武。撮影・須藤　功。

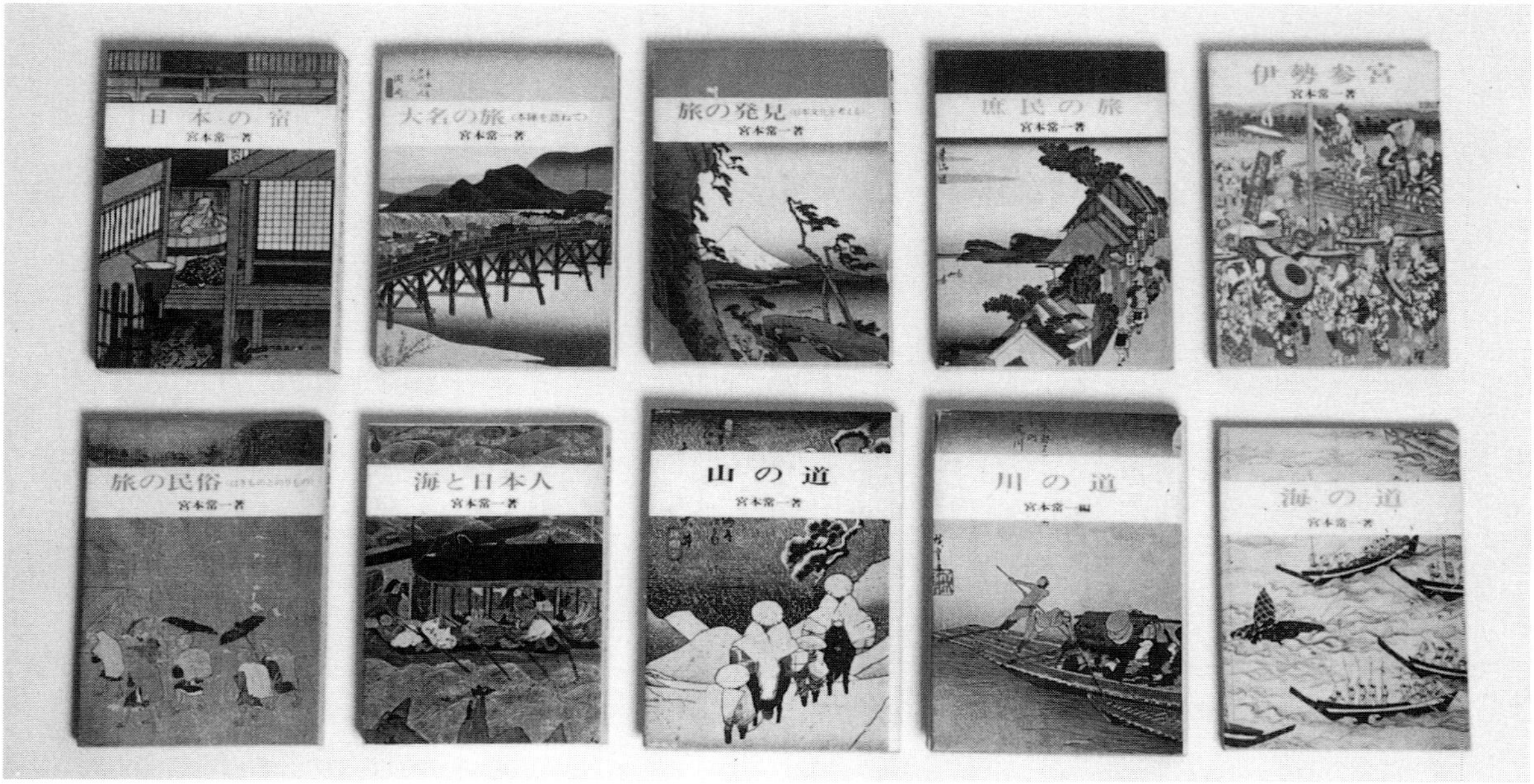

近畿日本ツーリスト株式会社と同社の協定旅館連盟の依頼で執筆・編集した旅シリーズの10冊。左上から『日本の宿』（初めは『にっぽんのやど』）、『大名の旅』『旅の発見』『庶民の旅』『伊勢参宮』『旅の民俗』『海と日本人』『山の道』『川の道』『海の道』。最初の『にっぽんのやど』が日本観光文化研究所設立のきっかけとなった。

国土社の依頼により日本観光文化研究所が企画・編集、宮本常一監修による子ども向けの風土記『日本に生きる』全20巻。最初の沖縄・奄美編は昭和49年（1974）、最後の総集編は昭和52年（1977）に刊行された。上の旅シリーズでは一部、この『日本に生きる』では各県の地方同人の協力が大きかった。昭和54年（1979）に書名を『新日本風土記』と改めて、同じ国土社から刊行された。

司馬遼太郎氏の「街道をゆく」は、きわめて魅力に富む紀行文である。そしてこのような旅ができたらと思う。その魅力となっているものは考える旅であり、発見の旅だからである。かならずしも有名な名勝や古蹟や温泉などをたよりにして歩くのではなく、何でもないようなところをあるいても、そこに発見の喜びがあり、また物を考える課題を与えられることによって旅の意義を感ずるからである。
だから本来なら司馬さんにお願いして一諸にあるいていただいて物の見方や考え方の手ほどきをうけるのがよいのであるが、それは容易なことでないので、司馬さんの歩いた道を司馬さんが歩いたような歩き方で仲間を作って旅をしてみてはどうかと考え、司馬さんのおゆるしも得た。そしてその旅が「街道をゆく」をこえるほど充実したものになれば、司馬さんも、参加して下さる方々も心から喜んで下さるのではないかと思う。そんな旅をしたいものである。
宮本常一

近畿日本ツーリストが創立25周年を記念して企画した、『街道をゆく』ツアーのパンフレット。宮本常一が司馬遼太郎の同書の紀行文をもとにコースを設定、日本観光文化研究所の所員・同人が講師として同行、必要に応じて説明するというものだった。司馬遼太郎も賛同し、研究所を訪れて常一と対談した。昭和55年（1980）のツアー初年度には19コース、三年後に25コースが組まれたが、参加者が少なく四年で打切られた。

日本観光文化研究所の宮本常一の机。出版社の人から原稿依頼の要点を聞いてしばらく待ってもらい、この机で原稿をさらさらっと書き上げて渡すことがよくあった。亡くなった後もしばらく郵便物が届いた。昭和56年（1981）２月撮影・須藤　功。

旅人の留守を守る
―島の家族・府中の家―

世の中もかなりおちついてきたので、私は時折、東京へ出ていっしょに住まないかと母の気をひいてみましたが、私の生活力の弱さも気になってか、出ようとはいいませんでした。いかなる苦難の日にも、故里の土だけはその生活を支え、力になってくれることを、母は体感で知っていました。そこでやむなく私は妻を郷里においたのでしたが、母は私に「死に水はかアちゃんにとってもらう」といつもいっていました。妻と母は性格的にはかなりちがっていましたが、二人のあいだに争いはなく、また母が妻のかげ口をいったことを、ついにいちどもきかないですぎました。妻の苦労も多かったと思いますが、母にとっては、故里で多くの知己親戚とともに生きることが、何よりの喜びであったようです。

「母の記」

パージを受けた澁澤敬三は、昭和22年（1947）10月、宮本常一を伴って関西、四国、九州をほぼ一ヵ月にわたり旅した。周防大島の常一の家にも泊まった。常一はその前年の10月14日に次男三千夫を亡くしている。写真は昭和32年（1947）3月、新宮島で茅を背負う妻アサ子（左）、松葉を背負う母マチ、前にいるのは5歳の三男光。

昭和26年（1951）の夏、海を渡る風がヒンヤリとして、もうすぐ陽がしずむ。カメラを向けたのは宮本常一だから、家族が故郷の周防大島にそろった夕だった。左から、千晴、恵子、母マチ、妻アサ子。

母の生活は戦争がはげしくなるにつれて、きびしいものになりました。食うもののとぼしくなったところへ、私は長男の千晴を疎開させ、さらに妻の母や長女も疎開させました。それは母には大きな負担になったようです。さらに敗戦後は、私も家を焼かれたために、妻とともに家にかえって来ました。

その敗戦の年の一〇月に、ヤルート島の司令官をしていた母の弟が、戦争の責任を負うて現地で自決しました。そのため愛知県にいた家族の者も郷里へかえって来ました。母はこの家族の者のめんどうも見なければならなくなりました。つづいて私の弟の妻が急死したため、その子供二人も私の家に引きとらねばならなくなりました。弟も戦災で家を失っていたからです。

これら多くの傷つけるものをかかえて、その中心となって世話をしなければならないことは、老年の母にとってはこの上ない大きな負担であり苦労でありました。それをただみずからの健康にまかせて働きつづけて、みんなの支えになったのです。

「母の記」

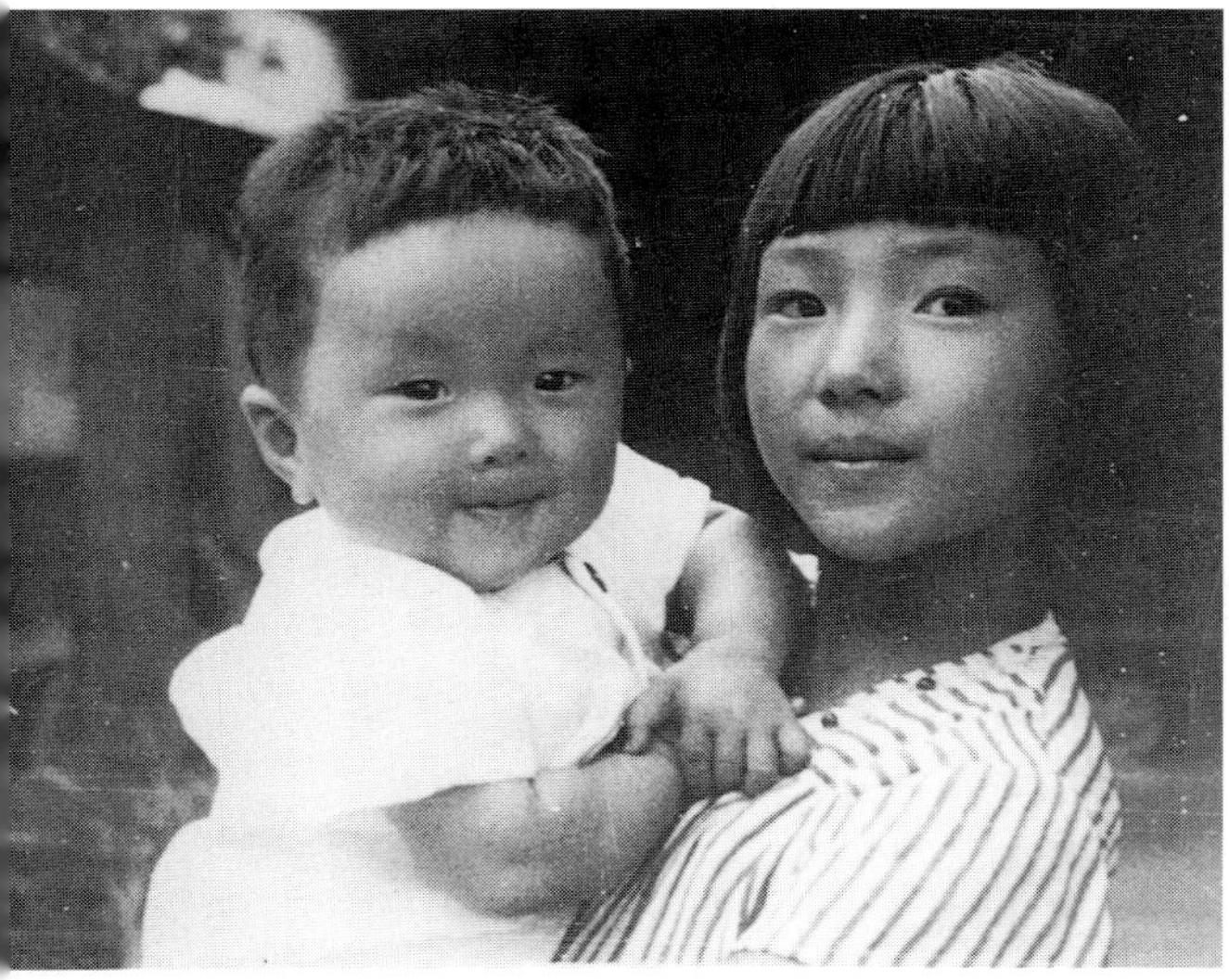

弟光を抱く恵子。昭和27年（1952）。

父宮本常一が買ってきてくれたレンズを使い、千晴（右）がボール紙で作った天体望遠鏡。昭和28年（1953）。

出雲大社参詣の母と妻と三男の光。昭和30年代。

白木山麓の長浜にある宮本家の畑で、菅笠をかぶり鍬を握って立つ宮本常一の母マチ。畑は麦やサツマイモを主に、時代に即して桑やミカンも植えた。母は昭和37年（1962）３月19日に82歳で亡くなるまで、野良で働いた。昭和30年代。

ミカンを山の畑から手押車の使える下まで運んでくる。背負子で一回に二箱か三箱（60キロ近い）背負ってきた。左は妻、右の学生帽に学生服姿は、あと二ヵ月で高校卒業の千晴。昭和31年（1956）１月。

潮が引くと渡れるようになる新宮島に行き、松葉を掻いて帰ってきた母マチ。手を引くのは光。かなり重いはずの背負子高く積上げた松葉は、竈や風呂の焚きつけに使った。上部には熊手が乗せてある。

オオマチ、ナカノマチ、コマチの三枚ある宮本家の、一反歩を少し切るオオマチの最後の田植え。一般にはユイ、この土地ではコウロクと呼んでいる労働交換で田植をする。昭和33年（1958）6月　撮影・宮本常一。

私の家でも昭和三三年頃まではわずかばかりの田を作っていた。田植のときは旅からかえって手伝をしたものである。そして田植は私にはたのしいものであった。麦刈から田植までの間は実にいそがしい。しかもどの田にも泥田の中で働くので疲れる。しかしその時期にはどの田にも人が出ていた。そしてみんな力一ぱい働いた。田植がはじまると、手間替えで助けあって植えた。これをコウロクといった。合力と書くのであろう。ずっと昔は田のほとりに太鼓を持って音頭をとる人がおり、その音頭にあわせて田植歌をうたいつつ田植をしたものだそうであるが、明治二〇年すぎに正条植がおこなわれるようになり、この地方では水縄を用いて田植をおこなったので、一すじ植える毎に水縄の引きなおしをするためそのたびに植える手をとめるので、歌をうたわなくなった。しかし、それにかわって世間話だけは盛んになった。村の中でおこったいろいろの話が誰の口からともなく話される。平凡に日々がすぎていくように見えても話題は多いものである。方々の田を一週間も植えてあるけば過去一年間の村の中の家々での出来ごとはあらましわかってしまう。話は他愛のないものが多く、ユーモラスであり、エロテックでさえあった。

『私の日本地図9　瀬戸内海Ⅲ　周防大島』

竹林や松のある「堀切」で昼食。冬の服装なので薪採りに行ったときらしい。この後、写真を撮った宮本常一も一緒に箸を運んだのだろう。左から、恵子、母マチ、光、妻アサ子。昭和30年代。

前年まで水田だったオオマチに植えたミカン。昭和34年（1959）ころからこのように水田にもミカンが植えられるようになる。周防大島でのミカン栽培は養蚕とともに明治時代の初めにはいるが、大正時代になるとミカン畑のほとんどは桑畑になる。それが生糸が暴落する昭和10年（1935）ころから再びミカンが植えられる。しかし水田にまで植えることはなかったから、島の農業の大きな転換だった。

恵子（中）の高校入学、光（前）の小学校入学の日。下田八幡宮にて。昭和34年（1959）４月。

昭和44年（1969）８月、山口県の阿武川流域緊急民俗調査のとき宮本常一（左）は宿舎の階段から転落、救急車で萩市の病院に運ばれた。鎖骨にひびがはいっていて、しばらく入院したのち帰郷した。杖を突いているのはそのためだろう。安下庄の高校前で、光（中）と写す。右は不明。昭和44年（1969）９月。

周防大島の家の、道をはさんだ向かいにあるミカン小屋から、自分で食べるミカンを持ってくる宮本常一。戸口に立つのは常一の弟市太郎の次男善郎。知人や友人にに送るためミカンを粗縄で荷造りしてもらっている。縄をかけているのは常一の父の妹の子（いとこ）の杉山友一。昭和51年（1976）４月　撮影・宮本千晴。

左の宮本常一と千晴は黒ネクタイをしているので、不祝儀から帰ったときらしい。常一が手をつなぐのは千晴の長男洋、隣の恵子が抱くのは同長女美奈。アサ子、光、千晴妻芳子、抱くのは近所の美奈のともだち。昭和40年代。

伊豆大島南部地区開発協議会の先棒をかつついで、差木地の仲ノ根に建てた、休息所といった方がよいような小ぢんまりとした別荘。宮本常一は年に二、三度、妻や孫と訪れて原稿を書いたが、二、三日いるだけで帰った。その間にたいてい島の民俗を研究する坂口一雄宅を訪ねた。昭和49年（1974）1月4日　撮影・宮本千晴。

●東京都・伊豆大島へ

周防大島は私の現住所。みかんの花の香に包まれる頃がいい。伊豆大島は、亡夫が調査に通って以来、島人と気が合い、とうとうその方々のご親切で島にセカンドハウスを持った。亡夫は原稿用紙を抱えて「まとまった仕事に集中できる」と何度か通った。今もその方々が、私を待ってくださっている。（山口県・八八歳・女性）

『しま』一八八号（平成一四年）

伊豆大島の別荘で孫の洋とくつろぐ66歳の宮本常一。昭和48年（1973）12月29日　撮影・宮本千晴。

昭和50年（1975）７月18日、初めての外国アフリカへ旅立つ。羽田空港で家族と日本観光文化研究所の面々が見送った。見送りの者まで楽しくなるような出立だった。撮影・須藤　功。

千葉県松戸市にある日本観光文化研究所の民具収蔵庫（民族文化博物館準備室）へ行く途中の宮本常一（左）と千晴。昭和52年（1977）５月10日　提供・宮本千晴。

府中の自宅から歩いて20分弱の国分寺駅に行くために、国分寺市にある平安神宮の境内を通り抜ける。右より、宮本常一、妻アサ子、孫の洋、常一の姉ユキの夫の西村与一、孫の美奈。昭和52年（1977）12月　撮影・宮本千晴。

昭和53年（1978）８月、府中市の自宅で行われた71歳の誕生日祝いにローソクを消す宮本常一。撮影・宮本千晴。

府中市の自宅前、誕生日祝いにきた面々が帰る前のひととき。昭和53年（1978）８月　撮影・宮本千晴。

誕生日祝いにきた、教え子の葉山登と話す宮本常一。昭和53年（1978） 8月　撮影・宮本千晴。

宮本常一の書斎。亡くなったあとそのままになっていたが、移動式の書棚を入れて別の部屋にある書籍も一ヵ所にまとめて整理することにした。その直前の状況写真。左より二枚目の上に今和次郎賞の楯が掲げてある。これらの書籍や資料は常一の郷里の東和町に寄贈された。昭和57年（1982）６月８日　撮影・宮本千晴。

宮本常一の黒い皮鞄の最後の中身。メガネケース、『風土記』『萬葉集』の文庫本、名刺、飛鳥資料館証。ペン、糊、附箋紙、拡大鏡、針と糸、教え子から贈られた西宮神社御守が５枚、ナイフ、髭剃器、カメラ（キャノネット）。

年譜

◇本書『写真でつづる宮本常一』に掲載した写真を主体とした年譜である。説明文の後の算用数字は写真の掲載頁、（ ）内数字は関連写真・記事の掲載頁を示す。
◇写真はないが、関連事項を適宜加えた。●印の事項である。なお旅および著書・編著については、写真と関連するものだけにとどめた。
◇撮影年月日不明の写真は後部に一括して記載した。
◇年齢は満年齢。数え年の場合はそのむね記した。各年に二つある年齢は宮本常一の誕生日、八月一日を境としたものである。
◇この年譜の作成にあたり、田村善次郎作成の「宮本常一年譜抄」を参照した。

弘化　三年（一八四六）丙午　●祖父・市五郎、祖母・カネ生まれる。

明治　四年（一八七一）●祖父・市五郎と祖母・カネ結婚。

明治　五年（一八七二）●このころ近所の子どもの火遊びで宮本家全焼。

明治　六年（一八七三）●宮本常一の父・善十郎生まれる。

明治一三年（一八八〇）七月二三日　●宮本常一の母・マチ生まれる。

明治二七年（一八九四）●父・善十郎、フィジーへ出稼ぎに行く。病気のため翌年、帰る。

明治三三年（一九〇〇）●父・善十郎と母・マチ結婚。

明治三六年（一九〇三）●姉・ユキ生まれる。

明治四〇年（一九〇七）**〇歳**

八月一日　●山口県大島郡家室西方村大字西方一九六二番地に宮本常一生まれる。

九月　生後一ヵ月の常一。14
この年に改築した生家（昭和三〇年代撮影）。宮本家の家紋。14

明治四三年（一九一〇）**二・三歳**

弟・市太郎生まれる。

夏　数え四歳の常一は父に、弟・市太郎は母に抱かれて写す。16

明治四四年（一九一一）**三・四歳**

新しい着物を着た数え五歳の常一と姉・ユキ、弟・市太郎。17

明治四五年（一九一二）**四・五歳**

八月三一日　●のちに妻となる玉田アサ子、奈良県南葛城郡秋津村蛇穴に生まれる。

大正　三年（一九一四）**六・七歳**

このころの撮影と思われる家族の記念写真。26

三月　●母の弟、升田仁助の海軍兵学校の卒業式に、父が弟を連れて行く。

四月　●西方尋常小学校入学。

大正　四年（一九一五）**七・八歳**

一月　母方の家族と写す。叔父の養子になる弟・市太郎もまだいる。19

大正　五年（一九一六）八・九歳
●中耳炎を患い左耳がほとんど聞こえなくなる。

大正　八年（一九一九）一一・一二歳
春　八幡宮地搗おどり記念写真。21
●常一が六年生のとき、海軍兵学校を出た母の弟升田仁助は中尉。

大正　九年（一九二〇）一二・一三歳
三月　西方尋常小学校卒業記念写真。22
　小学校時代の絵と習字。3・22
四月　●西方尋常高等小学校入学。
六月一二日　創作を記した『曙光』の表紙と最初の頁。24

大正一〇年（一九二一）一三・一四歳
四月　●国民中学講義録をとりはじめる。
二月二日　●第一回のアチック会合。澁澤邸内物置の天井のない二階屋根裏を標本室としていた。第三回の会合（五月二二日）で、「アチック・ミューゼアムソサエテイ」と呼ぶことにする。ソサエテイの名は大正一四年に除く。
　日記帳に記した綴方。23

大正一一年（一九二二）一四・一五歳
三月二一日　高等小学校二年卒業記念写真。28
八月　「中堅青年講習会」記念写真。29
一二月二〇日　この日からの日記の一部。31

大正一二年（一九二三）一五・一六歳
　父方の祖母・カネと母方の祖父・仁太郎、「米安の百爺」、両親一緒の写真。15
三月二七日　●祖母・カネが脳出血で数え七八歳で亡くなる。葬儀にきた叔父・音五郎の口添えもあって、常一は四月（旧暦三月三日）に大阪に出る。
五月　大阪逓信講習所に入所して初めて洋服を着て写す。43
　宮本常一を励ましつづけた恩師の松本繁一郎。43
　大阪逓信講習所の『同攻會報』。大阪逓信講習所。44

大正一三年（一九二四）一六・一七歳
五月　大阪逓信講習所修了記念写真帖。41
　●大阪高麗橋郵便局に勤務することになる。

大正一四年（一九二五）一七・一八歳
二月　高等試験令七条試験受験用写真。45
六月　日本海に浮かぶ飛島の女消防団。143
夏　●脚気にかかる。そのため一一月に一〇日ほど帰省。
一二月　二〇日すぎに病気のため帰郷する由利君と写す。45

大正一五年（一九二六）一八・一九歳
三月　逓界を去る前。渡辺君と淀川公園にて写す。46
四月九日　天王寺師範学校入学記念写真。47
一〇月　東京高等師範学校受験用写真。48
一二月二三日　●東京高等師範学校受験のため初めて上京。東京で年を越して一月一九日に大阪に帰る。

昭和　二年（一九二七）一九・二〇歳
一月　●東京高等師範学校の受験は失敗。新潮社に大宅壮一を訪ね、その鋭い観察眼に刺激を受ける。
三月二四日　●天王寺師範学校卒業。
三月三一日　●大阪府泉南郡有真香村（現岸和田市）の修斉尋

常小学校に赴任。

四月一日　大阪八連隊に短期現役兵として入隊。有松君と親しくなる。49

八月三一日　祖父・市五郎危篤のため退営して帰郷。その途次、桐山君と写す。50

九月　●宮本常一を可愛がってくれた祖父・市五郎死去。享年八一歳。

九月一二日　●修斉尋常小学校に帰任。五年生を受持つ。

一一月　修斉小学校の子どもたちと牛滝山にて写す。50

昭和　三年（一九二八）**二〇・二一歳**

三月六日　修斉小学校を去るにあたり受持った子どもたちと写す。51

四月　天王寺師範学校専攻科（地理専攻）入学記念写真。52

昭和　四年（一九二九）**二一・二二歳**

神戸にて、姉・ユキ二七歳と弟・市太郎二〇歳（数え年）。32

三月二四日　●天王寺師範学校専攻科卒業。

三月三一日　●大阪府泉南郡田尻町の田尻尋常小学校に訓導として赴任。

八月三日　五日まで藤樹書院夏季求道会に参加。記念写真におさまる。53

昭和　五年（一九三〇）**二二・二三歳**

元旦　●正月を徳島の裁判所に勤める恩師松本繁一郎宅で迎える。帰途、雨にぬれて発熱、肋膜炎から肺結核になる。

三月末　病気が悪化して帰郷の途次、神戸で弟と写す。33

秋　●一〇月まで寝たきりの状態がつづく。病中、再び和歌を詠み、気分のよい日は書物を読む。雑誌『旅と伝説』に昔話を送り柳田國男から丁重な手紙と雑誌、本がとどく。こうしたことから体の調子がもどると故老を訪ねて話を聞くようになる。

昭和　六年（一九三一）**二三・二四歳**

三月　この年の撮影と思われる笑顔の宮本常一。55

六月　●弟・市太郎が神戸高等工業学校を卒業。ダヴァオ（フィリピンのミンダナオ島）に渡航し、仕事につく。

日本海に浮かぶ飛島の勝浦。142

大草鞋を持つ澁澤敬三。61

昭和　七年（一九三二）**二四・二五歳**

三月七日　●大阪府泉北郡北池田村（現和泉市）の尋常高等小学校に代用教員として赴任。翌年一月末に正教員。

六月　●北池田村の明王院に部屋を借りて住む。付近の村を歩く。

昭和　八年（一九三三）**二五・二六歳**

二月一一日　この日の奥付の同人誌『丹壺』1と奥付のない『ろべり』の表紙。54

六月　日記「樹蔭」の表紙と最初の頁。54

八月一一日　●午前四時、父・善十郎永眠。

九月二五日　宮本常一がガリ版きり、印刷、配布まで行った『口承文學』第壹号の表紙。55

夏　新築されたアチック・ミューゼアム。64

秋　歌集『樹蔭』の表紙と頁の一部。55

一一月四日　民具を着けて談話室に集うアチック所員（宮本常一の入所前）。65

一二月　●九州を旅する。帰途。山口市に御薗生翁甫を訪う。

昭和　九年（一九三四）**二六・二七歳**

大阪府西葛城村藁原で話を聞きノートをとる宮本常一。88

芦田恵之助の知遇を得る。（73）

一月四日　母方の祖母を中心に子や孫の記念写真。34

三月三一日　●大阪府泉北郡の北上神村、鶴田村（二村は現堺市）、取石村（現高石市）の組合学校の一つだった同郡の養徳尋常高等小学校に転任。同校は九月二一日に台風で倒壊。翌年二月一一日に廃校、同日取石小学校にかわる。

一〇月二一日　●小谷方明宅で澤田四郎作に初めて会う。

一〇月二八日　●京都・下鴨の石田旅館で初めて柳田國男に会い、いろいろ教えられる。

一一月一四日　●第一回大阪民俗談話会を堺市浜寺の海の家で開く。

一二月　『民俗談話會記録』。60

昭和一〇年（一九三五）**二七・二八歳**

二月一一日　この日から昭和一四年（一九三九）九月末まで勤めた、大阪府泉北郡取石村（現高石市）の取石小学校の子どもたちと写す。56

四月一四日　●澁澤敬三、第六回大阪民俗談話会に出席。宮本常一は初対面。

五月　福岡県の志賀島を訪れた澁澤敬三の一行。65

七月三一日　●八月六日まで東京の日本青年館で開催の「柳田國男還暦記念　日本民俗学講習会」に出席。二日目の夜から澁澤邸に泊まる。澁澤敬三に漁村の生活誌を書くようにいわれる。『周防大島を中心としたる海の生活誌』（昭和一一年七月刊）をまとめる。

八月三日　柳田邸に招かれた第一回民俗学講習会の参加者。62

八月六日　第一回民俗学講習会の日本青年館宿泊の同室者。62

アチックにて金支鏞、澁澤敬三らと写す。63

一二月二〇日　玉田アサ子と結婚。36～37

昭和一一年（一九三六）**二八・二九歳**

二月一一日　●この日、河内瀧畑の左近熊太に初めて会い、一二月一三日まで六回通い話を聞く。

七月　『周防大島を中心としたる海の生活誌』の挿図の一部。66

八月一四日　●母方の祖母・カネなくなる。（39）

八月一七日　祖母の葬儀にきた親族と写す。39

昭和一二年（一九三七）**二九・三〇歳**

三月　宮本学級編『とろし』の表紙と頁の一部。56～57

三月　調査カード。88

五月一五日～二〇日まで瀬戸内海島嶼巡訪。68

八月三〇日　この日に出た『河内國瀧畑左近熊太翁舊事談』の表紙と熊太翁。67

一〇月一七日　大阪史談会・泉北史跡めぐりの記念写真。145

一二月二三日　●長男・千晴出生。

昭和一三年（一九三八）**三〇・三一歳**

五月　保谷（現西東京市）の民族学博物館と同地内に移築して竣工した武蔵野農家。73

昭和一四年（一九三九）**三一・三二歳**

一月二九日　●芦田恵之助に、恩師の森信三から満洲の建国大学助手として渡満をすすめられていることを相談する。

四月　●澁澤敬三より至急電報を受け上京。教師をやめて全国を一通り見て歩くようにいわれる。

五月　保谷に日本民族学会付属民族学博物館開館。72

九月　●再び澁澤敬三より電報。教師をやめて上京するようにとある。

九月三〇日　●大阪府泉北郡取石村（現高石市）の取石小学校を退職。

一〇月　金子又兵衛、重田堅一、柿木省三と写す。52

一〇月二五日　●妻子を大阪において上京。アチック・ミューゼアムにはいる。

一一月二八日～三〇日の間の中国山地聞書ノート。89

昭和一五年（一九四〇）**三二・三三歳**

三月末　●九州を旅して帰ってみると、留守中に建国大学の大山彦一教授が正式に渡満の交渉にきたが、澁澤敬三が断っていた。

四月六日　澁澤敬三『豆州内浦漁民史料』、農学賞受賞。70

一二月一六日　福島県草野村北神谷（現いわき市）の高木誠一家訪問の記帳。91

●この年から昭和一九年まで、弟が買ってくれたウェルターのブローニー判八枚撮りのカメラを使う。戦前に撮った写真は、昭和二〇年七月一〇日の空襲でほとんど焼失した。

昭和一六年（一九四一）**三三・三四歳**

夏　アチック・ミューゼアムでの集合写真。拵嘉一郎に寄りかかる宮本常一。71

一二月八日　●真珠湾を奇襲し、太平洋戦争開戦。

昭和一七年（一九四二）**三四・三五歳**

二月　●胃潰瘍のため床につく。

二月　澁澤邸で写す。宮本常一は不在。宮本アサ子、内田ハチらがいる。69

●この年、アチック・ミューゼアムは日本常民文化研究所と名称を変える。

昭和一八年（一九四三）**三五・三六歳**

一月　●奥三河の花祭を見て帰ると、澁澤敬三から今年はもう旅を止めるようにいわれ、保谷の民族学博物館に収納する民具の整理にあたる。

二月　●長女・恵子出生。

一二月三一日　●大阪の岸田定雄の世話で奈良県立郡山中学校に勤めることになる。昭和二〇年四月二二日の退職まで歴史と国語を教える。

昭和一九年（一九四四）**三六・三七歳**

一月　●東京を引上げる。

二月二三日　宮本常一の履歴書。122

昭和二〇年（一九四五）**三七・三八歳**

四月二三日　嘱託で大阪府庁の農務課に席をおき、生鮮野菜の需要と供給の見通しを調べて府下の農村を歩くことになる。122

七月一〇日　●大阪府堺市空襲。住んでいた同市鳳中町三丁の家も全焼。家財はもとより、書籍、書きためていた原稿、写真など一切を焼失。

八月一五日　●敗戦。
九月一一日　●妻・アサ子を大島に帰す。
一〇月五日　●第六十四警備隊司令・海軍少将升田仁助（母の弟）、米飛行士処刑の責をとってグアム島で自決。（26）
一〇月二〇日　●戦災で何もかも失い。北海道の原野にはいることになった人々を引率して津軽海峡を渡る。函館から上野まで水だけで六日過ごし、一一月九日に帰る。
一〇月二九日　●澁澤敬三、幣原内閣の大蔵大臣受諾。

昭和二一年（一九四六）**三八・三九歳**
三月一五日　社団法人新自治協会中央理事。（123）
四月　●社団法人新自治協会嘱託、農村研究室主任として全国を講演と農業指導にまわる。
三月　●澁澤敬三公職追放令。
四月二二日　●幣原内閣総辞職。澁澤敬三は一ヵ月後の第一次吉田茂内閣の成立まで大蔵大臣に在職。
八月　新自治協会職員。123
八月二五日　●次男・三千夫出生。一〇月一四日死去。

昭和二二年（一九四七）**三九・四〇歳**
二月一四日〜二一日まで農閑期大学。124〜125
六月一七日　畑を作りに行った高松宮邸で記念写真。74
七月　●社団法人新自治協会退職。
一〇月一六日　小倉市の拵嘉一郎家を澁澤敬三と訪問。71

昭和二三年（一九四八）**四〇・四一歳**
宮本常一著『丸木先生の多収穫育苗法』の表紙。74
一〇月二九日　●大阪府の農地部農業協同組合嘱託となる。

昭和二四年（一九四九）**四一・四二歳**
六月　●リンパ腺化膿、ペニシリンで危篤を脱する。
一〇月　●日本常民文化研究所へ復帰。

昭和二五年（一九五〇）**四二・四三歳**
七月二一日　八学会連合の対馬共同調査（七月九日〜八月一九日）で古文書を読む。126
対馬調査のときの宮本常一。127

昭和二六年（一九五一）**四三・四四歳**
五月　兵庫県竹田村（現市島町）法楽寺の芦田恵之助。73
六月二〇日　●澁澤敬三、公職追放解除。
七月　●九学会連合の対馬共同調査（七月六日〜八月一一日）に参加。
九学会連合の対馬共同調査報告会記念。127
夏　家族そろって家の裏で夕涼み。242
一〇月二七日　民族学人類学合同大会記念写真。75

昭和二七年（一九五二）**四四・四五歳**
三月　●三男・光出生。
六月一二日　五島列島・中通島の山の畑。134
八月一〇日　対馬・豊玉町仁位をゆく石黒忠篤ら対馬総合開発視察団の一行。128
夏　弟の光を抱く恵子。243

昭和二八年（一九五三）**四五・四六歳**
五月　●肺結核が再発。ストレプトマイシンで助かる。
七月二二日　●離島振興法公布施行。
八月三日　●全国離島振興協議会幹事長。
一〇月　肺結核から元気を取りもどした宮本常一。76
秋　千晴が組立てた天体望遠鏡。243

一二月一〇日　●全国離島振興協議会の機関誌『しま』創刊。

昭和二九年（一九五四）**四六・四七歳**

五月　●全国離島振興協議会事務局長就任。

一一月二一日　座談会「離島法をめぐって」で司会をする宮本常一。130

一二月　この月に設立された林業金融調査会の調査報告書の一部。148

●この年、澁澤敬三に「軟禁」を言い渡される。

昭和三四年にかけて旅行を止められるのだが……。

昭和三〇年（一九五五）**四七・四八歳**

一月二二日　『分類アイヌ語辞典』で昭和二九年度朝日文化賞を受賞した知里真志保を囲んで記念写真。77

四月五日　故郷の島「大島郡移民調査」のとき沖家室で調査員と写す。149

五月八日　福島県草野村北神谷（現いわき市）の高木誠一家と家族。91

八月　吊橋の上で他四人と写すも場所不明。93

一一月二一日　第一回全国離島青年会議記念写真。130

一二月二五日　絵巻物による生活絵引の研究会再開。(78)

昭和三〇年代（一九五五〜六四）

丘の上から生家のある東和町長崎方面を望む。13

白木山の山林制度の面影。延縄船の出帆。18

大畠瀬戸と小松港桟橋。25

橘町の嵩山と安下庄。東和町の城山小学校と段々畑。27

大畠瀬戸と連絡船のカーフェリー。30

海につづく生家の裏と雁木。35・40

神宮寺。38

橘町土居の航空写真。42

村田泥牛と写す。78

宮本千晴に屠蘇をつぐ澁澤敬三。83

澁澤家と日本常民文化研究所の人々の集い。83

晩年の澁澤敬三。85

「名倉郷談」の人々。94

子どもたちが大勢乗った渡船。106

大きな握飯を持つ。113

佐渡のタライ船。140

背中あてを手にする宮本常一。160

アサヒフレックスを首から下げた宮本常一。186

松葉を背負い、孫の手を引いて新宮島から帰る母。245

「堀切」と呼ぶ山で昼食。247

白木山麓の畑に立つ母。244

昭和三一年（一九五六）**四八・四九歳**

元旦　澁澤敬三家の人々と写す。77

一月　山からミカンを運ぶ妻と千晴。244

二月二日　早川孝太郎宛『民具概論』（仮題）原稿執筆依頼。79

三月　●長男・千晴上京。昭和三八年まで澁澤邸に寄留。

五月一日　中国新聞に連載した「中国風土記」(1)の紙面。176

一一月五日　五人と写すも場所など不明。93

一一日まで愛知県名倉村（現設楽町）の調査。

そのとき行った座談会の人と同席者。腰に鶫を下げた宿の主人。94・95

昭和三二年（一九五七）**四九・五〇歳**

三月　郷里の新宮島で茅を背負う妻、松葉を背負う母。241

四月二三日　還暦記念会の澁澤敬三。79

五月　この月に第一巻が刊行された『風土記日本』の普及版。177

五月三一日　●全国離島振興協議会事務局長を辞し幹事となる。街を三人で歩くも場所不明。93

七月

一一月　●文化財保護委員調査委員を委嘱。昭和三三年まで勤める。

昭和三三年（一九五八）**五〇・五一歳**

六月　宮本家の最後の田植え。246

六月　●広島県文化財専門委員就任。昭和四七年七月辞任。

一〇月　この月に創刊された雑誌『民話』。179

昭和三四年（一九五九）**五一・五二歳**

四月　取石小学校同窓会記念写真。58

高校入学の恵子と小学校入学の光。248

七月　●九学会連合佐渡調査に民族学会から参加。

八月一二日　身代わり地蔵。140

八月一三日　工事用の砂を運ぶ女たち。141

九月〜年末　十二指腸潰瘍の療養中に学位論文を執筆。年末に擱筆。（82）

一一月　この月に刊行が始まった『日本残酷物語』。177

水田にもミカンを植える。247

昭和三五年（一九六〇）**五二・五三歳**

四月二〇日　大隅半島で鎌の行商人の話を聞く。96

七月　佐渡調査のとき寄った本間雅彦家。バス停でバスを待つ。97

日本海に浮かぶ飛島の勝浦。143

飛島の守護神を祀る御積島。144

昭和三六年（一九六一）**五三・五四歳**

三月　●長女・恵子上京。しばらく澁澤邸に寄留。

四月二三日　五島列島・六島で紋付きを仕事着にする老人。135

六月五日　第九回エッセイストクラブ賞受賞のころ写す。81

エッセイストクラブ賞の対象となった『日本の離島』。81

八月　●東京都府中市新町三―九―一二に家を購入。澁澤邸を出る。

一〇月　澁澤敬三が書いた「わが食客は日本一」の口絵写真。80

柳田邸の澤田四郎作、柳田國男、橋本鐵男、堀一郎。60

一一月三日　●中国新聞社の中国文化賞を受賞。

一二月　文学博士の学位を受ける。その祝いと論文要旨の最初の頁。82

昭和三七年（一九六二）**五四・五五歳**

三月一九日　●午前四時、母・マチ脳溢血のため死亡。享年八二歳。

四月　●周防大島から妻子上京、家族が一緒に住むようになる。

六月　宮本常一の生地、東和町の航空写真。12

六月一八日　熊本県須恵村の青蓮寺で仏像を見る宮本常一。146

八月四日　韓国への連絡船が出ていた対馬・鰐浦。128

八月八日　●柳田國男逝去。享年八八歳。

八月一一日　八〇歳を越えて海に生きる宇久島（五島列島）の岩本五郎翁。134

八月一二日　五島列島・中通島の鯨の骨の鳥居。135

一〇月　天草の二江漁港。136

一〇月六日　二江と通詞島を往復していた渡船。137

昭和三八年（一九六三）**五五・五六歳**

一月一六日　朝日賞を授与される澁澤敬三。84

三月四日　愛媛県宇和海村（現宇和島市）戸島の段々畑。121

六月　『デクノボウ』創刊号の表紙。148

六月四日〜七日まで、大宅壮一らと「くるまえび旅行」。98〜99

七月　●日本塩業研究会会長に就任。

七月　伊豆・新島の言伝えのある榎と墓守。139

七月二七日　伊豆・新島で漁師に話をきく宮本常一。138

七月二八日　伊豆・式根島一周の記念写真。138

八月　●九学会連合下北半島調査に日本民俗学会から参加。翌年も。

一〇月二五日　●澁澤敬三逝去。享年六七歳。

一〇月三一日　離島振興功労者として感謝状が授与される。132〜133

一一月一一日　対馬・峰町佐賀の浜に干す鰯。128

対馬・上県町の佐護川に架かる筏船の橋。129

昭和三九年（一九六四）**五六・五七歳**

四月　●武蔵野美術大学非常勤教授に就任。

八月一七日　広島県三原市の鮓本刀良意らと写す。102

昭和四〇年（一九六五）**五七・五八歳**

四月　●武蔵野美術大学教授に就任。

六月一二日　『デクノボウ』同人の集い。148

七月　長野県奈川村・安曇村の林道調査。112・113

八月四日　仙台市で開催された「日本塩業研究会」のとき写す。150

八月三〇日　宮本常一執筆・編集の旅シリーズ第一巻『日本の宿』刊行。238

九月一二日　広島県豊松村のめぐり祈禱。104

昭和四〇年代（一九六五〜一九七四）

佐渡・小木町宿根木の称光寺で朝食をとる宮本常一。111

佐渡の宿でステテコ姿で夕涼み。112

日本観光文化研究所事務局湯浅美也子。窓からの眺め。212

日本観光文化研究所で資料を整理する相沢韶男のグループ。214

民族文化博物館開設のために蒐集した民具。216〜217

日本観光文化研究所所長講義とその本。223

家族そろって府中市の家の前で写す。250

昭和四一年（一九六六）**五八・五九歳**

一月　日本観光文化研究所設立。（210）

昭和五六年一月三〇日になくなるまで所長を勤め、若い人たちの指導にあたる。長男・千晴事務局長として苦労する。

三月一日　『週刊朝日』の取材で向井潤吉と伊豆の旅。100〜101

四月三〇日　京都市で開催された「日本塩業研究会」のとき写す。151

八月　八丈島の桟橋で手を振る宮本常一。131

八月一一日　山口県福栄村、川上村の緊急民俗調査で舟大工の道具を見る。161

八月二一日　島根県日原町で講演する宮本常一。103

一一月二〇日　愛知県豊橋市の川合健二家で「日本の詩情」の収録。175・182

一二月四日　未来社創立十五周年に西谷能雄未来社社長に招待された宴で。178

一二月一一日　広島県豊松村で姫田忠義らと写す。104

昭和四二年（一九六七）五九・六〇歳

一月　●東京都府中市文化財専門委員会議長。昭和五四年三月まで。

二月二〇日　この日刊行された『私の日本地図1　天竜川に沿って』の表紙。186

三月一〇日　日本観光文化研究所発行の『あるくみるきく』創刊。213

四月　●早稲田大学理工学部講師。昭和四六年三月まで。

七月　港区白金の北里病院に入院中の宮本常一。208

一〇月五日　武蔵野美術大学で自分の撮った写真を見る宮本常一。187

一一月一九日　愛知県名倉村（現設楽町）ボットリ小屋。95

新宿の小屋から始まった坂本長利の独芝居「土佐源氏」。189

昭和四三年（一九六八）六〇・六一歳

五月　武蔵野美術大学で週一回開かれた生活文化研究会。199〜201

六月　写真をチェックする宮本常一。214

六月一五日　『あるくみるきく』を編集する。213

一二月　●観光資源保護財団評議委員就任。

昭和四四年（一九六九）六一・六二歳

八月三日　福島県下郷町大内の宮本常一。113・198・218・219

九月　杖を持って光と写す。248

一一月一六日　自身の古稀の祝いで挨拶する澤田四郎作。152

一二月一〇日　宮崎県西都市銀鏡で映画の撮影をする姫田忠義と伊藤碩男。183

一二月二七日　雪の福島県下郷町大内。219

昭和四五年（一九七〇）六二・六三歳

一月一三日　日本観光文化研究所の新年会。所員が初めて顔をそろえた写真。209

二月一一日　鎌倉市を歩きながら学生たちに話をする宮本常一。198

六月　『山口県地方史研究』に掲載の御薗生翁甫。90

六月　武蔵野美術大学民俗学研究室のひととき。196〜197

武蔵野美術大学で行われた「川まつり」の宮本常一。202〜203

横浜市緑区霧ヶ丘の縄文遺跡を発掘する。204〜205

八月　カナダ北極圏へ行く宮本千晴の歓送会記念。207

●田耕の鬼太鼓座の設立に協力。

九月　●離島振興審議会委員に就任。

昭和四六年（一九七一）六三・六四歳

一月一五日　新潟県山古志村の雪洞の子どもたちと宮本常一。107

山古志村村長の説明を聞く宮本常一の一行。220

二月七日　雪晴の新潟県山古志村梶金集落。221

四月二九日　香川県高松市で開催された「日本塩業研究会」のとき写す。151

六月　この月に開館した佐渡の小木町民俗博物館の関係者。162

六月二九日　●山村振興調査会理事。昭和四八年六月二八日まで。

一〇月　●山口県文化財専門委員に就任。

一一月二四日　日本観光文化研究所の組織図とそれを検討する。211

佐渡・小木町の小学校に集められた民具。141

昭和四七年（一九七二）**六四・六五歳**

三月一〇日　御薗生翁甫著『防長神楽の研究』の表紙。90

三月二九日　山口県久賀町の民具調査の宮本常一。164

四月　●岡山大学法文学部講師。

五月　福島県田島町の奥会津地方歴史民俗資料館のパンフレット。162

五月　広島県豊松村の景観。105

五月　未来社の『著者に聞くⅡ　人文科学への道』に使用写真。194

九月　●日本生活学会理事。

一〇月一九日　『あるくみるきく』の特集「私たちの旅を語る」の座談会。215

一一月二二日　日本文化研究国際会議。154〜155

一二月　山口県岩国市に伝わる行波神楽の文化財指定打合せ。156

一二月二二日　山口県美和町二ツ野地区の民俗資料緊急調査。158〜159

昭和四八年（一九七三）**六五・六六歳**

三月五日・六日の両日、群馬県の社寺、史跡をまわる。108〜109

四月　●農林省生活改善資料収集委員会委員に就任。

●日本放送協会、放送文化財ライブラリー諮問委員会委員に就任。

五月　●日本文化研究所理事。

五月二一日　調査と研究の経過を話す五百沢智也の第一回「みやげ話」。215

六月四日　初回の日本観光文化研究所所長講義。222

七月　佐渡・外海府調査のとき立寄った家の宮本常一。110

八月　佐渡の「おんでこ座」で田耕と写す。190

九月三日　山口県美和町で調査の合間の一休み。112

一一月二三日　日本観光文化研究所所長講義。222

一二月二二日　愛知県東栄町月の花祭で舞う宮本常一。193

一二月二二日　日本観光文化研究所の忘年会。芸を披露する宮本常一。相愛の二人を祝福する。224

一二月二九日　伊豆大島の別荘と、孫の洋とくつろぐ宮本常一。251

昭和四九年（一九七四）**六六・六七歳**

一月一一日　馬場勇副社長。日本観光文化研究所の設立を推進した。210

二月二三日　二組の結婚を祝う会。225

六月一四日　写真を選ぶ西山昭宣と整理する姫田忠義。214

九月一〇日　第一回日本海大学の打上げで「よばいの唄」を歌う。192

一〇月二六日・二七日　●東京の日本青年館で日本常民文化研究所主催の第一回民具研究講座を開催。宮本常一は日本民具学会の設立を提案。満場一致で承認

一一月　されろ。
一一月二〇日　●日本観光文化研究所、台東区台東の第二コモダビル二階へ移転。
一二月二三日　宮本常一監修『日本に生きる』の第一巻刊行開始。238
　第二コモダビルで日本観光文化研究所の忘年会。229

昭和五〇年（一九七五）**六七・六八歳**

二月五日　佐渡・小木町の漁師から釣針の説明を受ける。111
五月一日　テム研究所発行『南佐渡の漁村と漁業』挿図。169
六月二日　第二コモダビルでの日本観光文化研究所のひとこき。226
七月一八日　アフリカへ発つ前、羽田で家族と談笑。252
七月一八日〜八月三〇日まで四四日間アフリカの旅。4・114〜117
一〇月　広島県三原市の民俗調査で談笑する宮本常一。118
一一月二四日　日本民具学会設立。163
一一月一三日　第二三回菊池寛賞を受賞した萱野茂を祝う集い。185

昭和五一年（一九七六）**六八・六九歳**

三月一一日　日本観光文化研究所で民具学会会報の編集。226
四月　ミカン小屋からミカンを持ってくる宮本常一。249
六月二一日　山口県の久賀町歴史民俗資料館開館の日。165
七月　日本生活学会の佐渡見学会で町長の話を聞く。

一一月　宮本常一の肩を叩く北村誠一。おどけ顔の三輪主彦。227 170

昭和五二年（一九七七）**六九・七〇歳**

二月一日　妻を亡くした所員を励ます会。228
三月　●武蔵野美術大学退任。
三月一九日　佐渡・相川町公民館で町史編集のための座談会。172
四月　●「周防猿まわしの会」設立。まわしの復活に力を入れる。
五月　●武蔵野美術大学より名誉教授の称号を受ける。
五月一〇日　民具収蔵庫（民族文化博物館準備室）へ行く宮本常一と千晴。253
八月一五日　五島列島・福江島の宮本夫妻。135
九月　澁澤敬三の妻登喜子の付人だった柴崎さきと写す。86
　●日本の海女の系譜を探るため、韓国の済州島へ行く。
一〇月三一日　群馬県片品村で民具を写す宮本常一。161
一一月二日　日本観光文化研究所事務局三代目の山田まり子。227
一二月　第三回今和次郎賞を受賞。大阪の国立民族学博物館で開催の日本生活学会の総会で授賞式。受賞にあたいすると評価された『宮本常一著作集』第一期二五巻。171

昭和五三年（一九七八）**七〇・七一歳**

五月二〇日　シンポジュウム「熱海の観光政策を考える」。173

八月一日　山口県熊毛町で二歳の猿ツネキチの調教を試みる。188

八月　七一歳を教え子に祝ってもらう。254～255

八月二八日　新潟県山古志村の人々に観光開発などの話をする。221

一一月二四日　「日本民話の会」一〇周年記念の集い。179

一二月一八日　「宮本常一ファンの集い」で孫娘を抱く宮本常一。1

「ファンの集い」で、昭和三七年、芳賀日出男撮影の仏像を見る自身の写真を芳賀日向から贈られる。147

「宮本常一ファンの集い」の次第。230～231

昭和五四年（一九七九）七一・七二歳

三月・五月　●日本観光文化研究所の飯坂温泉（福島県）再開発調査を指導。

四月一日　●国立民族学博物館研究協力者を委嘱される。

四月三日　新たな道へ進むことになった日本観光文化研究所事務局の山田まり子を囲む会の宮本常一。229

五月一日　『あるくみるきく』に執筆の「一枚の写真から」⑫。187

六月　●国土審議会離島振興対策特別委員会、委員長代理となる。

八月二四日　島根県日原町の大庭良美の家族と写す。103

九月一〇日　二〇日まで台湾を旅。ヤミ族の島で船の話をノートにとる。89

九月　山口県久賀町の調査で印南敏秀らと握飯をほおばる。112

九月二三日　佐渡・小木町で開催の第6回民具研究講座で話す。166・167

一一月一八日　近畿民俗学会の親しい人たちと歓談。153

一一月二〇日　鳥取県倉吉市で「鉄の文化と倉吉」の演題で話す。167

一二月二一日　日本観光文化研究所、近鉄ビル裏の不二ビルに移転。232

昭和五五年（一九八〇）七二・七三歳

一月一〇日　『あるくみるきく』に執筆の「一枚の写真から」⑰。187

三月二五日　●郷里の東和町に「郷土大学」発足。開校記念講義と第一回講義を行う。

七月一七日　「志摩民俗資料館」の準備と開館の日。233～237

七月三一日　山口県久賀町の調査で石積みの話を聞く。120

『街道をゆく』ツアーのパンフレット。239

九月一四日～二四日　●妻・アサ子と中国の旅。疲労著しい。

一一月五日　●日本観光文化研究所所長講義。スライドを使って「中国の船」の話をする。しかし体の不調痛々しく早めに終わらせてもらう。

一一月二三日　●山口県大島郡の屋代ダム水没地域民俗緊急調査中間報告会。この報告会と翌日の調査が公の場での最後となった。

一二月二三日　●都立府中病院へ入院。正月は家で過ごしたいと大晦日に帰宅。

昭和五六年（一九八一）七三歳

一月四日　●再度、都立府中病院へ入院。

一月三〇日　●午前六時三〇分、都立府中病院で逝去。胃癌。享年七三歳。

一月三一日　●自宅で仮通夜。

二月一日　●東京都国分寺市・東福寺で通夜。
二月二日　●東福寺で葬儀および告別式。
二月　亡きあとの日本観光文化研究所の宮本常一の机。240
五月一日　宮本常一の鞄の最後の中身。258
二月　宮本常一追悼公演「祭はええもんじゃ」に出演の鬼太鼓。191
八月一〇日　『あるくみるきく』宮本常一追悼特集号の「中国の船」の扉。187

昭和五七年（一九八二）

六月　白木山より生家のある長崎方面を望む。2
六月一日　下田八幡宮鳥居と拝殿。20・21
六月八日　秋田市寺内に建つ菅江眞澄の墓碑。180
六月二一日　亡きあともそのままにしてあった宮本常一の書斎。256〜257
六月二一日　山口県の久賀町歴史民俗資料館の内部。165

昭和五八年（一九八三）

四月三日　山口県岩国市の行波神楽。157

平成一四年（二〇〇二）

一二月　日本観光文化研究所があった近鉄ビル。210

平成一五年（二〇〇三）

三月二八日　武蔵野美術大学の一室を埋める宮本常一の資料。206
五月一六日　電鍵。43

撮影年月日不明

中山正則、澁澤敬三と写す。59
澁澤敬三の肖像。69
女の人に話を聞く宮本常一。87
福島県草野村（現いわき市）の高木誠一家。91
二人の坊さんらしい間にはいって写す。92
坊主頭、下駄履、背広姿の宮本常一。場所は澁澤邸か。92
五人の小学校の教え子だったお嬢さんたちと写す。92
斧を持つ宮本常一。161
民具を納めていた佐渡の元宿根木小学校で協力者に話す。168
自宅の書斎で調べものをする宮本常一。174
谷川健一肖像。177
未来社編集部の小箕俊介が担当した宮本常一の著書と編著の一部。181
武蔵野美術大学・民俗資料室の宮本常一。195

転載・参考文献

◇本書に転載した宮本常一の著述、同時代の人々が宮本常一について記した著述の出典、および写真説明の参考とした書誌（＊）を記した。
◇宮本常一の著述は著者名を略し書名・題名の五十音順に、それ以外は原則として著者名の五十音順に記した。
◇『宮本常一著作集』（未来社）に収録されている宮本常一の著述は原則として初出掲載書誌ではなく、著作集の巻を記した。

「熱海の観光政策を考える——観光地と文化のあり方」『第八回シンポジュウム記録』熱海南ロータリークラブ社会奉仕委員会、一九七八年。

「あるいて来た道」『民俗学への道』［著作集1］一九六八年。

「あるき、み、ききながら考えた一〇〇冊」『あるくみるきく』100　日本観光文化研究所、一九七五年。

「あるく・みる・きく・考える」『旅にまなぶ』［著作集31］一九八六年。
＊『歌集　生命のゆらめき』現代創造社、一九八一年。（もとの書名『歌集　樹蔭』）
＊『大阪の昔話　夢のしらせ』現代創造社、一九八一年。（もとの書名『とろし』）
「小川村を憶ふ」松本義懿編『藤樹先生の学徳』混沌社出版部、一九三一年。

『家郷の訓』［著作集6］一九六七年。

「活気ある村をつくるために——宮本先生の講演から」『広報やまこし』一三〇号　新潟県古志郡山古志村、一九七九年。

「左近翁に献本の記」『河内国瀧畑左近熊太翁旧事談』［著作集37］一九九三年。

「沢田先生の思い出」『沢田四郎作博士記念文集』沢田四郎作先生を偲ぶ会、一九七二年。

「塩市・塩業」『日本塩業大系　特論　民俗』日本塩業研究会、一九七七年。

「自伝抄——二ノ橋界隈——」『父母の記／自伝抄』［著作集42］二〇〇二年。

『澁澤敬三』〈日本民俗文化体系3〉講談社、一九七八年。

「庶民の風土記を」『風土記日本』月報二　平凡社、一九五七年。

「序」　霧ヶ丘遺跡調査団『霧ヶ丘』武蔵野美術大学考古学研究室、一九七三年。

「周防大島」『日本に生きる六　瀬戸内海編』国土社、一九七六年。（「ふるさとの島　周防大島」として『父母の記／自伝抄』［著作集42］）

『周防大島を中心としたる海の生活誌』［著作集38］一九九四年。

『菅江真澄』〈旅人たちの歴史2〉未来社、一九八〇年。

「生活と文化と民俗学」『父母の記／自伝抄』［著作集42］二〇〇二年。

『瀬戸内海の研究㈠　島嶼の開発とその社会形成——海人の定住を中心に』未来社、一九六五年。

『旅にまなぶ』［著作集31］一九八六年。
＊『大名の旅』社会思想社、一九六八年。

『中国山地民俗採訪録』〔著作集23〕一九七六年。

「調査地被害」『旅にまなぶ』〔著作集31〕一九八六年。

「ちょっとひとこと」写真・須藤功／文・都丸十九一『上州のくらしとまつり』煥乎堂、一九七七年。

「豊松」『あるくみるきく』68 日本観光文化研究所、一九七二年。

「名倉談義」『忘れられた日本人』〔著作集10〕一九七一年。

「なぜアフリカへ来たのか」『あるくみるきく』107 日本観光文化研究所、一九七六年。

『日本の離島』第1集〔著作集4〕一九六九年。

*『日本の宿』社会思想社、一九六五年。

*『日本文化の形成』全三冊 そしえて、一九八一年。

『野田泉光院』〈旅人たちの歴史1〉未来社、一九八〇年。

「博物館資料目録序」『民具収蔵リスト』1 日本観光文化研究所、一九七二年。

「母の記」『父母の記／自伝抄』〔著作集42〕二〇〇二年。

「東アフリカを歩く」『あるくみるきく』107 日本観光文化研究所、一九七六年。

「ひとこと」鮓本刀良意『ダムに沈む村』未来社、一九七一年。

「フォークアートと近代」『日本文化研究国際会議 議事録2』日本ペンクラブ、一九七三年。

「ふるさとの海辺の村で」『あるくみるきく』174〈宮本常一追悼特集号〉日本観光文化研究所、一九八一年。

『丸木先生の多収穫育苗法』新自治協会、一九四八年。

『民具学の提唱』〈民族文化双書1〉未来社 一九七五年。

「民衆の歴史を求めて」『旅にまなぶ』〔著作集31〕一九八六年。

『民俗学の旅』文藝春秋 一九七八年。

「民俗事象の捉え方・調べ方」『旅にまなぶ』〔著作集31〕一九八六年。

『村里を行く』〔著作集25〕一九七七年。

「村の底を流れるもの」『同志同行』復刊第二号 大空社、一九五二年。

『村の崩壊』〔著作集12〕一九七二年。

『離島の旅』〔著作集35〕一九八六年。

「我が半生の記録」『父母の記／自伝抄』〔著作集42〕二〇〇二年。

『私の日本地図1 天竜川に沿って』同友館、一九六七年。

『私の日本地図7 佐渡』同友館、一九七〇年。

『私の日本地図9 瀬戸内海Ⅲ 周防大島』同友館、一九七一年。

『私の日本地図11 阿蘇・球磨』同友館、一九七二年。

『私の日本地図15 壱岐・対馬紀行』同友館、一九七六年。

「私のふるさと」『庶民の発見』〔著作集21〕一九七六年。

「連載トップ対談⑭　私はこんな旅をしてきた」『週刊朝日』七一巻一五号　朝日新聞社、一九六六年。

伊藤きよみ「出会い・ふれあい・お別れ」『宮本常一――同時代の証言』日本観光文化研究所、一九八一年。

伊藤幸司「宮本先生とあるいた四四日間」『あるくみるきく』107　日本観光文化研究所、一九七六年。
＊坂本長利『気』坂本長利、一九九六年。
＊坂本長利『坂本長利「土佐源氏」の世界』劇書房、一九七九年。
澁澤敬三「絵引は作れぬものか」『新版絵巻物による日本常民生活絵引』第一巻　平凡社、一九八四年。(『祭魚洞襍考』岡書院、一九五四年)
澁澤敬三還暦記念写真集『柏葉拾遺』中山正則編　柏窓会、一九五六年。
澁澤敬三「わが食客は日本一」『文藝春秋』昭和三六年八月号　文藝春秋、一九六一年。(「跋文」として『村里を行く』〔著作集25〕)
鈴木正義「宮本先生の遺されたもの」『近畿民俗』近畿民俗学会、一九八一年。
＊田村善次郎「宮本常一年譜抄」、二〇〇一年。
＊日本観光文化研究所『研究紀要8　宮本常一研究5・著作目録』一九八八年。
＊日本常民文化研究所『日本の民具』角川書店、一九五八年。
額田坦編『世紀の自決』芙蓉書房、一九六八年。

藤井正（談）「ふるさとの海辺の村で」『あるくみるきく』174〈宮本常一追悼特集号〉日本観光文化研究所、一九八一年。

山口清彦「宮本常一先生」『宮本常一――同時代の証言』日本観光文化研究所、一九八一年。

(山口県・八八歳・女性)『しま』一八八号　日本離島センター、二〇〇二年。

座談会「私たちのクロンボ先生をしのんで」『あるくみるきく』174〈宮本常一追悼特集号〉日本観光文化研究所、一九八一年。
＊『芦田恵之助国語教育全集』第二五巻　明治図書出版、一九八八年。
＊『観文研・二十三年のあゆみ』近畿日本ツーリスト　日本観光文化研究所、一九八九年。
＊『澁澤敬三著作集』第1巻〜第5巻　平凡社、一九九二年〜一九九三年。
＊『早川孝太郎全集』第十二巻　未来社、二〇〇三年。
『南佐渡の漁村と漁業』テム研究所、一九七五年。
＊『柳田國男写真集』大藤時彦・柳田為正編　岩崎美術社、一八九一年。
＊『しま』二号　日本離島センター、一九五四年。
＊『しま』二一号　日本離島センター、一九六〇年。
＊『しま』二二号　日本離島センター、一九六〇年。
＊『しま』一五一号　日本離島センター、一九九二年。
＊『同志同行』同志同行社、一九三七年〜一九四一年。

手のうちを明かす

須藤　功

私がはじめて宮本常一の姿を撮ったのは昭和四一年（一九六六）一一月二〇日、一七五頁と一八二頁の写真がそのときのものである。会うのもはじめてだった。写真家として一人立ちしたいという相談をしたのだが、私が撮りたいと思っていた、農山漁村の人々の生活（民俗写真）の写真ではとても食えないから、止めた方がよい、といった。しかし同時に、新しく研究所を作ったのでいま人材を探している、というような話もした。

当時、二九歳で二人の子持ちだった私は、三〇歳を越えたらもう勝手はできないだろうと勝手に肚をくくり、翌年の三月から宮本常一が所長の日本観光文化研究所に出入りするようになる。門を叩くというと聞こえがよいかもしれないが、私の場合はさして才能もないのにずうずうしく押しかけた、といった方がよい。亡くなってから、「あいつ（私のこと）はものになるじゃろか」といっていたという話を聞いた。

宮本常一は、一枚の写真からさまざまなものを読める写真を撮れといった。ものはそのまま生活とおき替えてもよい。記録を重視した写真で、私が写真を通じて私を出すことを拒んだものである。「お前の写真では思想を語れないから、文章を書けるようにならなければダメだ」といい、さらに「文章を書くときは手のうちを明かして書け」とつづいた。

その意味がわかるようになるのは、いや、こうではないかと思うようになるのは、全集の編集のために早川孝太郎の文章を幾度も読み返すようになってからである。民俗採訪のためにひとつの村にはいるとき、その道筋の何気ない風景をつづり、途中で出会った人の様子を書き留める。それはこと細かというわけではないのだが、読む者をあたかも一緒に歩いているかのように思わせるばかりではなく、数十年の歳月を経てもなお村とそこに生きていた人々を思い起こさせてくれる。民俗採訪の記録が色あせないものになるということである。しかしこれは誰にでもできることではない。学者を前提にして、その上に豊富な知識を展開できる人でないと、はじめから色あせたものになってしまう。

民俗学では伝承してきた人から伝承を聞き取って、それを他の地域の同じような伝承と並べて論じる場合が少なくない。この方法では、伝承してきたこと（民俗文化）を話してくれたところで、もう伝承者は用済みとなる。伝承を聞き取るのは同じだが、早川孝太郎も宮本常一もそれを他の地域の伝承と並べるのではなく、教えてくれた人とその人が住む村にもう一度もどすようにして、それがそこではどのような意味を持っているのか、ということを考える手がかりとしている場合が多い。一つの民俗事象が地域の生活の中でどのように生きて伝承されてきたか、ということを探るもので、そうした民俗誌が数十冊でないと比較などできないといった。地域に生きる人々の生活の手のうちをきちんと記した民俗誌の必要性である。

それが人生の手のうちについてはどうなのだろう。最近は自分史が盛んで人生をさらけ出す理解は進んでいるが、どこまでさらけ出せるかということになると、思いのほか勇気のいることに気づかされる。宮本常一はその点、よくさらけ出しているのではないかと思う。でも何もかもではない。そうした宮本常一の人生の手のうちを、私ごとき者がたとえ写真を通じてでも明かしてよいものかと思わないでもない。ただ少しは知っている者が、後世のために知っている範囲でまとめて伝える必要はあるし、大切なことだと思っている。

本書は昭和六〇年（一九八五）ごろ、当時、未来社の編集長だった小箕俊介氏によって企画され、宮本常一と親交のあった方々にお願いして写真を借用していた。ところが小箕氏が交通事故で亡くなったため、企画は中断したままになっていた。しかしこのままにしておくのは惜しいという未来社の編集部にいた本間トシ氏の依頼で、私が編集することになった。編集にあたっては、宮本常一の生涯を描けたらと思い、宮本家のアルバム写真の使用をお願いし、宮本千晴氏の承諾を得ることができた。残念なのは小箕氏に写真を提供してくれた方々の多くが鬼籍にはいられていることである。もっとも彼岸で再び宮本常一と庶民の生活を語りあっているかもしれない。ともあれ、写真を提供してくれた多くの方々と、忘れていて当然のことがらの問い合わせに、快く応じてくれた皆様にこの場をかりて厚くお礼申しあげたい。

編者：**須藤　功**（すとう・いさを）
昭和13年（1938）、秋田県横手市生まれ。昭和41年（1966）から昭和55年（1980）まで、日本観光文化研究所において宮本常一の教えをうける。平成元年（1989）、日本地名研究所より第８回「風土研究賞」受賞。民俗学写真家。
著書　『西浦のまつり』『山の標的―猪と山人の生活誌―』（未来社）、『大絵馬集成―日本生活民俗誌―』（法蔵館）、『神々との遊び』（ぎょうせい）、『葬式―あの世への民俗―』（青弓社）、『花祭りのむら』（福音館書店）、『道具としてのからだ』『祖父の時代の子育て』（草の根出版会）ほか。
共著　『アイヌ民家の復元　チセ・ア・カラ』（未来社）、『日本宗教民俗図典』全三巻（法蔵館）、『上州のくらしとまつり』（煥乎堂）、『アイヌ―二風谷のウトンムヌカラとイヨマンテ―』（国書刊行会）、『昭和の子どもたち』（学習研究社）、『写真で綴る 昭和30年代 農山村の暮らし』（農山漁村文化協会）ほか。
編著　『写真でみる　日本生活図引』全九巻（弘文堂）、『図集　幕末・明治の生活風景』（東方総合研究所）ほか。

写真でつづる　宮本常一

二〇〇四年三月三一日　初版第一刷発行

定　価　本体四八〇〇円＋税
編　者　須藤　功
発行者　西谷能英
発行所　株式会社　未來社
〒一一二―〇〇〇二
東京都文京区小石川三―七―二
電話（〇三）三八一四―五五二一（代表）
振替〇〇一七〇―三―八七三八五
http://www.miraisha.co.jp/
Email: info@miraisha.co.jp

印刷・製本　萩原印刷

ISBN 4-624-20078-0　C0039

（本書掲載写真の無断使用を禁じます）

宮本常一著作集

（本体価格）

第1巻　民俗学への道　二八〇〇円
日本民俗学の目的と方法　日本民俗学の歴史　日本民俗学関係一覧　あるいて来た道

第2巻　日本の中央と地方　三二〇〇円
日本列島にみる中央と地方　島のくらしと出稼ぎ―周防大島の場合―　農村文化と都市文化　農民不安の根元　僻地性解消のために　社会開発の諸問題　民衆の生活と放送　戦争体験を生かす道　現代生活における住意識　中国山地の過去と将来　広島県境地域の現状と問題点

第3巻　風土と文化　二八〇〇円
日本の習俗　民衆と仏教芸術　民俗から見た日本の東と西　大田と大田植　民俗学と民俗芸能と　島の女性風俗誌　海の火　瀬戸内海文化の基盤　山の民　民俗随想

第4巻　日本の離島　第1集　三二〇〇円
離島がふくむ問題　太平洋の島々（宮城県・関東南方・三河湾・伊勢湾・紀伊水道付近・豊後水道の島々　明治初年の伊豆諸島　八丈島）　日本海の島々（北海道・飛島・粟島・能登半島・島根県・山口県の島々　佐渡）　瀬戸内海の島々（淡路島・家島・小豆島・直島付近・塩飽諸島・備中の島々・芸予叢島・広島湾の島々・周南諸島　平郡島　倉橋島　情島）　九州西辺の島々（筑前沖・佐賀県・北松浦・西彼杵・壱岐・対馬・五島列島・天草・薩摩半島西辺の島々）　薩南の島々（竹島・硫黄島・黒島・口ノ島・中之島・臥蛇島・平島・諏訪之瀬島・悪石島・宝島　種子島　屋久島　奄美諸島　琉球の島々）

第5巻　日本の離島　第2集　三五〇〇円
島の持つ問題　島めぐり（利尻島　礼文島　焼尻・天売島　佐渡　舳倉島　見島　隠岐　伊豆大島　北木島　姫島　九州北辺　対馬　樺島　五島　種子島　薩南と琉球諸島　沖縄）

第6巻　家郷の訓・愛情は子供と共に　三〇〇〇円
家郷の訓（私の家　女中奉公　年寄と孫　臍繰りの行方　母親の心　夫と妻　母親の躾　父親の躾　生育の祝い　子供の遊び　子供仲間　若者組と娘仲間　よき村人）　愛情は子供と共に（母の悲劇　子守歌　子供の世界　地蔵さま　萩の花）

第7巻　ふるさとの生活・日本の村　二八〇〇円
ふるさとの生活（〔序文〕旅と文章と人生―柳田国男　滅びた村　人々の移動　今の村のおこり　村のなりたち　くらしのたて方　休みの日　ひらけゆく村）　日本の村（二つの家　屋根の形　草ぶきから瓦ぶきへ　たたみ　間どり　イロリとカマド　分家　村のすがた　墓地　道ばたの石碑　しめ　畠の形　田の形　農具　共同作業）

第8巻　日本の子供たち・海をひらいた人びと　二八〇〇円
日本の子供たち（子供の世界　幼稚園と学校生活　誕生から元服まで　まつりと子供　子供組からボーイスカウトへ　子供を守るもの　親はなくとも　もらい子聞書）　海をひらいた人びと（船の家　クジラとり　一本づり　カツオつりとノベナワ　網ひき）

第9巻　民間暦　二八〇〇円
新耕稼年中行事　暮らしの中の宗教　民間暦　亥の子行事　民間習俗

第10巻　忘れられた日本人　三二〇〇円
対馬にて　村の寄りあい　名倉談義　子供をさがす　女の世間　土佐源氏　土佐寺川夜話　梶田富五郎翁　私の祖父　世間師　文字をもつ伝承者　川目の話　十津川くずれ　新十津川開村記　放浪者の系譜

第11巻　中世社会の残存　三二〇〇円
五島列島の産業と社会の歴史的展開　松浦文化・経済史　対馬豆酘の村落構造　岡山県御津郡加茂川町円城の祭祀組織　能登村落における中世的なもの　時国家の近世初期の経営

第12巻　村の崩壊　三二〇〇円
生活をよくするための努力　村生活の意味　生活とことば　戦後の村　村の崩壊

第13巻　民衆の文化　三五〇〇円
民俗学より見た日本文化　民衆と文化　庶民の世界　村共同体　過疎とへき地教育　身辺の中にある歴史　年中行事その他

第14巻　山村と国有林　三二〇〇円
調査地の概況　集落の成立と土地利用　旧藩時代の林政　国有林の成立　公有林の成立　民有林の成立　人口の変遷　生産構造とその発展　単位生産力　交通の発達と林業　農家の林野利用　林政の確立　国有林経営　民有林経営　山村を安定せしむるもの　国有林と地元民の生活

第15巻　日本を思う　三五〇〇円
日本を思う　慣習社会　習俗伝承の本質と変遷　つきもの所感　常民の生活と水道　村、ゆれ動く　抵抗の場としての地域社会

第16巻　屋久島民俗誌　三五〇〇円
伝承者の印象　変遷　概観　住居　服装　食制　陸の生業　船、造船　製塩　鰹漁　飛魚漁　鯖漁　雑漁　往来、交易　村の政治、組織　流人　土地制度　家族、分家　若者組　娘組　恋愛　婚姻　産育　病　葬制、墓制　年中行事　神と仏　海の神　漁祝、漁祭　神の加護、神の祟　俗信　妖怪　方言、その他

第17巻　宝島民俗誌・見島の漁村　三二〇〇円
宝島民俗誌（島外との交渉　農事暦と神事　昔話と口説　方言について　婚姻命名法の変遷　産育　年齢階級と儀礼　葬制、年忌）　見島の漁村（浦方の成立と社会構造　漁業技術の伝承と展開　村落の機能　宇津の漁業構造）

第18巻　旅と観光　三二〇〇円
旅と観光　旅に学ぶ　日本遊覧記

第19巻　農業技術と経営の史的側面　三二〇〇円
大阪府農業技術経営小史　篤農家の経営　畑作文化　和泉を中心とした用水文化　農業と牛

第20巻　海の民　二八〇〇円
海人ものがたり　釣漁の技術的展開　九州の漁業　対馬の漁業制度　対馬の漁業展開　対馬における佐野網の変遷　豆酘の漁業　鰐浦の沿革　瀬戸内海の漁業　安下浦夜話　海賊の島々を行く　村上水軍の夢の跡　帆船ジプシー　能登黒島—その社会構造

第21巻　庶民の発見　三二〇〇円
庶民のねがい　貧しき人びと　変わりゆく村　山村に生きる　村里の教育　民話と伝承者　底辺の神々　私のふるさと

第22巻　産業史三篇　三二〇〇円
紙と文化　泉佐野における産業の展開過程の概要　兵庫県下釣針および蜍製造販売聞書

第23巻　中国山地民俗採訪録　三八〇〇円
中国山地民俗採訪録（島根県邑智郡日貫村青笹・田所村・美濃郡匹見上村三葛・鹿足郡蔵木村金山谷　広島県山県郡大朝町・八幡村八幡および樽床・戸河内町本横川　山口県玖珂郡高根村向峠）　広島県山県郡大朝町の林業

第24巻　食生活雑考　三二〇〇円
日本における食事情の変遷　食生活雑考　近代の飲食と生活　すばらしい食べ方　日本における調味料の歴史　食器

第25巻　村里を行く　三八〇〇円
国学発祥の家　御一新のあとさき　いそしむ人々　あたたかき土　土と共に　南山城当尾郷民俗聞書　〔跋文〕宮本常一君のこと—渋沢敬三

第26巻　民衆の知恵を訪ねて　三八〇〇円
民衆の知恵を訪ねて（島の共同体＝五島列島小値賀島・納島・斑島・藪路木島・大島・宇々島・黒島・野崎島・六島　合志義塾の人びと　牧野改良　中国地方の山々　水害の克服　大和川付替えとその影響　肥後の石橋　石垣積みを追うて）　武蔵野の開発と景観の変遷　民衆生活様式の変遷（住居と生活　服装と生活　食事と生活）

第27巻　都市の祭と民俗　三六〇〇円

九州　四国　中国　近畿　中部　関東　東北　北海道　都市祭礼暦

第28巻　対馬漁業史　三五〇〇円

中世における対馬の社会と経済　近世における対馬の漁業　近代化の過程　漁村の現状

第29巻　中国風土記　三二〇〇円

昔の旅　港のおこり　内海の漁師たち　サツマ芋の渡来　貝塚と土器　タタラと稲作　牛と農耕　荒れてゆく山　腕ききの石工たち　守護・地頭と土豪　庄屋と落武者　庶民のめざめ　相つぐ飢饉と悪疫　稲作と祭　明日を築く若者　民俗文化研究の動き

第30巻　民俗のふるさと　三二〇〇円

都会の中の田舎　町づくり　村と村　村の生活　村から町へ　開拓のあゆみ　経営段階から見た村　隣村　町

第31巻　旅にまなぶ　三五〇〇円

郷土研究への願い　民衆の歴史を求めて　調査　民俗事象の把え方・調べ方　あるく・みる・きく・考える　調査地被害　集落・耕地　家とムラ　旅の遺産　流浪者たち

第32巻　村の旧家と村落組織　1　三八〇〇円

佐賀県佐賀郡兵庫村　熊本県菊池郡西合志村黒松　大分県東国東郡姫島村　福岡県早良郡脇山村　大分県北海部郡海辺村津留　鹿児島県鹿児島郡東桜島村　高知県高岡郡別府村　高知県高岡郡佐川町　高知県香美郡美良布町荻野　徳島県板野郡藍園村　愛媛県越智郡渦浦村馬島　広島県加茂郡西志和村　鳥取県八頭郡加茂村郡家　鳥取県八頭郡八東村柿原　鳥取県東伯郡浦安町槻ノ下　鳥取県岩美郡宇倍野村　鳥取県気高郡明治村　鳥取県気高郡瑞穂村土居　京都府天田郡雲原村　奈良県生駒郡北倭村南田原　兵庫県氷上郡鴨庄村

第33巻　村の旧家と村落組織　2　三八〇〇円

福井県三方郡耳村　石川県河北郡宇ノ気村気屋　石川県羽咋郡北荘村宝達　石川県高階村　愛知県西加茂郡挙母町今　千葉県安房郡主基村　山梨県北都留郡桐原村尾続　山梨県東山梨郡日下部町下井尻　福島県石城郡草野村及び大浦村　新潟県三島郡黒川村　新潟県三島郡深才村　山形県赤湯町・御殿守旅館　岩手県紫波郡不動村　青森県三戸郡平良崎村　青森県下北郡田名部町斗南丘　秋田県における地主土地兼併事情　秋田県南秋田郡金足村　秋田県仙北郡雲沢村　秋田県仙北郡横堀村　秋田県仙北郡内小友村　秋田県平鹿郡浅舞町　秋田県浅舞町信仰見聞　秋田県平鹿郡田根森村　秋田県平鹿郡館合村平柳　秋田県雄勝郡新成村　西馬音内の盆踊　秋田県雄勝郡明治村　秋田県由利郡矢島町

第34巻　吉野西奥民俗採訪録　五五〇〇円

伝承者の印象その他　宗檜村　天川村　大塔村　野迫川村　十津川村

第35巻　離島の旅　三二〇〇円

離島の旅（飛島　佐渡　舳倉島　見島　新島　佐久島　直島　周防大島　情島　対馬　壱岐　平戸島　五島・頭ヶ島　天草　種子島）　日本の島々（学生と島の旅　漁業と海上交通　キリシタンと流人　小さな島の悩み　観光の意義）

第36巻　越前石徹白民俗誌・その他　三五〇〇円

越前石徹白民俗誌　白峰村記（加賀の白峰　白峰村の社会構造と造林）　飛騨雑記（飛騨紀行　濃飛民情調査　飛騨の国）　葡萄山北民俗採訪記

第37巻　河内国瀧畑左近熊太翁旧事談　三八〇〇円

河内瀧畑入村記　左近熊太翁旧事談　左近翁に献本の記

第38巻　周防大島を中心としたる海の生活誌　三八〇〇円

漁業とその制度　海の物語と信仰　海の往来と気象　海賊史話

第39巻　大隅半島民俗採訪録・出雲八束郡片句浦民俗聞書　三八〇〇円

大隅半島民俗採訪録（昭和一五年・昭和一七年旅日記　佐多村伊坐敷　佐多村大泊　佐多村辺塚　内之浦町大浦および船間　年中行事）　出雲八束郡片句浦民俗聞書（村の変遷に関する口碑　住・衣・食　漁業　労働　村　連合　家・親族　婚姻　産育　葬儀　年中行事・祭礼　手結の宮座と頭びらき　信仰その他　星・風位・潮）

第40巻　周防大島民俗誌　三八〇〇円
ふるさと大島　夜引きの夜の昔語り　口碑・巷説とことどころ　俚諺と方言　諸々の神　出生・婚姻・葬礼　人の一生（久賀の場合）　年中行事　収穫日記

第41巻　郷土の歴史　三八〇〇円
郷土の歴史―東和町・郷土大学講義録―　屋代物語　島末夜話　大島源平盛衰記　緒方、青木一族　俚談防長征伐　御一新のあとさき

第42巻　父母の記・自伝抄　二八〇〇円
ふるさとの島周防大島　父祖三代の歴史　父祖の教うるところ　父のことば　父の死　祖母の死と葬儀の次第　母の思い出　母の記　我が半生の記録　私の郵便局時代　師範学校時代　自伝抄―二ノ橋界隈　私の民俗学（民俗学への道　百姓の子として　理論と実践）　生活と文化と民俗学―武蔵野美術大学退職記念講演

第43巻　自然と日本人　二八〇〇円
日本人と自然　山の自然　マツと日本人　花と民俗　風景をつくるこころ

第44巻　民衆文化と造形　二八〇〇円
民俗学から見た日本人　民衆文化と造形　暮らしの形と美　民具点描　ワラの文化　草木染めをたずねて　中国山地の灯火用具　生活と建具　石垣と民衆　石橋　鉄と民衆文化

＊＊＊

別集1　とろし――大阪府泉北郡取石村生活誌　三五〇〇円
取石村地図　村の歴史　村のしらべ　昔話と伝説　我等の生活　学級新聞　戯曲と「故里の話」ほか

別集2　民話とことわざ　三二〇〇円
超能力と話の場と時　民話について　民話のある生活・民話のない生活　日本のことわざ

◉宮本常一著

瀬戸内海の研究　三万二〇〇〇円
〔島嶼の開発とその社会形成――海人の定住を中心に〕瀬戸内海の体系的研究として方法論的・資料的・理論的に独自の民俗学を構築した著者不朽の大著。附・特製瀬戸内海地図21枚。

民具学の提唱　二八〇〇円
民具を通じ民衆の生産・生活に関する技術の発達を解明し、文化の始源、普及、定着、複合の姿を追究。人間の生態学的研究にまで迫る新たな科学としての民具学の確立を提唱。

古川古松軒／イサベラ・バード　二〇〇〇円
〔旅人たちの歴史3〕一七八八年、幕府巡見使に随行した古松軒の『東遊雑記』と、一八七八年来日、東京から北海道まで歩いて旅したイギリス人女性、バードの『日本奥地紀行』を読む。

◉宮本常一・川添登編

日本の海洋民　一五〇〇円
日本人と海との深いかかわりの歴史を総合的にとらえようとする書。日本民族の由来、国家の形成をはじめ、海とかかわる人々の生業・食物・技術・信仰・交通交易等々を各専門家の執筆で描く。

日本民衆史　全7巻

（本体価格　各二〇〇〇円）

1　開拓の歴史

食用植物の確保　畑作おこる　狩猟から放牧へ　鉄と織物と木器　稲作技術の伝来　稲作の発展　古代国家の統一　条里の村　水田の増加　荘園の発達　名田と垣内　太閤検地の意義　戦争から開拓へ　開拓郷士と草分け百姓　小農経営の成立　牧から畑へ　焼畑の変遷　老人と開拓　次三男と貧民　新作物と開拓　明治以後の開拓

2　山に生きる人びと

塩の道　山民往来の道　狩人　山の信仰　サンカの終焉　杣から大工へ　木地屋の発生　木地屋の生活　杓子・鍬柄　九州山中の落人村　天竜山中の落人村　中国山中の鉄山労働者　鉄山師　炭焼き　杣と木挽　山地交通のにない手　山から里へ　民間仏教と山間文化　山と人間

3　海に生きる人びと

旅で死んだ漁民　狩猟と漁撈　海人の里　安曇連　内海の海人の生活　東国の海人　角鹿の海人　船住い　鐘ヶ崎の海人　対馬の海人　舳倉の海人　壱岐の海人　志摩の海人　官船と水夫　海人の陸上りと商船の発生　エビス神　和寇と商船　局地通航圏　松浦一揆　捕鯨と漁民　家船の商船化　佐野網方　小豆島・塩飽諸島の廻船業　菱垣廻船・樽廻船・北前船　海と老人　零細漁民の世界　舸子浦　遠方出漁

4　村のなりたち

郷と耕地面積　古代の村の構成　群の長　漁猟から農耕へ　古い畑作の村　古い山村―天竜川東岸山地　山村の変貌　村―異姓者の集団　村と名　村の増加　名主退転　村の自衛　祭祀組合　念仏衆の発展　一結衆　僧の講から民衆の講へ　村の自治と念仏宗　いろいろの講　小庵の役割　郷の残存

5　町のなりたち

農村国家　律令国家の成立　町の概念　駅・農民の流離　大陸渡来者町の発生　貨幣流通　市の成立　定期市　宿・散所・河原　社会保障　親方子方　職人と町　町の生まれる素地　城下町づくり　武士のための町　城下町と農村　町の自治　門前町と宿場町　港町　商業農家集落　都市国家へ

6　生業の歴史

現代の職業観（きわられる農業　女の本音　労働者意識　新旧の職業肩書）　くらしのたて方（自給社会　交易社会　職業貴賤観の芽生え　海に生きる　山に生きる　旅のにない手）　職業の起り（村の職業　流浪の民　振売りと流し職　身売りから出稼ぎへ）　都会と職業（手職　市と店　職業訓練　古風と新風　町に集る人々）

7　甘藷の歴史

アメリカ発見と甘藷　甘藷琉球に伝わる　ウイリアム・アダムスと甘藷　親民鑑月集　紀伊・瀬戸内海への伝播　宮崎安貞　貝原益軒　薩摩坊ノ津　鉄砲伝来　鹿児島への甘藷の再来　陶山鈍翁と対馬の甘藷　下見吉十郎　井戸平左衛門　青木昆陽　各地への甘藷の伝播　甘藷の品種の多様化　穀寄せ奉公　貧しきものの生きがい　甘藷の地方名　甘藷の食べ方　明治維新後の甘藷